스포츠 마사지와
신체교정학

백남섭 · 김호철 지음

머리말

인류의 역사와 함께 발전해 온 스포츠 경기는 현대에 와서 "경기의 승리가 곧 국력"이라는 국력 과시의 한 수단으로 대두된 것은 주지의 사실이다.

이러한 상황은 스포츠 종목의 꾸준한 기술 변화를 가져왔고, 선수들은 기술 향상을 위하여 인체의 극한 상황에 직면하게 되었으며, 이로인해 상해라는 결과를 낳게 되었다.

스포츠 상황에서의 상해는 아무리 우수하고 잘 훈련된 선수라 할지라도 결과적으로 시합에 출전할 수 없을 뿐아니라 시합에 출전한다 하더라도 자기의 기술을 최대한 발휘하지 못하게 함은 당연한 결과이다. 이와 같은 견지에서 볼 때 스포츠 상해에 대한 예방과 치료, 재발 예방에 대한 조치의 필요성은 절대적인 것이다. 본서는 이러한 스포츠 상해에 대한 예방과 재발 예방의 한 분야로 세계적으로 널리 사용되고, 연구되고 있는 스포츠 맛사지와 신체 교정을 다루었다.

본서의 제 1장에서는 스포츠 맛사지의 분야에서 다룰 수 있는 스포츠 상황에서의 스포츠 상해 발생의 메커니즘, 발생 부위의 예방과 치료방법 등을 이론 분야와 실기 분야로 나누어 설명하여 이 분야를 담당하고 있는 전문인이나 자료를 담당하는 체육인, 체육과 학생, 코치 및 트레이너 등이 참고하고 연구 할 수 있도록 전개하였다.

스포츠 맛사지는 스포츠 상해 및 장애의 예방과 치료의 이중적 의미를 가지고 있으며 신체의 과로한 부위 피로를 빨리 회복시킬 수 있는 방법의 하나로 세계적으로 널리 실시되고 있으며 세계 각국의 전문적 스포츠 팀들은 제각기 스포츠 맛사지를 전문적으로 할 수 있는 전문인을 고용하여 연습

전후나 경기 전후에 스포츠 맛사지를 실시하여 선수들의 경기력 향상 및 장애
예방, 컨디션 조절에 힘쓰고 있다.

제 2장에서는 불균형된 신체의 구조를 신전 수기나 교정 수기를 사용하여
신체 구조를 바로 잡아서 정상적인 신경 기능을 유지하게 하고, 정상적인
신경 기능을 통하여 생명의 에너지가 자연적으로 원활하게 전신에 흐르게
하여 병변을 치유되도록 하는 이론과 실기를 스포츠 맛사지와 연계하여
전개하였다.

본서에서 다루어진 글들의 내용이 미흡한 점이 있다 하여도
스포츠상황에서 활동하고 계시는 모든 분들께 크게 이용되기를 바라
마지않으며, 스포츠 맛사지와 신체 교정학이 체육 관련 학과의 학과목으로
채택되기까지 부단히 노력하여주신 분들께 머리 숙여 감사드립니다.

끝으로 이 책이 나오기까지 관심과 질책을 아끼지 않은 모든 분들과 체육
관계 서적 보급에 남달리 관심이 깊으신 사장님을 비롯한 가족 여러분께
진심으로 감사 드립니다.

1996. 3.

공저자 씀.

차   례

제 1 편 스포츠 맛사지

제 2 편 신체교정학

제 1 편
스포츠 맛사지

제1장 맛사지의 이론

1. 맛사지의 의의와 필요성

인류가 미개한 시대에는 체계적인 치료법은 존재하지 않았을 것이다. 그러나 통증을 느끼고 팔 다리가 저리는 것을 느낄 때 의학 지식은 없어도 그 아픈 곳을 누르고 주무르는 것은 일종의 본능적인 동작으로 인류의 존재 이래로 계속 되어져 왔다.

이와같이 맛사지는 극히 자연스럽게 발생하여 민간요법으로 발전되어 왔으며, 16, 17세기경부터 유럽에서는 맛사지가 이론과 의학의 진보에 따라 실제의 측면에서 체계적으로 연구되고, 체계화 되어 의료분야에서 직접 응용되었다.

원래 맛사지는 시술자의 손으로 상대의 피부를 일정한 방식과 방법으로 역학적인 자극을 가하고, 그것에 의해 생체반응을 일으킴으로써 신체에 생긴 변조를 정리하여 병을 예방하거나 건강을 증진시키는 것이다.

다시 말해서 맛사지는 자연에 대한 적응행위로 부터 시작되며 맨손에 의한 자극법으로 피부와 근육의 혈액순환 및 임파액의 유통을 촉진하고 신진대사를 원활하게 하여 피부와 근육에 영양공급을 증가시키고 근육의 수축력을 증대시켜 운동기능을 증진시킨다.

심리학, 물리학, 생리학, 임상의학, 인간공학을 포함한 사이버네틱스(Cybernetics),혹은 약학분야에 이르기 까지 모든 학문을 응용하여 트레이닝 방법에 적용시키는 스포츠 과학의 발달이 경기력 증가를 위한 인간능력 한계에 도전하려는 노력으로 이루어지고 있다.

모든 스포츠에서 체력의 우세가 중요하다는 것은 주지의 사실이며, 또한 체력은 모든 스포츠동작의 원천이라 하겠다. 하지만 체력강화 훈련만이

경기를 승리로 이끄는 지름길은 아니며 우수한 체력의 유지 또한 매우
중요한 일이다.

일정한 규정에 따라 심신의 힘을 최대한 발휘하여 승리를 얻고자 하는
스포츠 현장에서 아무리 우수한 기량을 갖추고 잘 훈련된 선수라 할지라도
경기전에 상해를 입거나 심신의 컨디션이 좋지 않을 경우에는 자기 기량을
충분히 발휘할 수 없다.

여기에 상해 예방 및 컨디션 조절 등을 통한 경기력 향상에 목적을 둔
스포츠 맛사지가 필요하게 된다. 스포츠 맛사지는 급성·피로 회복 방법에
하나이며 예방의학적 차원과 때로는 치료의 의미도 갖고 있다.
선진국에서는 이미 스포츠 맛사지의 효과가 여러 전문학자들에 의해
증명되었으며, 이의 활용 영역은 눈부시게 발전되어 있다. 우리나라에서도
맛사지학의 연구가 거듭됨은 매우 바람직한 현상이며 앞으로의 귀추가
주목된다.

2. 맛사지의 어원과 역사

맛사지의 어원은 학자에 따라 서로의 견해 주장이 산스 크리트의
"makch"에서 유래되었다는 주장이 있는가 하면 라틴어의
"masch"(가볍게 누르다) 고대 유태어의 "mawcwb"(촉지하다) 등에서
유래된 것이라고 생각하는 학자도 있다.

영국의 winiam Muvel1(1853~1912)는 맛사지에 대해 보다 명확히
기술하기를 질병의 한 형태를 과학적인 치료의 방법을 써서 체계적인
조직에 의해 주지하듯이 그는 질병을 치료하는 맛사지에 대해
제한적이었지만 그 사용이 체계적이어야 한다는 것을 명확히 인식하고
있었으며 맛사지의 의미에는 제한이 없다고 하였다.

미국의 Bouglas Grihim은 1884년에서 1918년의 기록에서 맛사지는
유럽과 미국의 의료인들에게 일반적으로 수용되어 있고, 손으로
사용되어지는 일단의 공정을 의미한다고 했다.

보호본능의 행위로부터 시작된 맛사지는 동양의 수기요법이 불어로
번역되면서 맛사지라고 부르게 된것이 기원인데 19C초에 스웨덴의 Ling

P. H이 학문으로 체계화 한것이 발달되어 현대에 이르게 된것이 근래
맛사지학의 시초라 할 수 있다.

스포츠 맛사지의 실체가 처음 드러난 것은 제2회 파리 올림픽대회였다.
1906년과 1907년에 프랑스의 R. Cost와 F. Duffier가 각각 파리에서
스포츠 맛사지에 관한 저서를 출판하였고 동양에서 1920년대
스포츠맛사지를 정식으로 도입한 일본은 이에 대한 지속적, 과학적인 연구를
진행하였는데 심전도에 의해서 맛사지 요법이 혈액순환 촉진에 효과가
있다는 것을 동경교대 체육부 스포츠 맛사지 연구실에서 실제 실험을
통하여 보고한 바 있다.

일본에서의 스포츠 맛사지 활용은 1931년 제1회 미·일 수상경기대회
때에 시작되었으며, 1946년에 개최된 동경올림픽 대회에서 각 경기에서
맛사지를 담당할 트레이너를 양성하여 스포츠계에 배출하였으며 오늘날
각종 국제대회에서 그들의 활동은 대단하다.

우리나라는 1960년대 부터 신체교정을 위한 각종수기가 도입되어 현재에
이르렀으나 경기장에서 스포츠 맛사지의 실체가 공식적으로 나타난 것은
1980년대 부터이다. 특히 88서울올림픽 대회 기간중에는 개최국의 장점을
충분히 살리며 각 종목별로 스포츠 맛사지를 활용하여 좋은 성과를 얻은바
있다. 또한 일본, 미국, 독일, 소련 등지에서 저명학자를 초청하여 맛사지에
대한 세미나를 개최하며 이 영역의 발전을 모색함은 매우 바람직한
현상이다.

제 2 장   스포츠 맛사지

1. 스포츠 맨을 위한 맛사지

스포츠 맛사지는 말 그대로 스포츠맨의 운동기능의 증진과 컨디션 조절을 통한 운동능력의 증가와 스포츠 상해 예방을 위한 목적이 있다. 또한 스포츠 맨의 육체적 완성을 촉진하고, 피로의 극복 및 스포츠 활동의 향상을 도모하는 맛사지적 조치와 술기를 말한다.

스포츠 맛사지는 직접적으로 피부의 표면을 쓰다듬거나 주무르거나 누르거나 두드리거나 하는 등의 적절한 촉압 자극을 가하며 피부나 근육의 혈액순환을 원활하게 하고 신진대사를 왕성하게 하여 노폐물을 짧은 시간안에 제거함으로써 체내 필요한 산소나 영양분을 적절하게 공급할 수 있도록 도와준다. 또한 간접적으로는 반사적으로 신경계통의 기능을 조절하고 비정상적인 홍분상태를 진정시키고 저하되어 있는 기능을 높일 수도 있는 것이다.

따라서 스포츠에 의한 근육의 급성피로 예방과 모든 경기에 의한 근육과 관절의 과도한 긴장, 경련, 몸이 뻣뻣해짐, 아픔 등을 고쳐나갈 수 있는 것이다. 신체부위에 이상을 느끼거나 통증이 있을 때 환부를 주무르거나, 두드리거나, 쓰다듬는 것은 극히 자연스러운 일이다.

따라서 스포츠 맛사지는 항상 전문 치료사에게만 의지하는 것이 아니라 스포츠맨 스스로가 "셀프 맛사지"를 할 수 있으며, 팀 동료간에도 할 수 있는 것이다.

프로야구나 올림픽경기 등의 국제경기에는 전속 트레이너가 있어서 선수의 건강관리나 컨디션 조절을 해주게 되지만 그 외의 경우 스포츠 맛사지는 누구든지 다 할 수 있는 맛사지로서 정착되는 것이 바람직한 일이라고 할 수 있다.

2. 스포츠 맛사지의 발달

스포츠 맛사지의 역사를 논하는 것은 곧 스포츠 역사를 말하는 것이라는 사실은 스포츠와 맛사지는 서로 불가분의 밀접한 관계를 가지고 발달하여 온 것이라고 하겠다.

그러나 스포츠 맛사지가 체계화된것은 20세기에 들어와서 부터라 하겠다.

1906년, 1907년에 프랑스의 코스트(R. Coste)와 루피이어(F. Ruffier)가 각각 파리에서 스포츠 맛사지에 관한 책을 출판한 바 있다.

또한 소련의 학자 자부로도후스키이는 스포츠 맛사지의 의의를 다지기 위해서 1906년 "신체운동에서의 스포츠 맛사지의 영향"이란, 스포츠 맛사지 전공논문을 발표한 바 있으며, 이어서 구라파를 비롯하여 동양에서도 스포츠 맛사지를 받아들여 활용하기에 이르렀다.

이러한 연구는 많은 경험을 지닌 코치의 과학적·외상학과 함께 스포츠 맛사지의 지식을 풍부하게 하는 계기가 된다. 스포츠 맛사지라는 특수한 용어가 탄생한 것도 이 시기였다. 가까운 일본에서도 스포츠 맛사지를 정식으로 채택한 것은 1920년대에 들어와서 저명한 학자 金子魂一이 일본의 오래된 안마의 수기를 살려 거기에다 유럽식의 호파(Hoffa)나 불도스키씨 등의 수기를 응용하여 스포츠 맛사지를 체계화한 것이 시초가 된다.

1931년에 제1회 미·일 水上경기대회가 개최되었을 때, 처음으로 스포츠 맛사지를 활용하여 좋은 경기기록을 올린 것이 기록에 남아있다.

같은 해 일본인 二階堂(도구요) 여사가 "체육맛사지"라는 저서를 내고 동경여자의전과 체육회, 체육학교 등에서 스포츠 맛사지의 강의를 한 적이 있다.

1932년에는 일본 체육회, 체육학교 교수 官原義見씨가 "스포츠 맛사지"를 저술하고 1935년에 있었던 베를린 올림픽대회 때는 전문적인 맛사지사 大川福藏씨가 트레이너로서 水上부 선수단을 수행하여, 일본

특유의 스포츠 맛사지법을 유럽에 소개하여 주목을 끌었었다.

1964년에 개최된 동경 올림픽때는 각종 경기에 대비하여 일본에서도 저명한 학자가 중심이 되어 각 경기에서 맛사지를 담당할 트레이너를 양성하기 위한 연수교육을 통해 많은 맛사지 전문가를 스포츠계에 배출한 적이 있다.

우리나라에서의 맛사지는 1960년부터 신체를 균정하는 각종 수기가 도입되어 타율적인 방법과 자율적인 방법을 응용, 오늘날까지 이르렀으나, 실제 운동선수를 위한 신체균정법의 적용은 1980년대에 들어와서 시작되었으며, 전국에 있는 몇몇 뜻있는 체육대학 간부들이 주축이 되어 '83년 4월 '전국대학스포츠의학연맹'을 결성하여 현실적으로 이론 및 실기에 있어 정립이 되지 않아 동경 카이로프랙틱대학, 동북 유도전문대학, 미국의 브라운대학 등의 유명 교수진을 초빙 2월 1회 연수교육을 통해 그 초석을 다지고 있으며, 연구 논문을 발표하여 학술적으로 일반인에게 알려지게 되었다.

각종 경기대회 적용은 '85 세계유도선수권대회, 태권도선수권대회, '86 아시안게임 등 국제대회를 비롯, 국내대회에 참가하여 선수의 장애 예방 및 컨디션 조절에 힘쓰고 있으며, '86 아시안게임, 유도(금 6)·태권도(금 7)의 성과는 스포츠 맛사지의 적용에 있다고해도 과언이 아닐 것이다.

맛사지는 점점 과학적인 연구가 진행되어 그 효과가 기대되는 가운데 스포츠 맛사지의 수요도 높아져가고, 종래의 수동적 경찰법, 유념법 등의 소극적인 수기에 그치던 것이 오늘날에 와서는 적극적으로 수기가 적용되어, 스스로 신체를 동작하는 자율운동과 매니푸레이숀(MANIPULATION), 운동기구를 이용한 능동적인 것이 도입되어 한층 효과를 기대할수 있게 되었다.

세계 2차대전 후 프로야구가 성행됨에 따라 그때까지 각 대학 야구부 및 각구단 별로 맛사지를 채용하여 선수의 컨디션조절, 스포츠 장애예방과 치료를 위한 스포츠 맛사지를 하게 되었다. 이상과 같은 스포츠계의 요청에 따라 현재 각 공사립대학 체육학과나 많은 체육관계의 전문분야에서 스포츠 맛사지에 대한 이론과 실기 지도를 하기에 이르렀다.

3. 스포츠 맛사지의 종류

스포츠 맛사지라 해서 반드시 특별한 것만은 아니다. 즉, 의료 맛사지와 같은 방식의 술기로 축소된경찰법(輕擦法), 유념법(柔捻法), 압박법(壓迫法), 진동법(振動法) 등의 술기를 통하여 스포츠 맨의 컨디션 조절과 체력의 증진, 건강관리 등에 기여한다.

종래의 스포츠 맛사지는 유럽에서 성행된 것으로 그 술기는 ① 스웨덴식 스포츠 맛사지, ② 핀란드식 스포츠 맛사지, ③ 독일식 스포츠 맛사지의 3종류로 구분할 수 있다.

그러나 어느 맛사지든 간에 술기는 대동소이하며 독특한 것은 아니다. 구태여 그 특징을 들자면 스웨덴식 스포츠 맛사지는 "두들기는 것"을 주로 하는 수기이고, 독일식은 "주무르는 것"과 "흔드는 것" 등이 주가 되어 왔다. 또한 핀란드식에서는 "경단 빚듯이 주무르는 것"을 중심으로 한 방법을 채용하고 있다.

유럽 각국이나 미국에서는 1910년 이래 핀란드식 스포츠 맛사지가 주로 보급되어 왔다. 핀란드식 스포츠 맛사지는 실시법이 안이하다는 장점이 있으나 유감스럽게도 유념법의 효과가 약하고 심층의 근보다도 평탄한 천충근의 활동을 위해서 유효하다는 정도로 그치는 결점이 있다.

스웨덴식 맛사지의 기술적 과제로 되어 있는 것은 임파와 정맥혈을 중추에 환류시키는것이 아니라 웅어리를 주물러 풀거나 맥관신경속이나 근을 신전 이완시키는 점이다. 조직은 신전시키려면 어느정도 사지의 저항력이 필요하므로 맛사지는 사지 기근에서 주병인 말초를 향해 실시하게 된다. 단, 보통 실시하고 있는 것은 말초에서 중추를 향해 실시하는 방법이다.

스웨덴식 맛사지가 다른 맛사지법과 다른 중요한 점은 순역학적인 것뿐만 아니라 두뇌적이고 진단적이라는 점이다. 즉, 시술자의 손 끝은 시술자의 눈과 같은 역할을 한다. 그 손끝은 근조직 중의 병리적 변화를 발견하고, 치료과정에서 나타나는 효과를 컨트롤하며, 끝으로 한 부위의 맛사지를 중지하는 시기를 결정하고 다른 부위로 이동한다.

스웨덴식 맛사지의 술기는 대뇌피질과 내장기관, 근육, 맥관과 여러가지의 반사결합을 촉진하나 대근군이나 일반 근육기관의 맛사지를 소홀히 하므로 혈액순환의 개량, 정맥 정체의 제거, 근조직에의 산소공급의 확대, 나아가서는 산화과정의 향상, 대사물질의 보다 빠른 운동 등을 촉진하는 데는 미흡한 점이 있다.

일본의 스포츠 맛사지도, 각 경기별로 응용할 때 특별한 특징은 없지만, 굳이 말하자면, 독일식의 경향이 강하고 「두들기는 것」 보다는 「어루만져 잘 문지르고, 흔들리게 하는」 방법이 주된 수기라고 할 수 있을 것이다. 거기에 더하여 전술한 바와 같이, 일본에 독특한 매니퓨레이션과 관절 운동법이 채택되어, 능동적인 수기가 많고, 수기 중에 종합되어 온 것이다.

4. 스포츠 맛사지 실시시기

스포츠 맛사지는 경기전 맛사지와, 경기중 맛사지 경기후 맛사지 시즌 오프후 맛사지 등 크게 네가지로 나누어 실시시기를 볼 수 있다.

1) 경기전 맛사지

연습시간도 마찬가지이지만, 경기전 맛사지는 워밍업의 보조로서의 의미가 있고, 주로 그 경기에 사용하는 주동작 근육이나 관절을 중심으로 짧은 시간, 가볍게 한다. 수기는, 경찰법(어루만지기, 문지르기), 유념법(주무르기), 진동법(흔들리기) 등이 중심이며, 너무 두들기거나, 세게 주무르거나 해서는 안된다. 또, 중·장거리 및 마라톤 선수와 같이 전신에 내구력을 필요로 하는 경우는 복부 맛사지를 하여 소화기를 비롯하여, 내장의 여러 기관의 컨디션을 조절해 둘 필요가 있다.

경기전에는 전신 맛사지를 될 수 있는 대로 피하는 것이 좋다. 만약 꼭 해야만 할 경우에는 극히 짧은 시간 내에 전신에 대하여 경찰법을 쓰는 정도로 혈액순환을 좋게 하고, 몸을 따뜻하게 하여 정신적 불안감을 없애 안정감을 갖도록 하는 것이 좋다. 그리고 염좌나 요통, 견통 등의 장애가 생겼을 경우에는 장애 부위 중심에 준비 맛사지를 해주면 된다.

그 예로 야구시합 때의 투수나 체조경기의 철봉 선수들에게는 견통이 생길 때가 많다. 즉, 어깨가 아프거나 체온이 떨어져서 어깨 관절의 부분 근육이 굳어질 때에는 경기 전에 잠깐씩이라도 요령있게 상박부로부터 어깨 관절, 견갑부를 가볍게 맛사지하고 운동법을 실시하면 좋다. 육상경기 선수들은 때때로 탈육이 생기는데 아직 완전히 회복되지 않았을 때 스타트나 점프를 하면 그 부위에 경련이 일어나는 듯한 심한 통증을 느끼는 수가 많다. 이럴 때는 반드시 미리 장애 부위를 위주로 맛사지를 해야 하는데, 이는 경기성적에도 직접적인 영향을 미치며 장애의 재발이나 악화를 예방하는 것이 될 수 있다.

2) 경기 중의 맛사지

경기진행 중에 맛사지를 한다는 것은 매우 드문 일로서, 만일 경기중에 종아리 근육에 경련이 일어났을 때에는 발목으로 경련이 일어난 비복근육을 펴거나 비복 부분을 손으로 꽉 잡고 내리눌러서 경련을 진정시킬 수 있다.

경기 중의 맛사지는 주로 경기와 경기 사이의 짧은 휴식 시간이나 출전을 기다리고 있을 때에 하는 것으로서 방법은 주로 셀프 맛사지이다. 그러나, 5분간의 휴식시간을 활용하여 선수들이 서로 맛사지를 하는 것은 서로의 기분을 릴랙스시키는 데도 유효하다.

이 방법은 그 경기의 가장 중요한 주동작근육에 대하여 특히 급성 근육 피로가 큰 곳, 경련이 일어나기 쉬운 곳 또는 염좌 등의 장애가 있을 때에는 그 장애 부위를 대상으로 짧은 시간동안 요령있게 한다.

3) 경기 후의 맛사지

경기 후에는 우선 워밍 다운을 실시한 뒤에 그 경기에서 가장 심하게 활용되어 아픈 곳, 피로가 겹친 근육이나 관절에 대하여 정성껏 맛사지를 하고, 목욕 후에 심신이 모두 느슨해 졌을 때 전신 맛사지를 하면 기분도 상쾌해지고 온 몸의 피로가 풀려 충분한 수면도 취하게 되므로 다음날까지 피로가 연장되는 일도 없을 뿐더러 스포츠맨의 건강관리에도 크게 도움을 준다.

혹시 경기 진행 중에 장애가 생기면, 특히 장애 부위에는 필요하다면 테이핑을 하여 관절을 고정시키고 부증이나 통증에 대해서는 찬 물수건

찜질과 충분한 맛사지를 해주는 것이 좋다.

4) 시즌 오프 후의 맛사지

경기의 시즌 오프 후에 실시하는 맛사지로서, 그 주목적은 경기 중에 있었던 심신의 피로제거와 장애 부위의 치료이며, 다가 올 경기에 대비하여 스포츠맨의 컨디션을 조절하고, 체력유지 및 건강관리에 중대한 역할을 수행한다. 연습부족, 운동부족에 의한 전신 비대, 근력의 저하, 관절의 유연성을 잃게 되는 것 등에 주의가 필요하다.

맛사지는 전신 맛사지를 하되 사우나 또는 목욕을 병행한 맛사지는 더욱 효과적이라 하겠다. 또한 맛사지를 한 뒤, 특히 그 사람의 전문 경기와 관계되는 주동작 관절이나 요부의 운동법을 동시에 실시하면 더욱 좋다.

5. 스포츠 맛사지의 효과

1) 일반적인 효과

맛사지는 피부나 근육의 혈액순환을 좋게 함과 동시에 심장의 부담을 덜어 주고 나아가서는 전신의 혈액순환을 개선 조절한다.

피부나 근육의 혈액순환이 좋아지면 인체 각 조직의 노폐물을 제거하며 근육동작에 필요한 산소나 영양소의 공급으로 근육의 피로를 회복시켜 준다.

맛사지를 하면 혈액순환이 좋아진다는 것을 실험을 통하여 관찰한 결과 다음과 같은 것을 알게 되었다.

그림 1-1은 스포츠 맛사지의 실험 성적으로서 전상박부(前上膊部)를 유념법으로 5분간 맛사지한 경우 시술 전과 시술 후의 심전도와 말초순환을 광전관맥파계에 기록한 비교이다.

정상시에 비하여 맛사지를 실시한 직후에는 피부의 혈액순환이 현저하게 좋아지며 한편으로는 혈관의 탄력성도 좋아지고 말초 혈관의 저항이 풀려 심장의 부담을 가볍게 하고 그 기능을 개선하는 효과가 있음을 알게 되었다.

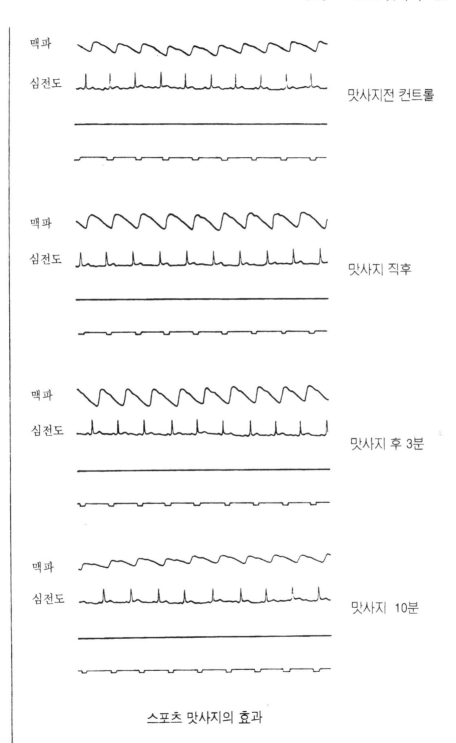

맥파
심전도   맛사지전 컨트롤

맥파
심전도   맛사지 직후

맥파
심전도   맛사지 후 3분

맥파
심전도   맛사지 10분

스포츠 맛사지의 효과

어떤 종류의 스포츠든 일정한 규칙에 의하여 심신의 힘을 최대한으로 발휘하여 그의 속도, 강도, 내구력, 교치성을 겨루는 운동이기 때문에 평소부터 초고도의 능력발휘와 승리를 기약하는 연습을 반복해 두어야 한다.

이럴 때에는 맛사지를 하므로써 적극적인 면에서는 신경과 근육 활동을 원활하게하여 운동능력의 극대화로 기록향상을 꾀하며, 소극적인 면에서는 연습이나 경기과정에서 입은 피로를 회복하고 장애를 예방한다.

기(技)로써 우열을 가리는 이상 일단은 이기고 보아야 할 것이다. 이기기 위해서는 평소 부터 경기자가 최고의 능력을 발휘할 수 있도록 충분한 연습을 해 두어야 한다. 그 목표는 중추신경의 "억제차단과 동작의 반사화" 작용을 반복시키는 것이며 결국 중추신경계통과 수족의 말초신경간에 몇 개의 시냅스에 의해서 흥분이 중추에서 말초까지 바로 전달되도록 하는 것이다.

이 시냅스 작용으로 신경에 흥분이 전달될 때는 반드시 어느 정도까지는 흥분을 억제할 수 있도록 되어 있는데, 이 억제작용을 단절하여 동작을 보다 반사적이고 활발하게 이루어지게 하기 위해서는 같은 종류의 운동을 반복해서 실시하여 시냅스의 흥분 소통을 좋게 하고, 중추신경으로부터 억제기능을 단절해 나가는 것이 중요하다. 연습의 반복으로 동작이반사적으로 활발하게 되어도 경기에서 좋은 성적을 올리기 위해서는 강력한 체력이 필요하다는 것은 말할 나위도 없다. 특히 육상 분야에서의 트랙 경기나 축구 등에서는 체력의 증진이 연습의 중심과제라고까지 할 수 있다. 체력을 능률적으로 스피드, 근력, 순발력, 지구력, 유연성, 기용성, 정신력 등의 몇 가지 요소로 분류하여 각 종목에 해당하는 제동요소로서 어떤 것이 특히 중요한가를 알아 둘 필요가 있다. 이 중 맛사지로 육성할 수 있는 요소는 특히 근력, 유연성, 순발력, 지구력 등을 들 수 있다.

그러나 어느 것이든 맛사지에 의해서 직접적으로 앞에서 말한 요소를 찾아내기는 곤란하며 트레이닝, 반복연습에 의해서 그들의 요소를 양성하는 밑바탕을 기른다고 말해야 옳을 것이다.

예를 들면 근육의 힘은 맛사지만으로는 강하게 되기 힘들다. 맛사지는 혈액순환을 좋게 하고 체온을 높이며, 근력증강을 위한 근거를 만드는 것으로 그 후 점차적으로 훈련을 쌓아 올리므로써 비로소 근력이 강하게 되는 것이다.

따라서 스포츠 맛사지는 앞서 말한 운동기능의 모든 요소를 이끌어나가기 위한 감각이나 운동신경 등의 종합적인 피드백(feed back) 조정에 의해서 스포츠맨의 컨디션을 최고의 상태로 정착시키고 경기에 임하기 위한 심신상의 모든 준비에 만전을 기하는 데 큰 뜻이 있다고 하겠다.

2) 신경근육에 미치는 효과

(1) 흥분 작용

이 작용은 기능이 감퇴되어 있는 신경과 근육에 맛사지를 실시하여 그 흥분도를 높이고 기능의 회복을 도모하는 작용을 말한다. 이와 같은 목적으로 실시하는 맛사지는 비교적 약한 자극을 가하는 것이 좋고 술기로는 경찰법, 유넘법이 적당하다. 경기 전에 있어서 근육의 긴장도가 불충분할 때, 혹은 스포츠 장애로 근육의 마비가 생기거나 감각이 둔할 때 맛사지의 흥분작용의 효과는 매우 유용하다.

(2) 진정 작용

신경이나 근육의 기능이 비정상적으로 높아졌을 때 맛사지를 하여 그 기능을 진정시키는 작용을 말한다. 이 때에 비교적 강한 경찰법, 유넘법, 지속적 압박법 등을 실시하는 것이 좋다. 그러나 이 때 주의해야 할 점은, 통증이 있을 때 그 부위를 자극하면 아픔에 대한 감수성이 예민해지므로 자극을 가하는 방법에 대해서 충분히 숙지할 필요가 있다.

이 작용은 경기 중이나 경기 후에 주로 많이 움직인 근육의 급성피로에 의한 가벼운경련과 통증, 근육의 비정상적인 긴장신경통 등이 있을 경우 진정효과로서 효과적이다.

(3) 반사 작용

반사작용이라 함은 장애가 있거나 피로한 부분에서 떨어진 다른 부분에 맛사지를 실시하여 신경, 근육, 내장 등에 간접적인 자극을 가하므로써 그 반사 작용에 의해 기능의 조절을 도모하는 것을 말한다.

예를 들면 장거리 및 마라톤 선수 등의 장시간 동안의 경기는 몸 전체에 강력한 내구력이 요구되며, 복부증상으로 위장 장애가 일어나는 경우가 많다. 이 때에 내장체벽 반사에 의하여 뒷잔등이나 허리의 근육이 굳어져서 응어리가 생기거나 압통, 지각 신경과민 등의 현상이 나타난다. 그럴 때는 반대쪽의 배요부 근육에 지압법을 실시하므로써 반사기전반응을 일으켜 내장의 모든 기관에 좋은 자극이 전달되어 기능을 조절할 수 있게 되는 것이다.

(4) 유도 작용

염좌, 타박상 등의 스포츠 외상으로 그 부분이 부어 오르거나, 빨갛게 되거나 아픔등의 염증 증상이 있을 때는 처음부터 그 환부에 직접 손을 대지 말고 환부에서 떨어진 중추부를 맛사지하므로써 환부를 경쾌하게 하는 작용을 한다. 이 때에는 주로 경찰법을 쓰는 것이 좋다.

(5) 교정작용

염좌, 탈구, 골절 뒤에 오는 발열, 종(腫) 등의 급성염증이 가신 후에, 장애를 입은 관절이나 주변을 직접 맛사지하여 관절포, 인대, 힘줄 등의 경화를 늦추고 병적인 삼출물을 제거하는 작용을 말한다.

3) 내장에 미치는 효과

복부 맛사지는 직접 복부의 혈액 순환을 좋게 하여 위장 기타 모든 복강 장기의 기능을 조절하여 소화 흡수의 촉진으로 용변을 순조롭게 한다. 또한 등부분과 요부의 맛사지는 그 부분의 근육 피로에서 오는 응고 현상이나 압통을 제거시킬 수 있을 뿐 아니라 호흡기 및 혈액 순환기관의 기능 조절로 위장 기능을 높여주는 효과도 있다.

(1) 복부 내장

최근 문헌에는 맛사지가 복부의 내장에 미치는 효과에 대한 지식이 적다. Mennell은 옛날에 가르친 심한 복부맛사지는 기계적 효과를 준다고 믿었다.

Mennell의 지론은 복부 맛사지에 수반되는 참 효과에 관한 것이다. 그는

소장의 내용물을 비우는 것은 분명히 가능하다고 믿었다. 압력의 기계적
자극에 반사반응 뿐만 아니라 내장의 반사반응도 초래된다. 이 자극의
작용은 연동운동(peristalsis)을 증가시키게 할 수 있고, 그것에 의하여
내용물을 비우는 것을 촉진한다. 그는 대장의 일부분은 끊임없이 복벽과
연관되어 있고, 그러므로 십이지장(duodenum) 내용물의 통로방향은
상행결장과 하행결장 그리고 장골결장이 잇따른다고 지적했다.

　Beard와 Wood는 복부맛사지는 (kneading)과 심부(stroking)기술에
의해 사용되어야 한다고 확신했다. "복부의 부분적 맛사지"라고 묘사한
것에 의하면, 이것은 효과적인 연동운동이 증가할 때 대장으로부터
방귀(Hatus)와 분변(feces)의 배설을 촉진한다는 것이다.

　신체표면의 자극이 내부장기 기능에 영향을 미치는 현상을
체표내장반사라 하고 반대로 내부장기의 상태가 신체표면에 나타나는
내장체표반사라 하는데 복부 맛사지는 체표내장반사 현상을 이용한
것이다.

　복부 맛사지는 직접 복부의 혈액순환 촉진 작용을 도와 복강장기의
기능을 조절하며 특히 대장의 연동작용을 도와 용변을 순조롭게 한다.

(2) 다른 내장기관

　Mennell은 신장(Kidney)에 맛사지의 사용문제를 제기했다.
방광경검사를 하는 동안 신장의 kneading에 의해 요(urine)가 요도를
통해 방광으로 들어가는 것을 볼 수 있었다. 그는 이것이 임상적으로
쓸모있는 것인지 의혹을 품었다. 심장에 자극을 하는 맛사지는 구급치료 할
때 사용된다. 복부절개를 하였을 때, 외과의사는 횡경막과 늑골 사이의
심장을 압축에 의해 심장맛사지를 하던지 또는 횡경막을 절개하고 직접
심장을 쥐고서 심장맛사지를한다. Mennell은 보통 외부에서 적용하는
맛사지동작은 심장의 직접적인 작용이 없다는걸 알았다. 1960년
Kouwenhoven과 협력자들은 심장이 정지된 환자들에게 closed-chest
cardiac 맛사지를 하였더니 환자의 70%가 계속 생존했다고 보고 했다.

4) 혈액에 미치는 효과

Bork, Karling, Fasut's가 연구하길 정상적인 사람에 있어 몸전체를 맛사지할 때 혈청효소에 미치는 효과도 혈청글루타민, 옥실초산, 이마노기 전이효소, 크레아틴 포스포키나제, 유산탈수효소, Mk 등이 생긴다는 것을 보여주었다. 그들은 이와 같은 효과 때문에 몸전체에 맛사지를 할 때 특히 금기증은 피부근염의 환자가 이에 해당된다고 했다.

Mitchell은 건강하거나 또는 빈혈일 때 맛사지를 하고 난 후에는 적혈구 수치가 증가한다고 진술했다. 빈혈일 때는 치료 후 1시간 뒤에 많이 증가한다. Schneider와 Havens은 손에 보통의 기압을 제거한 복부맛사지에서는 혈색소와 순환혈액의 산소수용력이 일정하게 증가한다고 진술했다.

Lucia와 Pickard는 부드럽지만 변동없는 무찰(stroking)맛사지로 토끼의 귀에 분당 25회의 비율로 5분 어루만진 결과 혈소판 수치가 부분적으로 증가하였다는 것을 발견했다.

5) 피부에 미치는 효과

피부는 방어, 분비, 온도조절기관으로서 또 생체 내의 각종 운동에 영향을 주는 내분비기관으로서 생리학적으로 큰 의의를 지니고 있다.

맛사지가 피부에 미치는 영향은 다음과 같다.

첫째, 맛사지는 물리적으로 피부에서 표피의 노화세포를 제거하며, 피부호흡을 개선하고 피지선과 한선의 분비활동을 활발하게 한다. 즉, 한선의 활동이 활발해지면 인체 내의 노폐물이 땀 속으로 배설되어 분비가 촉진된다.

둘째, 피부의 맥관이 확대되고 혈액순환이 활발해진다. 따라서 피부와 피부 내에 있는 신의 영양섭취가 좋아지고 국소체온이 높아지게 된다.

이 맛사지의 체온상승 효과는 경기결과에 큰 영향을 미친다. 경기전 맛사지에 의해 스타트 할 때 생기는 오한을 방지하므로써 오한에서 오는 외상성 상해를 미리 방지할 수 있다. 피부의 한냉작용은 피부 전체 맥관의 모세관망 뿐만 아니라 근육 속의 대맥관을 수축시키므로써 혈액공급이 충분하지 못하여 근육이 수의적 · 반사적 운동에 의해 빨리 반응하지 못하므로 부상을 당하기 쉽다. 따라서 경기전에 맛사지를 하므로써 미리 이것을 방지해 주어야 한다.

국외 학자의 연구에 의해 맛사지를 포함한 피부자극의 영향하에서 피부 속에 형성되는 특수한 화학적 물질인 히스타민의 본질이 명백해졌다. 이 물질은 당백의 분해에 의해 생긴 물질이 혈관, 임파관에 의해 전신에 분산된 아미노산 등과 함께 맥관 각 기관에 여러가지의 영향을 미치게 한다.

스보니키는 실험에서 피부 내에 히스타민 물질의 현저한 형성을 보이는 것은 심한 자외선 조사로 전신 맛사지 후에 이토(泥土) 요법에 의한 영향이라고 주장했다.

세째, 피부는 피부감각기관을 통해 맛사지의 자극을 중추신경계에 전달하고 그 반응에 참여하므로써 피부심층세포의 활력이 높아진다.

유념법의 중요한 효과는 임파액과 정맥 혈액의 흐름이 비교적 강해지는 점이다. 피부에 유념법을 실시하므로써 더욱 큰 맥관의 임파액의 유통을 강하게 할 수 있다. 경찰법으로는 결합조직의 중간에서 임파액을 모세혈관으로부터 정맥혈을 밀어낸다. 그것을 밀어냄으로써 맛사지를 받아들이는 맥관뿐 아니라 문지르는 국소 이외의 맥관까지도 속을 비게 할 수가 있다. 이와같은 작용은 맛사지를 받아들이는 맥관에는 문합(吻合)관계가 존재하고도 또 마이너스의 압력이 강해지고 있음을 나타낸다.

개롬보라는 학자는 동물실험을 통해 주변에서 중심을 향해 문지르는 방법은 직접 피부하의 맥관뿐만 아니라 하부에 있는 큰 맥관의 혈액순환도 개선시켜 준다는 사실을 확증했다.

자부르도프스키는 그의 연구에서 경찰법이 피하조직에서의 액의 흡수를 16~58% 빠르게 해주며 이와 같은 흡수의 가속은 경찰법을 실시하는 시간과 직접 관계가 있음을 실증하였다. 그리고 개구리의 감응전류에 의한 근의 자극 실험을 통하여 경찰법을 하면 안정상태하의 근보다도 빨리 능력이 회복된다고 주장하였다.

구론스켈의 실험에서는 한 손을 구부리고 주관절로 1kg의 중량물을 올리고 내리는 운동을 반복하였다. 더 이상 운동을 계속할 수 없을 정도로 한 손의 근육이 피로해졌을 때, 5분간의 경찰법을 실시하였더니 근육은 다시 운동능력을 되찾게 되었다. 그러나 맛사지를 하지 않고 15분간을 휴식한 경우는 이와 같은 현상이 나타나지 않았다. 그는 피로한 근육을 회복시키려면 자극이 없는 휴식 상태보다는 오히려 약한 자극이 필요하다는 것을 입증한 것이다.

각종 관절이 상해를 입있을 때에 실시하는 소위 흡인법 맛사지의 바람직한 영향을 설명하려면 임파관에 대한 경찰법, 즉 '속이 텅 비게 하는 작용'에 기초를 두어야 한다. 끝으로 힘을 주고 하는 경찰법은 근에 심한 임파루스 충격을 가져오나 표면적인 가벼운 경찰법은 피부의 감각신경을 진정시켜 통각을 줄이는 작용을 한다.

피부는 맛사지의 여러 요소에서 발생하는 자극을 감수하는 최초의 기관으로 경우에 따라서 이 자극은 피부에 대해 직접 맛사지를 하므로써 감수하게 되나, 대개의 경우 맛사지 작용은 앞에서 말한 바와 같이 중추신경계를 통해 전신적으로 작용하는 복잡한 반사 질서의 결과라고 봄이 타당하다.

6) 뼈에 미치는 효과

Key와 그의 협력자들은 열, 맛사지를 해줌으로써 움직이지 않는 부위에 이로 인해서 생긴 뼈의 부분적인 위축에 능동적인 효과를 결정하기위해 실험을 하였다. 10명의 환자는 정상적으로 하지를 사용하였다. 양다리는 양판으로 붕대를 감았고 치료하는 중에는 제거하였다. 한쪽 다리는 시술자가 허락하여 사용하였으며 다른 쪽은 치료를 하였다. 맛사지를 6주동안 매일 10분씩 2번 하였다. 실험 전과 후의 X선 사진을 촬영하여 비교해 본 결과 맛사지를 한 사지와 마찬가지로 치료를 하지 않은 다리에, 실제적으로 같은 정도의 위축이 있다는 결과를 비교하여 보여주었다.

그들은 열운동(5명의 환자) 또는 능동적 운동(3명의 환자)이 설마 Paris 석고붕대 안에서 움직일 수 없기 때문에 생긴 뼈의 부분적 위축에 영향을 미친다고 하더라도 짧은 기간에 적게 해야 된다고 결론지었다.

맛사지는 골절(fracture) 치료에 널리 사용되고, 맛사지는 부드러운 조직에 일어난 손상의 회복을 도우는 데 유익하다는 것을 고려해야 한다. 맛사지가 사실상 뼈의 치유에 도움을 준다는 것은 확정된 것이 아니다. 그러나 골절 후의 뼈의 정상적인 회복과정에 있어서 "The Fracture Committee of the American Colkege of Surgeons"의 견해는 가장 효과적인조직의 빠른 성장은 신체일부의 유효한 순환에 달려 있다고 했으며, 그것 때문에 모든 효과는 순환작용을 효과적으로는 돕는 것으로 시작되어서 그 효과가 미친다고 했다.

Mock는 "최근에 발견된 경향을 나타내는 것은 골절이 형성된 부위의 새로운 혈관을 따라 피부경결이 형성된다"고 했다. 그리고 피부경결의 침전물을 도우는 파편의 운동이 초래되지 않는 골절부위에서는 무엇이든지 순환을 도운다고 했다.

7) 골격에 미치는 효과

인체의 기본적 고형 구조를 이루고 있는 골격(Skeleton)은 뼈(Bone), 연골(Cartilage) 및 인대(Ligament) 등으로 구성되고 있다.

이들 뼈 및 연골들은 관절(Joint)이라는 형태로 서로 연결되어 있고, 인대가 이들 관절을 보강하고 있으므로 골격의 일정한 구성을 지탱하여 준다.

골격의 기능은 뼈에 따라 차이가 있는데 일반적으로 ① 신체의 연한부분을 지탱하는 기둥의 역할(지지작용), ② 골격으로 단단한 벽을 이루어 신체내부 장기를 보호하는 역할(보호작용), ③ 골수에서 혈구를 생산하고(조혈작용), ④ 무기질의 저장(저장작용), ⑤ 근육의 부착점이 되어 운동작용(수동적 운동작용)을 하는 등의 역할을 한다.

관절은 뼈의 종합형식의 하나이며, 맛사지로서 관절의 영양섭취를 개선하면서 각종 상해를 예방하고 관절, 인대기관은 큰 가동성을 얻을 수 있는데 관절기능의 의의가 그 가동범위에 있다고 할 때 맛사지의 관절계에 대한 효과는 스포츠 실천에서 커다란 중요성을 갖는다.

제3장 스포츠 맛사지의 분류 및 금기사항

1. 스포츠 맛사지의 분류

현재 우리 나라에서 스포츠 맛사지에 대해 통일적으로 정리된 문헌은 거의 없는 상태이다. 그 이유는 확실하고 분명한 전문용어의 확립이 안되었기 때문이다. 어떤 학자는 ① 진정 맛사지 ② 자극 맛사지 ③ 회복 맛사지로 분류하고 있다. 또 어떤 학자는 ① 기본적 맛사지(경기 전 실시) ② 피로회복 맛사지(경기 후 실시) ③ 준비 맛사지(트레이닝 실시하기 전)로 분류하고 있다.

1) 건강 맛사지

아침체조와 병행하거나 트레이닝에서 경기에 임할 때까지의 워밍업으로서 실시하는 것이다. 이 맛사지의 목적은 신체의 일반적인 긴장을 높이는 데에 있다. 이는 아침 체조 형식이나 자기 맛사지 형식으로 실시할 수 있다.

여기에는 ① 경찰법 ② 유념법 ③ 진동진전법 ④ 고타법 ⑤ 능동적·수동적 운동법 등을 활용한다. 매일 10~15분간을 실시한다.

2) 준비 맛사지

스포츠 경기에서의 "준비 맛사지"란 용어는 어느 학자가 사용하고 있는 "기본기 맛사지", "직접·간접 맛사지" 보다도 맛사지의 내용·목적상 더 적합하다고 하겠다.

이 준비 맛사지는 스포츠 경기의 출전 전에 주로 스포츠 활동력의 향상을 목적으로 실시한다.

3) 트레이닝 맛사지

이 맛사지의 목적은 경기 전과 경기할 때에 최고로 근육긴장을 높여서 선수의 운동능력을 최고도로 발휘시키기 위한 것이다.

또 트레이닝 맛사지는 선수가 스포츠의 폼을 익히는 데도 도움을 준다.

4) 회복 맛사지

이는 피로한 근육의 활동력을 가장 빨리 회복시키기 위한 것이다. 즉, 스포츠에 의한 긴장 후에 실시하거나 경기에 계속 출전할 때 그 틈을 타서 실시하는 것이다.

5) 전반적인 맛사지와 부분적 맛사지

전반적 맛사지는 전신을 맛사지하는 데 50~60분이 걸린다. 이 맛사지에 필요한 시간의 배분은 다음과 같다. 동체를 10분간씩 좌우 양쪽을 실시하는데 20분이 걸리고, 10분간의 각 사지의 측면을 5분씩 실시한다. 전반적 맛사지의 시간은 맛사지를 받아들이는 신체 부분의 면적과 근군의 경도에 따라서 달라진다. 따라서 때로는 50~60분이 걸리고 또는 60~70분이나 걸리는 일이 있다.

부분적 맛사지는 신체 각 부위와 사지, 예를 들면 하지, 뒷잔등, 흉부, 상지 등의 맛사지가 있다.

전반적인 맛사지를 실시할 경우에 어디에 중점을 두고 실시한 것인가는 여러가지로 생각할 수 있다.

"전반적인 맛사지"는 사지부터 시작하는 것이 좋다는 주장도 있으나 여기서 지지하고 싶은 것은 전반적인 혈액순환, 임파액순환을 촉진시키기 위해서는 특히 신체의 넓은 부분의 맛사지부터 시작하는 것이 좋다는 점이다. 즉, 넓은 부분의 맛사지는 흡인적 방법에 의해 주면 근육조직에 작용시킬 수가 있기 때문이다. 따라서 맨 처음에는 먼 곳의 등과 목에서 시작하여 차츰 가까운 손으로 옮기고 이어서 반대로 가까운 곳의 뒷잔등과 목 먼곳에 있는 손의 맛사지로 이행한다. 이 때문에 시술자는 측면에 위치를 바꾸어야 한다.

등, 목, 양손의 맛사지가 끝나면 다음은 둔부, 대퇴부, 하퇴부를 맛사지한다. 끝으로 이외의 남은 부분에도 같은 방법으로 맛사지를 실시한다. 비복근, 아킬레스건 및 발바닥은 피술자 쪽에서 다른쪽으로, 또 다른 쪽에서 피술자 쪽으로 번갈아 맛사지한다.

이와같은 맛사지 후에 피술자를 반듯하게 눕힌다. 이어서 한쪽 발의 맛사지를 발 앞면의 족지 중간 부위부터 시작하여 거퇴관절(복사뼈), 경부전근군으로 이동한다. 이것이 끝나면 다른 한쪽 발을 실시한다. 그 후에 한쪽 다리의 하퇴·대퇴부를 맛사지하고 이어서 또 한쪽을 실시한다.

가슴과 양손을 맛사지 한 후에 다리를 한쪽씩 맛사지한다.

전신 맛사지가 이와같은 순서는 전반적인 맛사지의 특징이며 가장 전통적인 것이라고할 수 있다.

2. 스포츠 맛사지의 금기

맛사지를 받는 사람의 피부에 상처가 있거나 어떤 병적 상태의 징후나 변화가 일어났을 때 맛사지를 하는 사람은 무리하게 맛사지를 시작하면 안된다. 맛사지를 하는 사람이 시술을 해서는 안 될 경우에 대하여 알아 두어야 할 것이 있다. 이를 충분히 알고 있으면 의사가 없어도 문제의 처리를 할 수가 있다. 맛사지를 금기하여야 되는 경우는 다음과 같다. 이러한 경우에서는 결코 맛사지를 해서는 안된다.

(1) 급성발작 상태의 경우

(2) 급성염증이 있는 경우

(3) 출혈, 혈우병, 괴혈병, 백혈병 등의 병중에 있는 경우

(4) 국소가 어디든 간에 농양이 있는 경우

(5) 피부병, 즉 다발성 건선증, 습진, 헤드패스 포진, 임파관 표피의 염증, 피부에 발진이 있는 경우

(6) 부상 또는 피부가 심하게 자극을 받고 있을 때

(7) 정신병

(8) 심한 신체부하를 받은 다음 몹시 흥분하고 지나치게 피로할 때

(9) 정맥염증, 정맥혈전증 및 큰 정맥의 노장성 혈정증의 혈증에 있을 때
(10) 출혈성 소질이 있는 경우

복부맛사지를 해서는 안 되는 경우로는

(1) 헤르니아의 경우 (2) 임신과 월경기 (3) 담낭, 신장에 결석이 있을 때 등이다.

맛사지를 하는 사람은 임파절의 종창현상을 그대로 빠뜨리고 지나치는 일이 없도록 주의해서 피술자의 어떤 요소에도 귀를 기울여야만 한다.

의심스러울 때는 피술자의 건강상태에 관해 의사와 상의하도록 하는 것이 좋다.

제4장   맛사지에 필요한 해부생리(근육 골격)

1. 신체운동의 용어

1) 인체의 면

(1) 정중면(median plane)

직립자세에서 인체를 좌우의 대칭으로 나누는 경우를 말하며 시상면이라고도 한다. 굴곡, 신전, 과신전의 기본 움직임이 발생한다.

(2) 관상면(coronal plane)

인체를 전후 수직면으로 나누는 경우를 말하며 전후면이라고 한다. 내전, 외전의 기본움직임이 발생한다.

(3) 수평면(horizontal plane)

인체를 상하로 나누는 경우를 말하며 횡단면이라고도 한다. 회전운동이 발생한다.

2) 위치의 용어

- 내측(medial) : 정중면에 보다 가까운 쪽
- 외측(lateral) : 정중면에서 보다 먼쪽
- 전(anterior) : 인체 앞면에 보다 가까운 쪽
- 후(posterior) : 인체 뒷면에 보다 가까운 쪽
- 상(superior) : 머리에 보다 가까운 쪽
- 하(inferior) : 발에 보다 가까운 쪽
- 근위(proximal) : 구간부에서 보다 가까운 쪽

- 원위(distal) : 구간부에서 보다 먼쪽
- 내측(inside or internal) : 속이 빈 기관의 속 쪽
- 외측(outside of extemal) : 속이 빈 기관의 겉쪽
- 장측(palmar) : 손바닥 쪽
- 저측(planter) : 발바닥 쪽
- 배측(dorsal) : 손등 또는 발등 쪽

3) 자세의 용어

- 앙와위 : 누운 자세
- 복와위 : 엎드린 자세
- 측와위 : 옆으로 엎드린 자세
- 좌   위 : 앉은 자세
- 입   위 : 서 있는 자세

4) 관절운동의 용어

- 굴곡(Hexion) : 각을 이루며 굽히는 동작이며 관절의 각도가 작아진다.
- 신전(extersion) : 굴곡의 반대운동으로 관절이 각도가 커지는 동작이며 완전한 신전은 180도에 가깝다.
- 내전(adduction) : 정중면으로 가까이 오는 운동
- 외전(abduction) : 정중면에서 신체의 일부분을 멀리 하는 운동
- 회선(circumduction) : 굴곡, 신전, 내전, 외전의 기본동작의 연속운동으로 예를 들면, 팔, 다리나 신체의 일부로 원을 그리는 운동
- 회전(rotation) : 장축(long axis)을 축으로 하여 도는 운동
- 회내(pronation) : 손등이 안쪽으로 향하게 하는 운동
- 회의(supination) : 손바닥이 안쪽으로 향하게 하는 운동
- 하제(depression) : 아래로 내리는 운동
- 거상(elevation) : 위로 올리는 운동
- 전인(protraction) : 앞으로 내미는 운동

- 후인(retraction) : 뒤로 끄는 운동
- 내번(inversion) : 발뒤꿈치의 발바닥이 안쪽을 향하는 운동
- 외번(eversion) : 발뒤꿈치의 발바닥이 바깥쪽을 향하는 운동

2. 골격계

인체를 지지하고 있는 골격계는 골(뼈 : bone), 연골(cartilage), 관절(joint articulation) 및 인대(ligament)로 구성되어 있으며 성인의 뼈는 206개이다. 이것들은 주로 관절에 의해서 연결되어 인체 특유의 체격을 만들며, 골격근의 작용에 의해서 각종 운동을 할 수 있도록 되어 있다.

이러한 골격의 주요기능은,

(1) 신체의 연부를 지탱하는 지주(支柱)의 역할(지지작용)

(2) 섬세한 신체 내부 구조를 보호하는 역할(보호작용)

(3) 근육의 부착점이 되어 운동작용에 관여하며

(4) 혈구를 생산하고(조혈작용)

(5) 광물질을 저장하고 (저장작용) 이것을 다시 체내에 공급하는
   기능을 가지고 있다.

이상과 같은 골격의 기능을 모든 뼈가 다 갖고 있는 것은 아니며 뼈에 따라 상당한 차이가 있다.

예를들면 두개골은 뇌를 보호하고 흉곽(thorax)은 심장, 폐 및 기타 내부기관을 보호하는 일이 주된 기능이며, 팔, 다리에 있는 뼈는 여기에 근육이 부착되어 근육의 수축으로 보행(步行), 기좌(技座) 등의 운동을 한다.

또한 혈구의 생산은 장골(長骨 : long bone), 즉 긴 원주 모양을 하고 있는 뼈나 늑골 및 흉골에서 가장 활발하다.

다만 광물질의 저장장소로서의 기능은 모든 뼈가 다 가지고 있다. 특히 임산부의 경우 태아의 골격을 성장시키는 데 필요한 광물질, 주로 칼슘과 인이 음식물의 섭취로는 부족할 때 전신의 뼈에서 이 성분이 빠져나와 태아에게 공급된다. 즉 뼈가 단단한 것은 광물질 성분이 많기

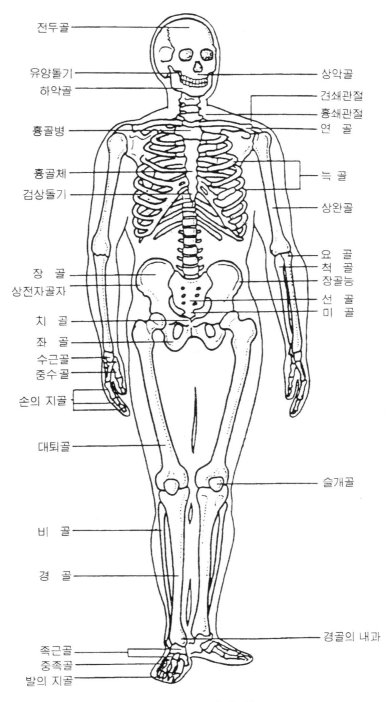

전두골

유양돌기

하악골

흉골병

흉골체

검상돌기

장 골

상전자골자

치 골

좌 골

수근골

중수골

손의 지골

대퇴골

비 골

경 골

족근골

중족골

발의 지골

상악골

견쇄관절

흉쇄관절

연 골

늑 골

상완골

요 골

척 골

장골능

선 골

미 골

슬개골

경골의 내과

전신의 골격(전면)

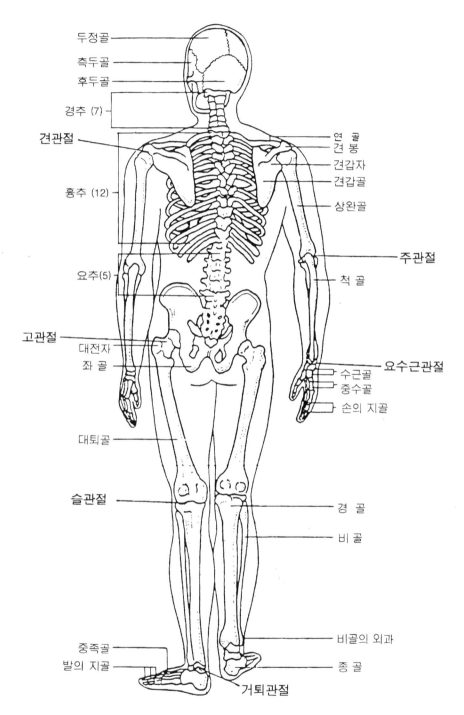

두정골
측두골
후두골
경추 (7)
견관절
흉추 (12)
요추(5)
고관절
대전자
좌 골
대퇴골
슬관절
중족골
발의 지골

연 골
견 봉
견갑자
견갑골
상완골
주관절
척 골
요수근관절
수근골
중수골
손의 지골
경 골
비 골
비골의 외과
종 골
거퇴관절

전신의 골격(측면 : 상지골을 제외)

때문이며, 뼈 무게의 2/3 이상을 차지한다. 칼슘, 인, 마그네슘 등의 무기 또는 유기염의 주된 성분이며, 그 밖에 양은 적으나 중요한 것으로는 칼륨(K), 불소(F), 나트륨(Na) 및 철(Fe) 등이 있다.

1) 골 표면의 성상

하나하나의 뼈는 단순히 골(bone)이라고 하지만, 2개 이상의 골이 연결된 상태일 때는 골격(Skeleton)이라고 부른다. 골격은 당연히 인종, 연령 및 성별에 따라 다르다. 골의 표면부에는 아래와 같이 특수한 해부학적 표현법(anatomical descripitive term)이 있다.

(1) **볼록하게 부풀어 있는 것** : 주로 근 인대의 기시, 부착부가 있다.

  ① 융기(eminence, protuberance) : 약간 둥그스름한 돌출부분.

    예) 외후두융기, 과간융기

  ② 결절(tubercle) : 부풀어 오른 부분.

    예) 대결절, 소결절, 늑골결절

  ③ 돌기(process) : 길이를 가진 돌출부

    예) 경상돌기, 극돌기, 유양돌기

  ④ 조면(tuberosity) : 꺼칠꺼칠한 면을 가진 부분

    예) 삼각근조면, 둔근조면, 경골조면

  ⑤ 과(Condyle) : 관절면을 가진 골단부의 융기부

    예) 외측과, 내측과

  ⑥ 상과(epicondyle) : 과의 상반부의 돌출부로 관절낭의 외측에 있다.

    예) 외측상과, 내측상과

  ⑦ 능(crest) : 능선을 이루는 부분

    예) 정중천골릉, 대결절릉, 장골릉

(2) **함몰이나 구멍, 흠을 이루는 것** : 구멍과 흠은 주로 혈관, 신경의 통로가 된다.

  ① 와(fassa) : 함몰이며, 얕은 것, 깊은 것, 큰 것, 작은 것 등 다양하다.

    예) 주두와, 슬와, 중두개와, 하수체와, 대전자와

  ② 절흔(notch) : 패여 들어간 곳

        예) 대·소좌골절흔, 안와상절흔

③ 구(groove) : 좁고 길게 도랑이 패여져 있는 것

        예) 상시상동구, 횡동구, 요골신경구

④ 열(fissure) : 2개 이상의 뼈가 만드는 틈새

        예) 상·하안와열, 추체고실열

⑤ 공(foraramen) : 구멍

        예) 경정맥공, 대공, 내이공, 대·소좌골공, 추간공

⑥ 관(canal) : 관상이며, 긴 것, 짧은 것 등 다양하다.

        예) 척추관, 경동맥관, 시신경관

2) 뼈의 구조

뼈는 골막과 골절, 골수 등으로 구성되어 있다.

골막은 연골로 덮힌 뼈의 관절단 표면을 제외한 모든 뼈의 표면을 싸고 있는 데, 이 섬유성의 골막은 뼈를 싸는 강한 결합조직의 막으로 혈관과 신경이 많이 분포되어 있어 뼈에 영양을 공급하고, 또 뼈를 보호하므로써 뼈의 재생에 중요한 역할을 한다.

한편, 골절은 두 종류의 골 조직, 즉 치밀질과 해면질로 되어 있는데, 외부에 있는 치밀질은 골세포와 기질로 조밀하게 구성되어 있고, 내부에 있는 해면질은 마치 스폰지(sponge)와 같이 구멍이 많이 뚫려 있는 구조로 되어있다. 그러므로 치밀질은 견고하며, 그 속에는 혈관이나 신경이 통하는 관계통이 있는데 이것을 해버지언관(Havershn canal)이라고 한다.

한편 전형적인 장골인 경우, 해면질의 일부는 공동을 이루는 곳이 있는데, 이를 골수강이라고 하며, 이 속에 골수가 들어있다.

골수에는 적골수와 황골수의 두가지가 있으며, 적골수는 조혈작용을 하는 골수인데, 성인 장골의 골단·단골 및 편평골의 해면질 내에서 볼 수 있으며, 황골수는 적골수의 조혈작용이 중지되어 주로 지방으로 대치된 상태의 골수로써 성인의 장골 골간에서 볼 수 있다.

3) 관절의 종류

관절은 기능과 형태에 따라서 분류하는 데, 이 기능과 형태는 상당히 일치하고 있다. 즉각 관절의 역할(운동)에 따르는 알맞은 형태를 하고 있다. 그리고 관절운동은 그 운동을 일으키는 근이 관여하므로, 관절을 이해하려면 여기에 관여하는 근에 대해서도 잘 이해하고 있어야 한다.

일반적으로 관절은 두 개의 뼈사이에서 만들어지며, 이것을 "단관절"이라고 한다. 전형적인 예는 견관절(상완골과 견갑골), 고관절(대퇴골과 관골) 또는 절골간의 관절 등이다.

또 어떤 곳에서는 3개 이상의 골이 하나의 관절을 형성하고 있는데, 이것을 "복관절"이라고 한다. 전형적인 예는 주관절의 경우 상완골의 하단과 요골 및 척골의 상단이 관계하고 있는 것이다. 수근부의 요골수근관절에서는 요골하단이 3개의 수근골과 복관절을 이루고 있다. 또 관절운동의 가동영역에 따라서 1축성, 2축성, 다축성 관절로 구분하기도 하지만, 이러한 운동영역에는 개체차도 있고 엄밀하게 구분하기가 어렵다.

관절의 가장 일반적인 분류는 관절면, 즉, 관절두와 관절와의 모양에 의해 구분하고 있다.

4) 위치에 따른 뼈의 종류

골격이 위치하고 있는 부위에 따라 분류하면,

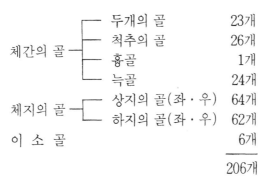

체간의 골	두개의 골	23개
	척추의 골	26개
	흉골	1개
	늑골	24개
체지의 골	상지의 골(좌·우)	64개
	하지의 골(좌·우)	62개
이 소 골		6개
		206개

또한 편의상 두개골(skul1)·척주골(vertebral column)·흉곽(thorax)·상지골(bones of upper limb)·하지골(bones of lower limb)의 다섯 부분으로 분류한다.

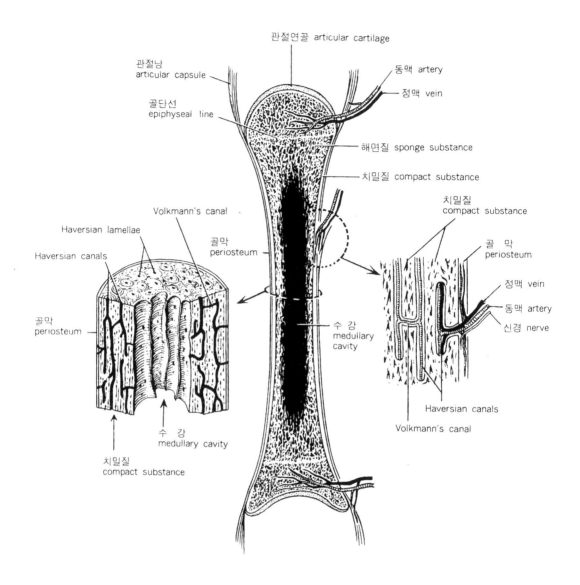

뼈의 기본적 구조

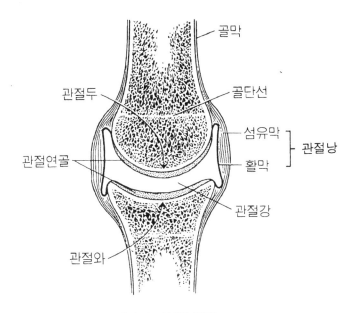

관절의 기본적 구조

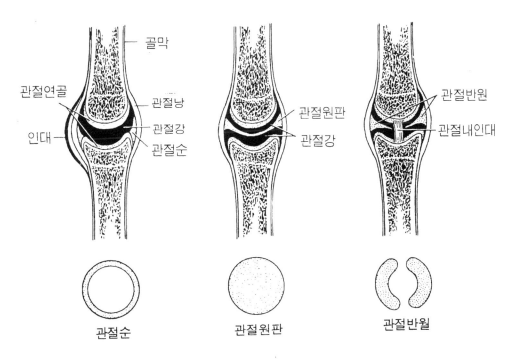

관절의 보조방치(인대, 반월, 원판)

(1) 두개골(skull)

두개골은 15종 골이 복잡하게 결합된 것이며, 그 연결은 악관절을 제외하고는 모두 봉합에 의한 것이다. 설골만은 다른 골과 분리되어 근과 인대로 지지된 상태에서 설근부에 위치한다.

두개골은 윗쪽에서 두개강을 형성하고 뇌를 보호하는 뇌두개골과 아래쪽에서 안와, 비강, 구강 등의 기초를 만드는 안면골의 두 종류도 대별된다.

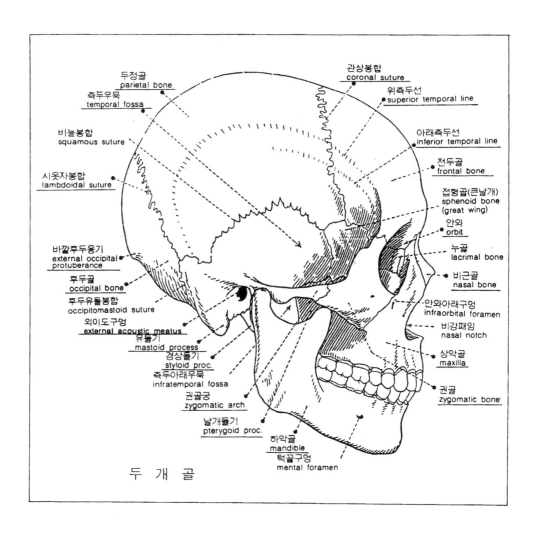

두 개 골

A) 뇌두개골(6종 8개 : cranialbones)

① 두정골(parietal bone)   2개
② 측두골(temporal bone)   2개
③ 전두골(frontal bone)   1개
④ 후두골(occipital bone)   1개
⑤ 접형골(sphenoidal bone)   1개
⑥ 사골(ethmoidal bone)   1개

B) 안면골(facial bones)

① 비골(nasal bone)   2개
② 누골(lacrimal bone)   2개
③ 하비갑개(inferior bone)   2개
④ 상악골(maxilla)   2개
⑤ 관골(zygomatic bone)   2개
⑥ 구개골(palatine bone)   2개
⑦ 하악골(nandible)   1개
⑧ 서골(vomer bone)   1개
⑨ 설골(hyoid bone)   1개

(2) 척주(vertebral column or backbone)

척주는 32~34개의 추골이 이어져서 이루어진 골격으로, 상단의
두개골과 하단의 골반을 연결하면서 체간의 지주역할을 한다. 추골은
위로부터 7개의 경추, 12개의 흉추, 5개의 요추, 5개의 천추, 3~5개의
미추가 있다. 성인은 5개의 천추가 유합하여 1개의 천골이 되고, 또
3~5개의 미추가 모여 1개의 미골이 된다.

또한 척주는 체간의 정중선상에 있으며, 좌우방향으로는 거의
똑바르지만, 전후방향으로는 일정한 부위가 만곡되어 있다. 경부만곡과
천미부만곡은 후방으로 굽어 있다. 그외 4부위의 굴곡이 심한 것을 전굴,
후굴이라고 하고, 옆으로 굽은 것은 측굴이라고 한다.

척주는 상기와 같은 체간의 지주작용외에, 각 추공의 연결에 의해 구성되는 척주관 내에 척수를 수용하고 이것을 보호하는 중요한 역할을 한다. 이 보호작용에는 척주에 대한 충격을 완화시키는 추간원판의 쿠션작용도 관여한다. 추간원판은 섬유연골판으로 그 주변부는 약간 딱딱한 섬유륜으로 되어 있으나, 그 중앙부는 수핵이라는 젤리와 같은 연한 조직으로 되어 있다.

추간판 탈출이란 수핵이 섬유륜의 일부를 밀어낸 상태이며, 이는 체중의 압력 또는 과격한 운동으로 인하여 요부에 반발한다. 이때 추간공으로 향하는 요골신경 또는 척골신경의 압박증상이 일어난다.

척주 후면의 정중선상에는 각 추골의 극돌기가 늘어서 있다. 이 극돌기의 방향을 측면에서 보면 경추에서는 수평이지만, 흉추에서는 상위는 비스듬히, 하방, 중위는 거의 하방으로, 하위에서는 다시 약간 수평이다. 상하의 극돌기간의 넓이는 요추가 가장 큰데, 이것은 요추천자에서 천자위치가 된다. 극돌기가 정중선상에서 '어긋나' 있으면 척주의 탈구나 손상의 지표가 된다. 극돌기와 추궁판 사이의 홈은 골격에서는 현저하게 깊지만, 생체에서는

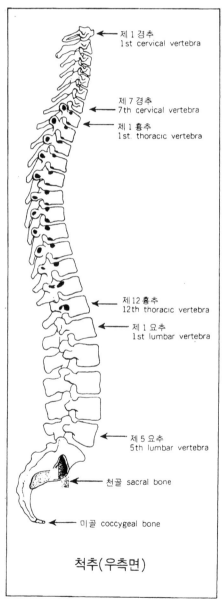

제 1 경추
1st cervical vertebra

제 7 경추
7th cervical vertebra

제 1 흉추
1st. thoracic vertebra

제 12 흉추
12th thoracic vertebra

제 1 요추
1st lumbar vertebra

제 5 요추
5th lumbar vertebra

천골 sacral bone

미골 coccygeal bone

척추(우측면)

심배근군(척주기립근)이 종주하여 이곳을 채우게 되므로 오히려 근육 융기로써 관찰 또는촉지 된다.

스포츠 맛사지에 필요한 척추와 6장 6부 관련도표

사람은 6장 6부(비장, 위장, 폐장, 대장, 신장, 방광, 간장, 담, 심장, 소장, 심포, 삼초)와 척추(목에 경추 7개, 등에 흉추 12개, 허리에 요추 5개, 골반쪽에 선추 5개 및 미추 3~5개) 32~34개가 있으며, 이것은 서로 밀접한 관계가 있다. 척추에 이상(디스크, 아탈구현상, 변위현상)을 크게 원인적으로 구분하면 ① 외부충격 ② 바르지 못한 바른 생활습관 ③ 내장기능의 이상 등으로 인하여 온다. 따라서 척추의 이상을 바로 잡아주면(正體化) 도표에 연관되는 요인들이 해소됨은 물론 건강을 되찾을 수 있다.

제1경추 : 위경련, 신경성구토, 신경쇠약, 정신병, 두통, 어지러움, 불면증,
　　　　　뇌출혈, 중독성 질환, 안면 신경 마비, 반신 불수, 요산성 관절염,
　　　　　뇌수종, 소화불량, 위통, 뇌신경성 질환, 뒷목이 아프다.
제2경추 : 신경쇠약, 안면신경경련, 요독증, 사경, 두통, 머리에 땀이 남,
　　　　　위경련, 신경성 구토, 위통, 소화불량, 뒷목이 아프고 눈에 피로가
　　　　　온다.
제3경추 : 가슴이 두근거림, 심장편막 협착증, 위통, 위경 련, 소화불량,
　　　　　신경성구토, 흑내장, 난청, 코, 귀, 눈질환, 요독증, 결막염, 실명,
　　　　　냄새를 잘 모른다.
제4경추 : 약시, 횡경막신경경련, 신경성구코, 위통, 소화불량, 위경련,
　　　　　기관지천식, 폐기종, 심장편막 협착증, 삼차신경통, 신경쇠약,
　　　　　뇌충혈, 두통, 코감기, 편도선염, 귀질환, 간장
제5경추 : 기관지천식, 폐기종, 간장, 입안과 혀가 땡김, 머리종양, 맛을
　　　　　모른다, 눈질환, 양팔저림, 어깨가 무겁다, 피로, 팔이 힘이 없다.
제6경추 : 천식, 호흡곤란, 양팔 힘이 없다, 갑상선종, 두통, 갑상선염,
　　　　　기관지질환

제7경추 : 어깨와 뒤쪽이 괴롭다, 동맥경화증, 기관지염, 뇌출혈, 양팔이
　　　　　무겁다, 심계항진증, 심장성 천식, 부정맥, 호흡 곤란, 협심증,
　　　　　심장비대증, 심근염, 폐충혈, 기관지염, 기관지 충혈, 위경련,
　　　　　신경성 구토, 위통, 소화불량, 동맥경화증
제1흉추 : 서경, 기관지폐충혈, 심장내막염 외막염, 혈압항진증,
　　　　　기관지천식, 폐기종, 머리, 양팔 등이 괴롭다.
제2흉추 : 폐심근염, 심장내막염, 심장비대증, 심장수축
　　　　　확장불능, 유방내 유즙결핍증, 기관지질환 동맥경화증,
　　　　　양팔저림, 혈압항진증, 기관지천식, 폐기종 등이 당긴다.

제3흉추 : 폐기종, 폐수종, 늑막염, 폐결핵, 소엽성폐염, 유
　　　　　집분비 부족 및 과다, 일시성 질식, 심장경련,
　　　　　연초성심장질환
제4흉추 : 심포, 담즙과다증, 간장종양, 담석증, 황달간장경
　　　　　화증, 동맥경화증, 심장질환, 신경쇠약, 혈압항증,
　　　　　당뇨병, 취장염, 가슴이 답답하다.
제5흉추 : 일반열성병, 이하선염, 발진, 중독성질환, 설사,
　　　　　위질환, 신경성 식욕결핍증, 위산과다증, 신경성
　　　　　분비과다증, 위산결핍증, 취장염, 당뇨병, 담낭염
제6흉추 : 심장위암, 소화불량, 위확장, 신경쇠약, 두통,
　　　　　유문협착, 위궤양, 위하수증, 마비, 늑간신경통,
　　　　　식사결핍 증, 화농성 신장염, 지방성 신장, 당뇨병,
　　　　　담낭염, 신장결석, 신장기능 감퇴증, 취장염, 만성
　　　　　간질성 신장염, 요독증, 신장수종, 위산결핍증,
　　　　　위산과다증, 신경성분비 과다증, 적게 먹어도 배가
　　　　　부르다.
제7흉추 : 적게 먹어도 배가 부르다. 신경성 식욕결핍증,
　　　　　위암, 소화불량, 위확장 신경쇠약 두통, 위문협착,
　　　　　위궤양, 위화수증
제8흉추 : 간장질환, 취장결석, 장통, 담석통, 비장비대, 취장

하수증, 늑간신경통, 횡경막 이상, 장소화불량, 소장궤 양암종,

간장충혈, 담즙이 상증, 황달, 간장무감각, 간장비대증, 강경변증,

담즙관염증, 지방성 간장, 급성황색 위축, 폐확장부전, 위산과다증,

신경성분비 과다증, 위산결핍증, 취장염, 당뇨병

제9흉추 : 간담석통, 심장편막협착증, 소아마비, 유전성 운동실조증,

아래다리 마비, 취장결석, 간장질환, 담석증, 비장비대,

비장하수증, 늑간신경통, 횡경막이상 장소화불량, 소장궤양암종

제10흉추 : 급만성신장염, 신장결석, 요독증, 중독성질환, 신경통,

요산성관절염, 비뇨기병성 출혈, 유뇨증, 당뇨병, 수종, 발진,

피부건조, 지방과다증, 장소화불량, 변비, 설사, 담석통

제11흉추 : 담일성병, 유문협착 유문경련, 심장경련, 신경성설사, 소장통,

장관장해, 지방성간장, 하지마비, 방광염, 유뇨증, 신장명,

신장결석, 요독증 급만성 신장병, 신장결석, 요독증, 중독성질환,

신경통, 요산성관절염, 비뇨기병성출혈 유뇨증, 당뇨병, 수종,

발진, 피부건조, 지방과다증, 장소화불량, 설사, 변비, 담석통,

간장비대증

제12흉추 : 비장, 빈혈, 충혈, 만성신장염, 위축신, 하지마비,

심장편막협착증, 급만성신장병, 신장결석, 요독증, 중독성 질환,

신경통, 신장결석, 요산성 관절염, 비뇨기병성 출혈, 유뇨증,

당뇨병, 수종, 발진, 피부건조, 지방과다증, 장소화불량, 설사,

변비, 담석통

제1요추 : 위, 변비, 설사, 피부염, 충수염, 장복막 암종, 결장여, 장결핵,

신경쇠약, 안면신경 마비, 불임증, 복부종양, 위 확장, 위하수증,

위궤양, 심장장해, 변비, 소장, 충수염, 점막성 결장염, 장하수종,

간장 출혈, 간장염, 담즙 이상증, 황달, 간장 무감각, 간장 비대증,

강경변, 비장염, 빈혈, 백혈병, 백혈구 감소증, 비장 비대증,

자궁내막염, 월경과다증, 월경통, 자궁 하방퇴수종, 자궁 전굴증,

자궁하수증, 자궁출혈, 자궁암종

제2요추 : 요추 1번과 같음, 삼초, 허리 아프다, 다리가 쑤시거나 당긴다.

제3요추 : 난소질환, 월경폐지, 월경곤란, 배대하, 자궁암, 자궁전후굴증,
　　　　　유정증, 음낭수종, 자궁난소염, 요도염, 불임증, 고환질환,
　　　　　생식기질환, 위장병, 심장장해, 소장, 변비, 장하수증, 간염,
　　　　　간충혈, 충수염, 황달, 담즙이상 간경변, 빈혈, 백혈병, 월경통,
　　　　　자궁암종, 자궁하방퇴수증, 자궁출혈, 허리, 다리에 통증

제4요추 : 신장, 임질, 방광염, 방광 결석, 소변곤란, 유뇨증, 요통, 불임증,
　　　　　좌골신경통, 보행 곤란증, 변비, 자궁전굴증, 자궁출혈, 자궁전위,
　　　　　자궁통, 월경질환, 하지경련, 슬관절질환, 허리가 아프다, 다리의
　　　　　뒤가 당긴다, 부분마비

제5요추 : 대장, 좌골 신경통, 하지 기형성관절염, 반신불수 방광질환,
　　　　　국소마비, 하퇴부 부골질환, 보행 곤란증, 다리 냉증, 빈혈, 임질,
　　　　　직장출혈, 자궁질환, 하지 경련, 다리가 아프고 허리에 통증

선추1~5 : 방광, 직장, 생식기 질환, 정신병, 신경성질환, 좌골 신경통,
　　　　　항문 하지골질환, 소장, 근시, 원시

미추1~5 : 방광, 직장, 생식기 질환, 정신병, 신경성 질환, 좌골 신경통,
　　　　　항문 하지골질환, 근시, 원시

(3) 흉곽(thorax)

12쌍의 늑골(hbs)이 12개의 흉추와 1개의 흉골과 연결되므로써 바구니 모양의 골격을 형성한 것이며, 전체를 흉곽이라 한다. 흉곽은 흉강에 있는 내장(폐, 심장, 기관, 기관지, 식도

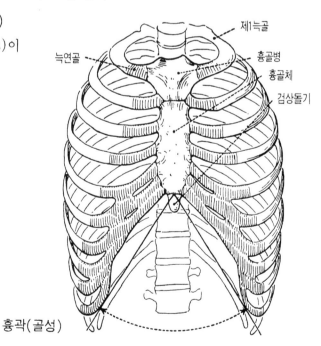

흉곽(골성)

등)을 보호하는 동시에 호흡작용에 관여한다. 흉곽구는 흉광에 있는
내장(폐, 심장, 기관, 기관지, 식도 등)을 보호하는 동시에 호흡작용에
관여한다. 흉곽상구는 제1흉추, 좌·우제1늑골 및 흉골의 및 흉골의 상연이
에워싸고 있고, 경부내장 또는 대혈관의 흉강내 출입구가 된다. 흉곽하구는
제12흉추와 좌우 늑골궁 및 흉골하단에 의해 포위되고 있고, 횡격막에 의해
복강과 경계를 이루고 있다.

골성 흉곽에 대해서는 위에서 기술했으나, 흉곽이라는 호칭은 근간극
등을 포함하여 넓은 의미로 가슴 혹은 흉벽이라는 의미로도
쓰인다. 흉곽이 싸고 있는 내강 전체가 흉강이다.

임상적으로 진단, 치료할 목적으로 흉막강천자를 할 때에는
늑간극이 가장 넓은 제7늑간극의 배부가 선택된다. 또한
천자침은 늑간극의 중간 위 내지는 늑골 상연 바로 위에
천자한다. 늑간신경 및 늑간동·정맥의 손상을 방지하기
위함이다. 제7늑간극 이하에서 천자하면 횡격막을 손상시킬
위험이 있다.

(4) 골반(pelvis)

좌우의 관골(hip bone)과 후방의 천골 및 미골에 의해 둘러싸인
커다란 그릇 모양의 골격이다. 골반은 그 내용 기관을 보호하는
동시에, 체간을 밑에서 받쳐줌으로써 양 하지와함께 체중을 지지하는
중요한 골격이다. 관골은 후방에서 천장관절에 의해 양측이 결합되어
있다. 천장관절은 움직이지 않는 반관절이며, 치골결합은 섬유연골에
의한 결합이다.

골반은 여성과 남성에 차이가 있다.

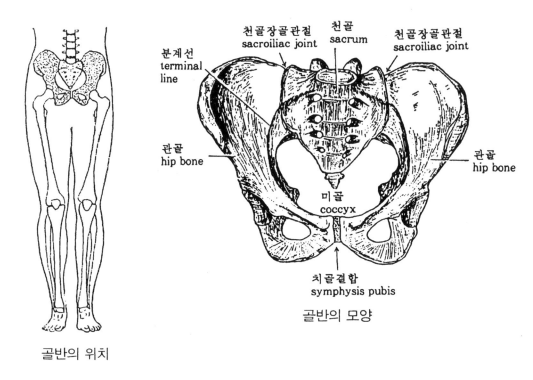

골반의 위치

골반의 모양

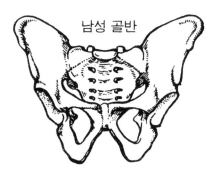

남성 골반

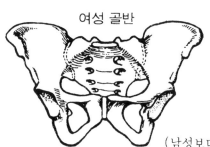

여성 골반

남녀 골반의 차이

	남 성	여 성
골반 뼈 전체	무겁고 거칠다	가볍고 매끈하다
천골	폭 좁고 만곡이 심하다	넓고 만곡이 덜하다
장골	경사가 완만하다	경사가 급하다
큰좌골패임	깊고 좁다	얕고 넓다
치골결합	결합면 길이가 길다	길이가 짧다
치골궁	좁고 뾰죽하다	넓고 둥굴다
폐쇄구멍	계란 모양이다	삼각 모양이다
골반위입구	거의 하트 모양이다	타원 모양에 가깝다
작은골반	깊고 좁다	얕고 넓다
작은골반 용적	작다	크다

(남성보다 달걀모양을 하고 있는데 주의)

(5) 상지골(bones of upper limb)

상지의 골격은 양측 모두 64개의 골로 이루어진다. 상지를 체간에
결합하는 상지대의 골에는 쇄골과 견갑골이 있고, 자유상지의 골로서
상완부에는 상완골, 전완부에는 요골과척골이 있고, 손에는 수근골, 중수골
및 지골이 있다.

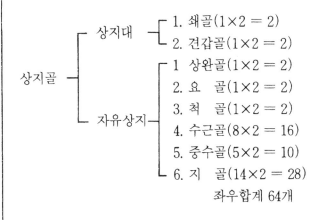

상지대 ┌ 1. 쇄골(1×2 = 2)
       └ 2. 견갑골(1×2 = 2)

자유상지 ┌ 1 상완골(1×2 = 2)
         │ 2. 요 골(1×2 = 2)
         │ 3. 척 골(1×2 = 2)
         │ 4. 수근골(8×2 = 16)
         │ 5. 중수골(5×2 = 10)
         └ 6. 지 골(14×2 = 28)
                    좌우합계 64개

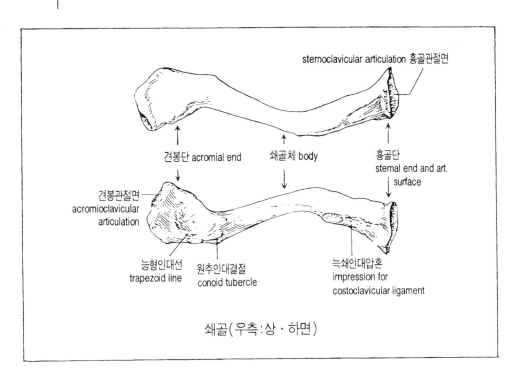

sternoclavicular articulation 흉골관절면

견봉단 acromial end   쇄골체 body   흉골단
sternal end and art.
surface

견봉관절면
acromioclavicular
articulation

능형인대선   원추인대결절   늑쇄인대압흔
trapezoid line conoid tubercle impression for
costoclavicular ligament

쇄골(우측 : 상 · 하면)

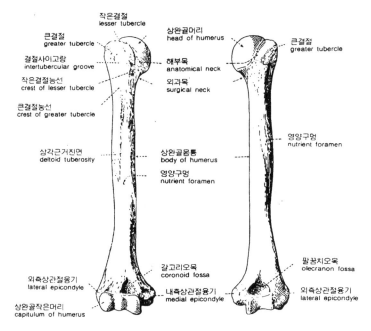

오른쪽 상완골의 앞면   오른쪽 상완골의 뒷면

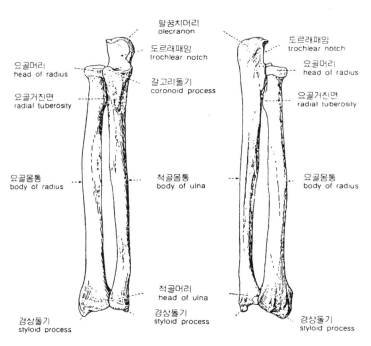

오른쪽 전완골 앞면   오른쪽 전완골 뒷면

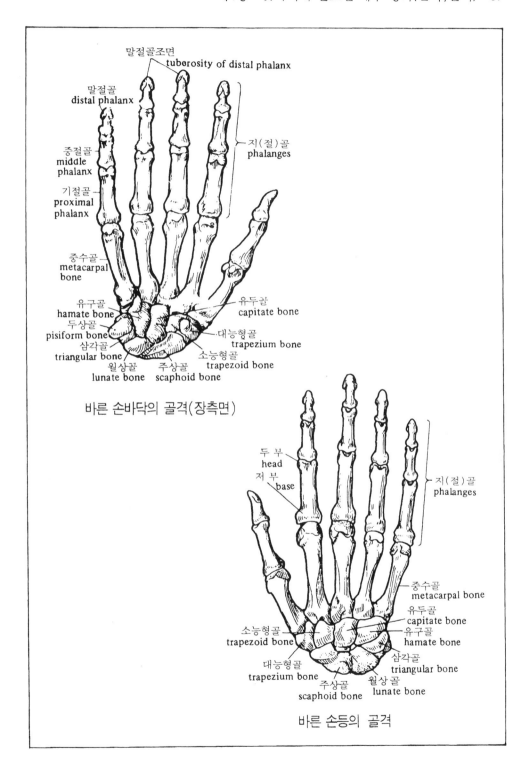

말절골조면
tuberosity of distal phalanx

말절골
distal phalanx

중절골
middle
phalanx

기절골
proximal
phalanx

지(절)골
phalanges

중수골
metacarpal
bone

유구골
hamate bone

두상골
pisiform bone

삼각골
triangular bone

월상골
lunate bone

주상골
scaphoid bone

유두골
capitate bone

대능형골
trapezium bone

소능형골
trapezoid bone

바른 손바닥의 골격(장측면)

두 부
head

저 부
base

지(절)골
phalanges

중수골
metacarpal bone

유두골
capitate bone

유구골
hamate bone

삼각골
triangular bone

월상골
lunate bone

주상골
scaphoid bone

대능형골
trapezium bone

소능형골
trapezoid bone

바른 손등의 골격

(6) 하지골(bonesoflowerlimb)

하지의 골격은 양측 모두 62개의
골로 이루어져 있다. 하지를 체간에
결합하는 하지대의 골로서는 관골이
있으며, 자유하지의 골로서
대퇴부에는 대퇴골 및 슬개골이 있고,
하퇴부에는 경골과 비골이 있으며,
발은 손과 마찬가지로 족근골, 중족골
및 (족의) 지골로 구분한다.

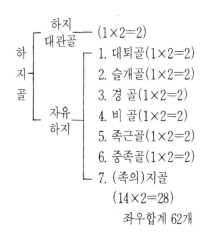

하지   하지 ── (1×2＝2)
        대관골
하
지   ┌ 1. 대퇴골(1×2＝2)
골   │ 2. 슬개골(1×2＝2)
     │ 3. 경 골(1×2＝2)
 자유 │ 4. 비 골(1×2＝2)
 하지 │ 5. 족근골(1×2＝2)
     │ 6. 중족골(1×2＝2)
     └ 7. (족의)지골
        (14×2＝28)
        좌우합계 62개

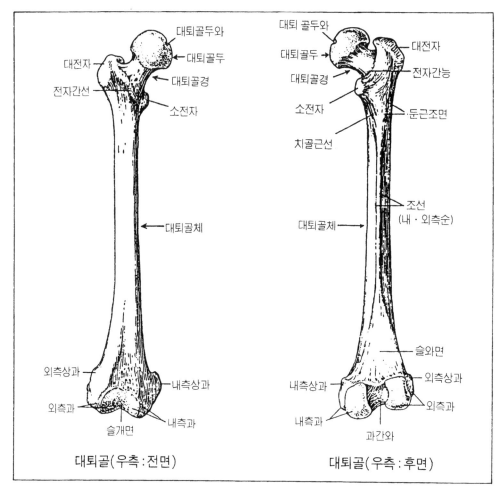

대퇴골두와
대전자
대퇴골두
전자간선
대퇴골경
소전자
대퇴골체
외측상과
내측상과
외측과
내측과
슬개면

대퇴골(우측 : 전면)

대퇴 골두와
대퇴골두
대전자
대퇴골경
전자간능
소전자
둔근조면
치골근선
대퇴골체
조선
(내 · 외측순)
슬와면
외측상과
내측상과
외측과
내측과
과간와

대퇴골(우측 : 후면)

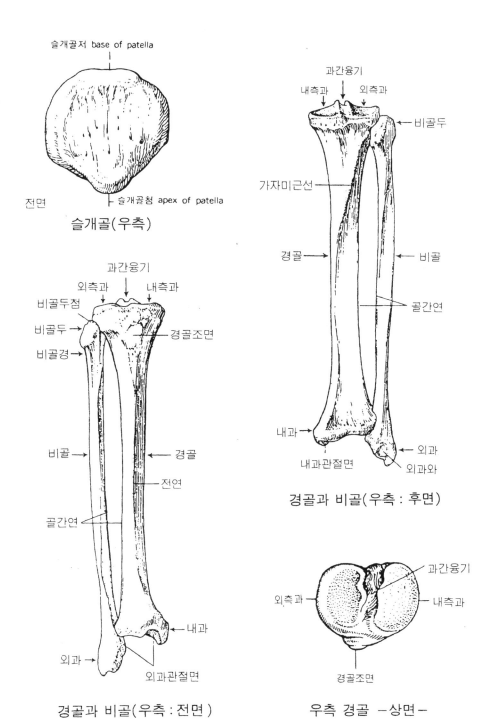

슬개골저 base of patella

전면

슬개골첨 apex of patella

슬개골(우측)

과간융기

내측과   외측과

비골두

가자미근선

경골

비골

골간연

내과

외과

내과관절면

외과와

경골과 비골(우측 : 후면)

과간융기

외측과   내측과

경골조면

과간융기

외측과   내측과

비골두점

비골두

비골경

경골조면

비골   경골

전연

골간연

내과

외과

외과관절면

경골과 비골(우측 : 전면)

우측 경골 ─상면─

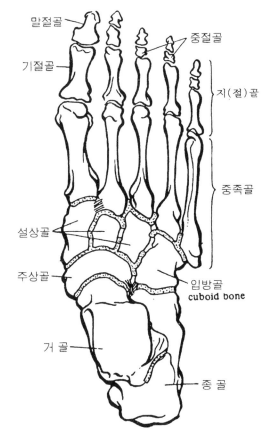

발의 골격(우측·발등)

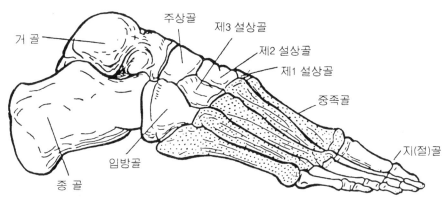

오른발의 골격 —외측면—

3. 근육계(muscular system)

우리 몸의 운동은 근육이 수축하는 힘에 의해서 이루어진다. 근세포가
자극을 받아서 흥분되면 그 흥분이 근세포막을 따라서 전달되고 그에 따라
근섬유가 화학변화를 일으켜 수축하게 된다. 즉 화학적 결합에너지가
기계적 운동에너지로 전환한 것이다.

신체를 움직여서 위치를 이동하거나 자세를 변동하거나 또는 중력에
대항하여 체중을 지탱하게 하는 등 어떤 자세를 유지하게 하는 모든 근육을
골격근이라 한다. 이들 근육은 모두 골격에 부착되어 있다. 이와 같이
근육계는 능동적인 운동장치인 근계통을 취급하는 생리·해부학의 한
부분으로, 근은 조직학적으로 근조직으로 구성되며 수축과 이완에 따라
특유한 운동을 하게 된다.

이러한 인체의 운동은 아무리 단순한 것이라도 실제로는 하나의 근에
의해서 이루어질 수 없고, 여러 개의 협동근이 필요하다, 바꿔 말하면,
앞에서 서술한 각 관절의 운동에는 그 주변의 많은 근이 작용하여 그
종합적 결과로써 굴곡, 신전, 내전, 외전, 회내, 회외운동 등이 이루어진다.
동일한 운동방향으로 작용하는 근군을 협력근, 그 반대방향으로 작용하는
근군을 길항근이라고 한다.

1) 근조직의 형태와 기능

근조직은 형태와 기능에 따라 세 가지로 구분한다. 즉 주로 골격근을
이루고 있는 수의근와 횡문근, 횡문이 없는 평활근인 불수의근 및 심근으로
분류된다.

수의근은 의지에 따라 수축하고 조직학적으로 매우 섬세한 명암 양대가
번갈아 배열되어 횡문 또는 가로무늬를 나타내며 골격근을 이루고
근육계에서는 이 골격근을 주로 취급한다. 한편 불수의근은 의지와
관계없이 독립적으로 수축하고 주로 유강장기인 위, 장, 혈관, 자궁 등에
있으며 조직학적으로는 횡문이 없는 평활근이다. 심근은 불수의근과
수의근의 중간이며 의지와 관계없이 자율적, 주기적으로 수축과 이완이
이루어지고 조직학적으로 횡문이 있다.

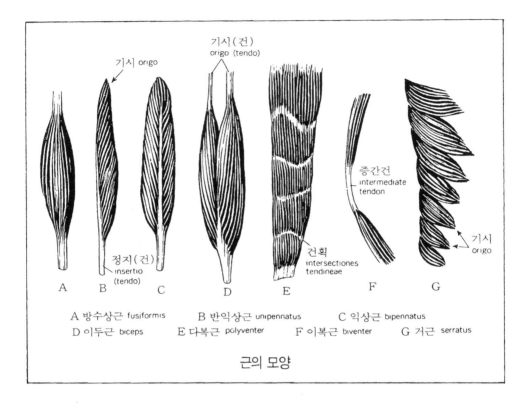

근의 모양

위에서 살펴보았듯이 근조직은 자세유지, 서기, 앉기, 눕기, 기대기 등의
골격근의 기능과 근조직의 수축으로 일어나는 이화작용에 의해 체열을
생산하여 체온을 유지하는 기능을 갖고 있다.

2) 골격근

골격근은 인체에서 체중의 약 40%를 차지한다. (전신의 골격근은 약
650개나 된다)

골격근은 근이 기본 단위인 근 섬유와 이를 결합하는 결합조직으로
구성되어 있다. 근세포의 특징은 그 속에 있는 매우 섬세한 근원
섬유(myofibrils)와 이를 수용하고 있는 미분화 원형질인
근형질(sarcoplasm)과 이들을 싸고 있는 건초(sarcolemma)의 바로 밑에
다수의 핵이 있다는 점이다.

또한 각 근의 명칭은 그 근의 모양, 크기, 존재 부위, 기시, 부착, 주행
혹은 작용 등과 관계가 있다.

◆ 골격근의 명칭

(1) 형태에 따른 명칭 : 삼각근, 승모근, 원근(대·소), 능형근(대·소),
   판상근, 거근, 방형근 등.

(2) 존재 부위에 따른 명칭 : 후두전두근, 측두근, 흉근(대·소),
   늑간근(내·외), 상완근, 둔근(대·중·소), 경골근(전·후)등.

(3) 기시, 부착부에 의한 명칭 : 흉쇄유돌근(흉골·쇄골→유양돌기),
   흉쇄설골근(견갑골－설골), 오훼완근(오훼돌기-상완골) 등.

(4) 주행에 의한 명칭 : 복직근(질주한다), 복사근(내·외), 복횡근,
   회음횡근, 안륜근, 구륜근 등.

(5) 작용에 의한 명칭 : 교근, 견갑거근, 지굴근(천·심), 지신근,
   수근굴근(요측·척측), 원회내근, 회외근, 내전근(대·장),
   항문괄약근, 항문거근 등

(6) 근두(기시), 근복의 수에 의한 명칭 : 상완이두근, 상완삼두근,
   대퇴사두근, 대퇴이두근, 하퇴삼두근, 악이복근 등.

3) 근육의 생체기능

(1) 근육의 일반적 작용

인체의 약 40% 정도를 차지하는 근육은 골격근만도 300종 650근이
있으며, 뼈를 움직여서 신체 운동을 발생시키면서 골격의 형태를 유지시켜
인체의 윤곽을 형성한다. 근육은 또한 그 부위에 따라서 두부(머리),
경부(목), 배부(등), 복부(배), 흉부(가슴), 상지(팔), 하지(다리) 등
7부의 근군으로 대별되는데 동작에서의 근육은 특수한 형태로 형성되어
흥분성, 수축성, 신장성, 탄력성 등의 특징을 가진다.

첫째, 흥분성이란 자극을 받아들이거나 반응할 수 있는 능력이다.

둘째, 수축성은 근육이 자극을 받아 모양이 변하여 더 짧아지고 더
   두꺼워지는 것을 말한다.

셋째, 신장성이란 일반적으로 근육의 길이가 정상적인 상태보다 더
   길어지는 것을 의미하는데 수축운동을 억제하기 위해서 신장성
   운동이 일어난다.

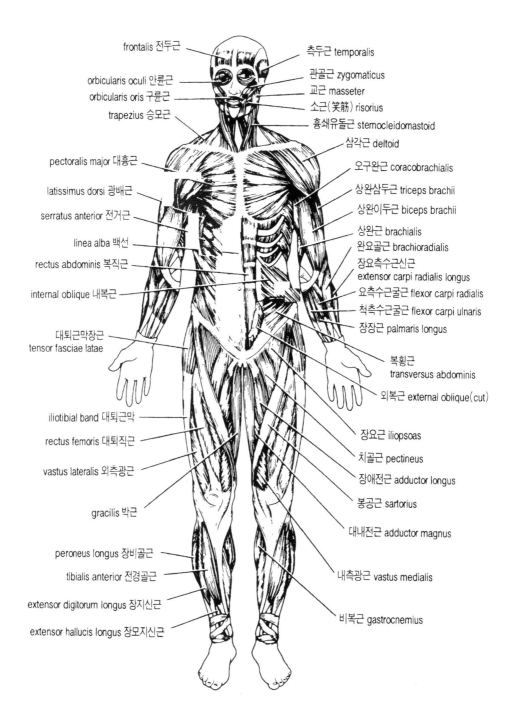

frontalis 전두근

orbicularis oculi 안륜근

orbicularis oris 구륜근

trapezius 승모근

pectoralis major 대흉근

latissimus dorsi 광배근

serratus anterior 전거근

linea alba 백선

rectus abdominis 복직근

internal oblique 내복근

대퇴근막장근
tensor fasciae latae

iliotibial band 대퇴근막

rectus femoris 대퇴직근

vastus lateralis 외측광근

gracilis 박근

peroneus longus 장비골근

tibialis anterior 전경골근

extensor digitorum longus 장지신근

extensor hallucis longus 장모지신근

측두근 temporalis

관골근 zygomaticus

교근 masseter

소근(笑筋) risorius

흉쇄유돌근 sternocleidomastoid

삼각근 deltoid

오구완근 coracobrachialis

상완삼두근 triceps brachii

상완이두근 biceps brachii

상완근 brachialis

완요골근 brachioradialis

장요측수근신근
extensor carpi radialis longus

요측수근굴근 flexor carpi radialis

척측수근굴근 flexor carpi ulnaris

장장근 palmaris longus

복횡근
transversus abdominis

외복근 external oblique(cut)

장요근 iliopsoas

치골근 pectineus

장애전근 adductor longus

봉공근 sartorius

대내전근 adductor magnus

내측광근 vastus medialis

비복근 gastrocnemius

인체의 근육(전면)

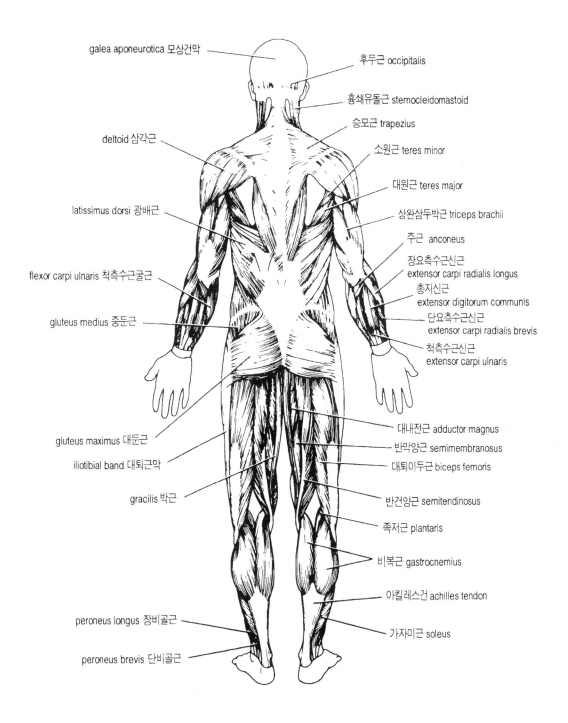

galea aponeurotica 모상건막

후두근 occipitalis

흉쇄유돌근 sternocleidomastoid

승모근 trapezius

deltoid 삼각근

소원근 teres minor

대원근 teres major

상완삼두박근 triceps brachii

주근 anconeus

latissimus dorsi 광배근

장요측수근신근
extensor carpi radialis longus

총지신근
extensor digitorum communis

flexor carpi ulnaris 척측수근굴근

단요측수근신근
extensor carpi radialis brevis

gluteus medius 중둔근

척측수근신근
extensor carpi ulnaris

대내전근 adductor magnus

반막양근 semimembranosus

gluteus maximus 대둔근

대퇴이두근 biceps femoris

iliotibial band 대퇴근막

반건양근 semitendinosus

gracilis 박근

족저근 plantaris

비복근 gastrocnemius

아킬레스건 achilles tendon

peroneus longus 장비골근

가자미근 soleus

peroneus brevis 단비골근

인체의 근육(후면)

넷째, 탄력성이란 근육이 수축운동을 하거나 신장한 이후에 원래 상태로
되돌아 오는 작용을 말한다.

(2) 근육별 기능 및 역할

- 전두근 : 이마에 주름을 잡는다.
- 추미근 : 눈썹을 내하방으로 당기고 좌우 미간의 주름을 만들며
이물질의 흐름으로부터 눈을 보호한다.
- 안륜근 : 눈을 뜨고 감근 주동 역할을 하며 눈물을 빨아들인다.
- 비근근 : 코를 보호하며 비공이 좁아지고 넓어지는 역할을 한다.
- 협   근 : 구강에 있는 음식물을 이빨 쪽으로 보내며 많은 공기를
내보내는 역할을 한다.
- 교   근 : 음식물을 먹을 때 주동적 역할
- 구륜근 : 말을 하며 구강을 보호하는 역할
- 하악근 : 턱의 아랫부분을 보호하고 침샘의 활동을 돕는다.
- 상악근 : 턱의 윗부분을 보호하고 치아의 작용을 돕는다.
- 외이도연골 : 전신 경혈의 축소판이며 혈액순환을 돕는다.
- 후경근 : 목을 젖히는 역할
- 광경근 : 경부 내에 있는 장기나 혈관을 보호하는 작용
- 흉쇄유돌근 : 양쪽이 동시에 작용하면 머리를 뒤로, 안면을 위로하고
한쪽이 작용하면 머리를 옆으로 돌린다.
- 승모근 : 상지대가 자유롭게 움직일 수 있게 하는 보조적 역할을 하며
어깨의 기능 조절.
- 견갑거근 : 견갑골을 위로 끌어올리는 작용
- 광배근 : 흉골을 지탱시킨다.
- 능형근 : 견갑골의 정상위치 유지
- 대흉근 : 폐와 심장을 보호하며 늑골과 흉골을 끌어올린다.
- 전거근 : 견갑골을 외측에서 회전시킨다.
- 복직근 : 흉막의 전벽을 인하하거나 골반의 전부를 인상하며, 척주를
전굴하고 복압을 가한다.
- 외복사근 : 흉곽과 골반을 서로 접근시키고 복압을 높이는 작용을

하며, 한쪽의 복사근이 작용하면 흉곽이 반대쪽으로
회선한다.

- 내복사근 : 흉곽과 골반을 서로 접근시키고 복압을 높이는 작용을
  하며, 한쪽 내복사근이 작용하면 흉곽이 같은 쪽으로
  회선한다.
- 요방형근 : 허리의 움직임에 작용한다.
- 삼각근 : 상완을 수평위까지 이전 시키고 전방 혹은 후방으로 올린다.
- 상완이두근 : 전완을 굴곡시키며 상완을 전방으로 올리고
  내외전시킨다.
- 상완삼두근 : 전완을 신전시키는 작용을 한다.
- 주   근 : 상완삼두근의 작용을 돕는다.
- 전완근 : 굴근군과 신근군으로 나누며 회내, 회외작용에 관여하고 팔을
  회선시키며 수근의 운동에도 관여한다.
- 내관골근 : 대퇴를 앞으로 끌어 올리고, 요추와 골반을 전반으로
  굽히는 작용을 한다.
- 대퇴직근 : 다리를 끌어올리는 역할
- 봉공근 : 다리를 안쪽으로 당긴다.
- 대퇴이두근 : 대퇴를 신전시키고 슬관절을 굽히며, 하퇴를 외전시킨다.
  또한 골반을 직립시킨다.
- 비복근 : 발뒤꿈치를 올리고 족저굴곡작용과 슬관절 굴곡작용을 하며,
  발을 고정하면 하퇴 및 대퇴를 후하방으로 당긴다.
- 비골근 : 발바닥을 외후방으로 돌린다.
- 아킬레스건 : 발목의 피로를 담당한다.

4) 근의 보조장치

(1) 근   막(fascia) : 각 근의 표면을 싸거나 혹은 근군 전체를 싸는
  결합조직의 막이다. 각 근의 보호에 쓰이는 동시에
  근간중격으로서 근군을 구분한다. (예 : 내·외측상완근간중격,
  내·외측 대퇴근간중격).
(2) 건(tendon) : 원칙적으로 근두, 근미에 있으며, 골막에 고착한다. 폭

넓은 건막을 이루는 경우도 있으며, 강인한 인대(hgament)나 끈 모양을 하고 있는 경우도 있다.(예 : 상완이두근건막, 외복사근건막, 슬개 인대, 아킬레스 건).

(3) 건초(활액초 : tendon sheath) : 길다란 건을 써서 이것을 보호하는 주머니 모양의 막장치 이다. 관절낭과 마찬가지로 외층은 섬유초이지만, 그 내층은 활막으로 이루어지는 활액초이며, 활액을 분비하여 골과 마찰하는 건의 움직임을 원활하게 하는 작용을 한다.(손이나 발의 굴근건, 신근건에서 흔히 볼 수 있다)

(4) 활액낭(synovial bursa) : 건초와 마찬가지로 근, 건의 작용을 원할하게 하기 위한 작은 주머니 모양의 막장치이다. 근의 기시부 가까이서, 뼈 혹은 관절 주변과 피하에서 볼 수 있다. 존재부위에 따라서 근하활액낭, 건하활액낭, 피하활액낭이라고 하나, 그 출현 상황은 개인차가 많다.(예 : 삼각근하낭, 주두피하낭, 슬개상낭, 종골피하낭)

(5) 활차(trochlea) : 건의 주행방향을 전환시키기 위한, 골의 소융기 내지는 연골장치(예 : 안근 중에서 상사근의 활차)

(6) 종자골(sesamoid bone) : 건이나 인대 속에 생기는 작은 골이며, 건내에 묻혀 있는 상태에서 관절에 접하며, 건과 골의 마찰을 줄이는 데 유용하다. 손바닥이나 발바닥에서 볼 수 있으며, 특히 슬개골은 인체 최대의 종자골이다.

5) 근육의 성질

골격근은 신경섬유와 마찬가지로 불응기를 나타내는데 그 기간은 하나의 유효 자극이 가해진 후 약 0.005초 동안이다. 이 기간동안 근육은 화학적, 물리적 회복이 이루어져서 다음의 자극에 대해 반응을 나타낼 수 있다.

또한 골격근은 그리 분명하지 않지만 실무율을 나타낸다. 즉 근섬유 하나의 연축에 크기는 자극의 종류나 강도에 관계없이 언제나 일정하게 나타난다. 그러나 역치보다 낮은 자극에 대하여서는 전혀 반응하지 않는다. 자극에 대하여 골격근이 수축하는 동안에 다시 다른 자극을 가하면

앞서의 자극으로 생긴 수축때문에 발생된 근내의 장력에 나중 자극으로
발생된 근내의 장력이 중합하여 나타나기 때문이다 이것을 가중이라고
한다. 즉 동일한 역치의 자극에 반응하는 근섬유들에 강축이 일어나지 않을
정도의 빈도로 자극을 가하면 장력이 가중되어 파형으로 수축의 크기가
커지는 것을 파형성 가중이라 하고, 여러가지 역치를 가진 근섬유 집단에
자극의 강도를 높이므로써 수축이 점차적으로 커지는 것을 섬유성
가중이라고 한다.

   한편 근육이 수축할 경우 발생되는 장력의 크기는 그 근육이 자극되기
전의 길이와 관계 있다.

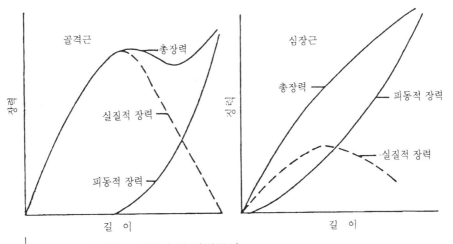

골격근과 심장근의 길이 및 장력곡선

   가장 강력한 장력을 발생한 경우는 그 근섬유의 길이가 가장 적당한
길이로 되어 있을 때이다. 즉 일반적으로 근섬유의 가장 알맞는 길이는
체내에서 안정된 상태로 있을 때의 근의 길이이다.   즉, 근육조직의 특수한
성질은,
   (1) 근육조직은 흥분성을 갖는다. 흥분성은 중추신경으로 부터의
       자극에 대해서 반응을 일으키는 성질로 근육운동기능의 시초이다.
   (2) 근육조직은 수축성을 갖는데, 이것은 근육운동의 기본적인
       기능으로서 근조직이 짧고 두꺼워지는 성질이다. 근육의 생명은

바로 이 수축성에 있는 것이다.   이런 근육의 수축은
칼슘(Ca)방출에 의해서 이루어지고 칼슘(Ca) 이온의 제거에 의해
이완된다.

(3) 근육은 신장성을 갖는다.

(4) 근조직은 탄력성을 갖는다. 근육의 탄력성은 운동은 일으키기 위해
수축된 근육이 운동이 끝난 다음 원래의 길이로 돌아가는 성질을
말한다.

제5장 스포츠 맛사지의 기본술기

1. 스포츠 맛사지에 필요한 시술자의 부위

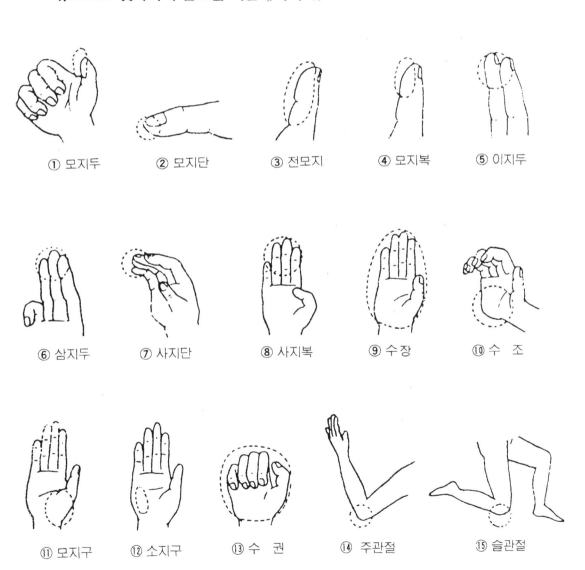

① 모지두　② 모지단　③ 전모지　④ 모지복　⑤ 이지두

⑥ 삼지두　⑦ 사지단　⑧ 사지복　⑨ 수장　⑩ 수 조

⑪ 모지구　⑫ 소지구　⑬ 수 권　⑭ 주관절　⑮ 슬관절

2. 맛사지의 기본 수기법

맛사지는 사람의 손바닥으로 상대방의 신체표면에 대하여 구심성(求心性)의 수기를 행하는 것으로서 대상 부분이 넓은가, 얇은가, 좁은가, 굳은가, 연한가, 두터운가 등에 따라서 가하는(압력도, 강도, 행하는 시간) 등을 가감하지 않으면 안된다. 이러한 것으로부터 맛사지 수기의 기본을 크게 5종류로 구분하여 설명하고자 한다.

기본 수기로서는 크게 나누면 경찰법(쓰다듬는 법), 강찰법(꽉 누르는 방법), 유념법(주무르는 방법), 고타법(두들기는 방법), 진동법(흔들리게 하는 방법) 등의 5종이 있다. 실제로는 이들의 수기를 적당히 혼합하여 종합수기로서 행하게 되는 것이다.

〈보기〉 15mmHg = 1kg 기본 30mmHg

기본수기의 압시간 관계

수 기	압(壓)mmHg	시간(초)
경 찰 법	(6.17 kg) 60.83	1.57
간헐압박	(6.01 kg) 60.07	1.77
무지압박	(6.05 kg) 60.26	4.8
장박직전	(1.4 kg) 37.01	
수상유념	(6.07 kg) 60.36	3.36
고 타 법	(0.1 kg) 0.9	12회~14회

1) **경찰법** : 수장(手掌)을 이용하여 가볍게 쓰다듬는 방법인데 가벼운 경찰법은 진정효과를 가져오며 또한 적당한 경찰법은 수축된 근육의 이완 효과를 얻을 수 있는데 주의할 점은 압력이 너무 약하면 순환계에 직접적인 영향을 미치기 어렵다는 것이다.

2) **강찰법** : 수장(手掌)을 이용하여 강하게 문지르는 방법인 강찰법을 시행할 때에는 체중의 보조를 이용하는 것이 능률적이며,

이 방법은 조직내 물질의 흡수를 도우는데 효과적이다.

3) 유념법 : 짜내듯이 주무르는 방법이며 유념법의 목적 중 하나는
유착된 피부를 풀어지게 하고 심부 조직의 유착으로부터
반흔을 없애며, 관절 주위의 부분적인 삼출액의 흡수를
도운다는 것이다.

4) 진동법 : 진동자극하여 흔들어주는 모든 방법이 이 범위 안에
속하는데 한 부위를 진동시킴으로 근접해 있는 다른 부위
근육의 밸런스를 조절해 주며 또한 진통 효과에 유용하다.

5) 고타법 : 두들겨서 자극하는 방법인데 타진법이라고도 한다.
고타법은 근육이 수축된 부위의 근육반사 이완 효과를
얻는데 사용된다.

6) 압박법 : 압력을 가하며 누르는 방법이며 압박법은 수축된 조직을
신장하고 유착된 조직을 풀어지게 하며, 긴장된 근육을
진정시키는 효과로서도 가치가 있다.

7) 신전법 : 근육을 관절의 최대 가동범위 안에서 이완시키는
방법이며, 굴신운동을 병행하면서 사용되는데 관절의
가동범위 확대에 그 가치가 있다.

8) 견인법 : 근육을 최대한으로 당겨서 늘려주는 방법인데 수축된
근육이나 조직을 경찰법으로 이완시킨 다음에 더 큰
신장효과를 얻기 위해 시행한다.

9) 족심법 : 발바닥을 사용하여 진동을 주거나 압박을 가하거나 등의
모든 동작을 말하며, 심부 깊이까지 자극을 줄 때에
사용한다.

10) 특수교정운동법(特殊矯正運動法) : 골격 관절을 조정하는 방법

11) 유선법 : 임파자극에 가까운 자극법(표피자극 적용술기)

12) 유착법 : 수장으로 피부를 비스듬히 압박하여 근육에 자극이 미치게
하는 방법

13) 절타법(切打法) : 가볍게 두드리는 방법

14) 임파충격법(임파맛사지) : 수장을 이용하여 가볍게 임파경로를

따라서 문지르는 방법

15) 유동법 : 진동법보다는 약하게 진동 자극하는 방법

16) 신전법 : 근육을 최대 가동범위 안에서 이완시키는 방법

17) 유열법 : 수장으로 몸을 가볍게 문질러서 그 부위에 열이 나도록
　　　　 하는 방법

18) 족심도(족저 바이브레이션) : 발의 중부와 족저부를 사용하는
　　　　 방법으로 심층 부위까지 자극을 주고자 할 때 사용한다.

19) 조체운동법 : −(근육운동저항) 상대쪽부터 힘을 가한 다음 빼는
　　　　 방법을 반복한다.
　　　　　　 ＋(근기능항진) 상태의 근육쪽에서도 실시한다.

20) 통성자극법 : ＋(근기능항진) 부위에 사용하는 술기로 이상부위에
　　　　 강한 자극을 주는 방법

21) 윤상장압법 : 임파자극과 같이 부드러운 맛사지 방법에 속하나
　　　　 표피층 자극에 우선하여 둥글게 나선형식으로 하는 방식

22) 핀프린트법 : 유넘법과 비슷한 방법으로 손 전체를 사용하는 방법

23) 분절마사지법 : 유넘법과 비슷한 방법으로 근육질의 증상에 따라
　　　　 부분적으로 통증을 제거하고 신경안정을 목적으로 많이
　　　　 쓰인다.

✏ 그림으로 살려본 기본동작

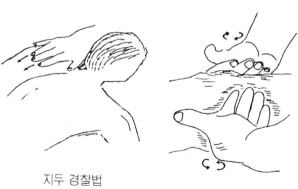

지두 경찰법

수배 경찰법

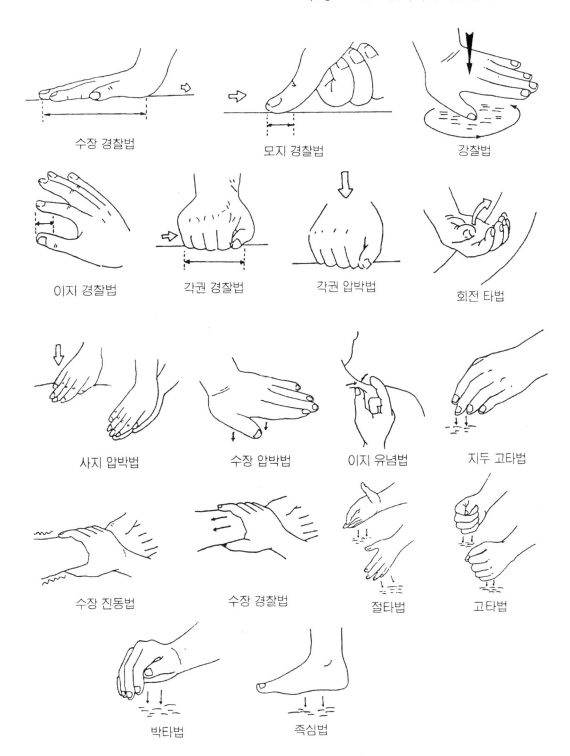

수장 경찰법

모지 경찰법

강찰법

이지 경찰법

각권 경찰법

각권 압박법

회전 타법

사지 압박법

수장 압박법

이지 유념법

지두 고타법

수장 진동법

수장 경찰법

절타법

고타법

박타법

족심법

3. 시술자와 피술자의 유의사항

맛사지를 하는 사람은 건강하고, 충분한 트레이닝 경험이 있으며 또 여러 가지 스포츠에 관한 모든 지식을 갖춘 사람이어야 하며, 맛사지와 스포츠의 상관관계를 잘 이해하고 스포츠 경기시에 그 지식을 활용하여 최대의 효과를 거둘 수 있는 능력이 있어야 한다.

맛사지를 하는 사람이 만약에 각 술기의 생리학적 작용이나 그 교체, 리듬, 여러 종류의 스포츠에서의 맛사지의 한도에 대해 확실한 파악을 못할 때에는 효과적인 맛사지를 할 수 없다. 더구나 맛사지를 하는 사람이 코치를 겸할 경우는 스포츠 영양학의 기초지식을 갖추고 각 계절마다 대기 중의 모든 요소가 스포츠맨의 생체에 어떠한 영향을 주는가를 잘 알고 있어야 한다.

맛사지사는 자기의 손이나 손톱을 깨끗이 하고 언제나 손톱을 짧게 깎아 두도록 한다. 또 더러운 손으로 강찰법을 쓰거나 피부를 강하게 문지르면 그만큼 임파관 속에 박테리아를 침투시키는 일이 쉽기 때문이다.

맛사지를 하는 사람은 여름철에도 작업복을 착용하고 해야 하며 평상시의 실내옷 그대로 실시해서는 안 된다. 더구나 맛사지 중에 대화는 금물이다. 그러나 필요한 경우에 한해서 간단한 응답 정도는 무방하다. 또 시술 중에 자신의 호흡 리듬에 유의해서 리듬이 끊어지지 않도록 한다. 약간 휴식할 때는 몇 번이고 심호흡을 해서 진신의 근을 신전시키거나 조정적 운동을 하며 조금씩 유연체조를 하는 것도 좋다.

맛사지를 하는 사람은 자신의 힘을 절약하고 나아가서는 지구력을 개발하여 자기 동작의 정확도와 정밀도를 갖추어야 한다.

시술 중에 맛사지를 하는 사람에게 가장 중요한 것은 시술활동의 템포이다. 맛사지를 하는 사람이 올바르지 않은 호흡 리듬을 불러일으킬 수 있는 초조감을 갖고 있으면 피술자의 피로는 심해지고 시술활동의 질과 건강상태는 저하된다. 또 맛사지를 식사 전후에 개시하는 것은 바람직하지 못하며 1~2시간 지나서 시술하는 것이 좋다.

피술자의 경우에는 온수 샤워를 못하는 경우의 스포츠 맛사지에서는 피술자의 몸을 소독, 알콜 또는 다른 도포제로 국소를 잘 닦고 난 후에

맛사지를 해야 한다. 맛사지 전에는 온수 샤워를 해서 우선 몸을 깨끗이 해
두는 것이 무엇보다도 바람직하다.

4. 시술자와 피술자의 자세

스포츠 마사지에서는 처음의 자세를 어떻게 취하느냐가 매우 중요하다.
요컨대 어떻게하면 뛰어난 맛사지를 할 수 있는지 또 어떻게 하면 근군을
완전히 이완상태로 할 수 있는가가 중요한 초점이 된다.

요컨대 맛사지를 시술하는 쪽에는 최대의 에너지 절약이 요구되며, 받는
쪽에서는 근육과 인대 조직의 장력을 최소한으로 하여야 한다. 여기에서
맛사지를 받는 쪽의 근육의 장력상태는 신체의 자세에 따라 좌우된다.

맛사지를 실시하는 데 있어, 시술자가 최초로 착수할 것은 피술자의 근과
관절의 이완상태를 상대방의 국부에 취하게 하는 일이다.

사지 근력의 평형 문제에 대해서는 많은 실험이 있었다. 지금까지의
실험결과에 의하면사지 근군의 최대 한도의 평정상태는 사지의 전관절이
한계적인 굴절을 하고, 그것이 완전히 펴지는 두 가지의 운동 사이에
균형상태가 이루어졌을 경우 나타난다고 한다. 근육조직의 이러한 상태를
"균형적 생리학적 상태"라 부른다. 근육이든 관절이든 길항근이 각각
최소의 장력을 나타내는 상태가 실현되면 이완상태가 된다.

반듯하게 누운 자세의 상지근을 예로 들면, 이와 같은 자세는 전완이
주관절을 110° 구부리고, 손목을 요골 수근 관절에서 95~100° 구부린
곳에서 균형적·생리학적 안정상태를 취할 수 있다.

스포츠 맛사지를 시술하는 데는 다음과 같은 안정상태가 필요하다.

(1) 근육의 이완화
(2) 신체의 확고한 지지
(3) 맛사지 시술자와 피술자의 안정된 균형상태를 유지한다.

제6장 신체 각 부위별 맛사지

1. 두부의 맛사지

두부는 안면부와 두발부로 구분하며 안면부는 피부와 근육결의 방향에 유념하지 않으면 안된다. 또한 한 동작에서 다음 동작으로 넘어갈 때는 압력의 조절에 유의하여 절대로 피부를 길게 끌어당기거나 잡아당겨서는 안되며 주로 양손의 손가락을 사용하여 뼈에 촘촘히 자극을 주면서 맛사지를 하는 것이 원칙이다.

머리 위쪽에서 시작하는 맛사지의 방향선은 각 측면에서 부채꼴을 이루고 아래쪽으로 향한다. 따라서 두발 부분은 발제 방향으로만 맛사지 한다. 즉, 피부 분비선의 배설관 진행방향과 같다. 이를 반대쪽으로 실시하면 분비선의 배설공(孔)을 막거나 상하게 하여 모근에 장애를 일으키는 수가 있다.

머리를 맛사지 할 경우 시술자는 상대방의 뒤에 자리 잡는다. 머리에는 경찰법, 유념법, 고타법, 진동법을 실시한다.

안면부의 맛사지는 전두근→추미근→안륜근→비근근→협근→구륜근→하악근→상악근→교근→외이도 연골을 거쳐서 두발부의 두정근→측두근→후두근의 순서로 시행하는 것이 일반적 방법이다.

얼굴 맛사지는 피부, 안면의 여러 근육과 여러 신경 맛사지 등을 포함 얼굴을 맛사지 하는 경우 일반적 술기와 혈방향이 조화를 이루도록 염두에 두어야 한다.

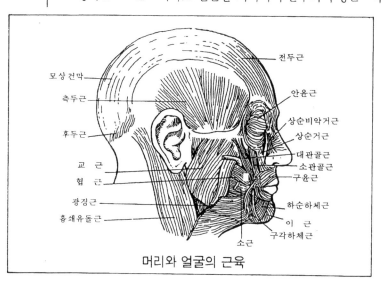

머리와 얼굴의 근육

(그림 내 명칭)
전두근
모상건막
측두근
안윤근
상순비악거근
상순거근
후두근
대관골근
소관골근
교근
구윤근
협근
광경근
하순하체근
흉쇄유돌근
이 근
구각하체근
소근

【안면·두부의 맛사지】

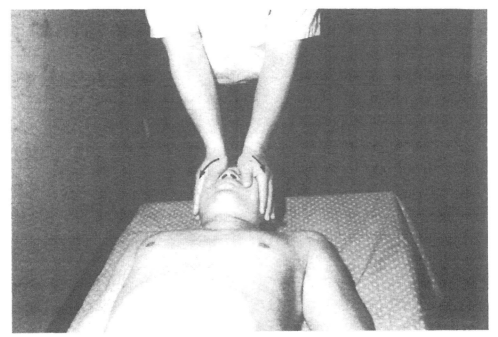

안면 ❶ : 모지복·구 경찰법

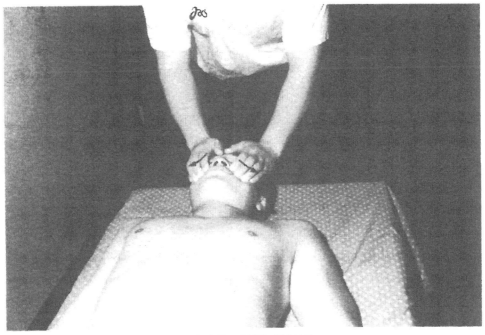

안면 ❷ : 지두 강찰법

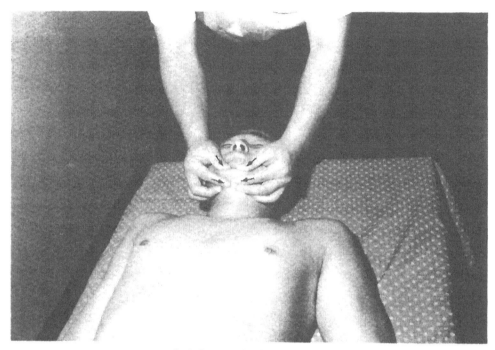

안면 ❸ : 모지 시지두 유념법

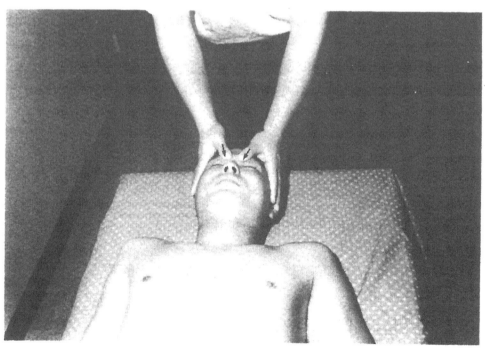

안면 ❹ : 모지두 압박법

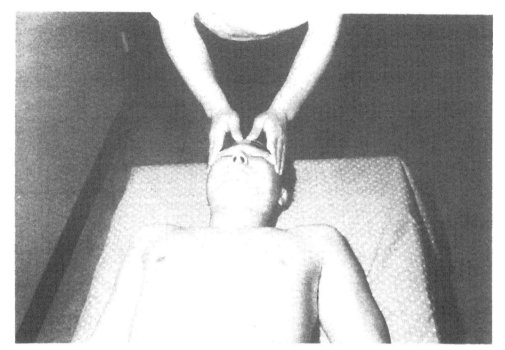

두부 ❶ : 전두부 양모지두 경찰법

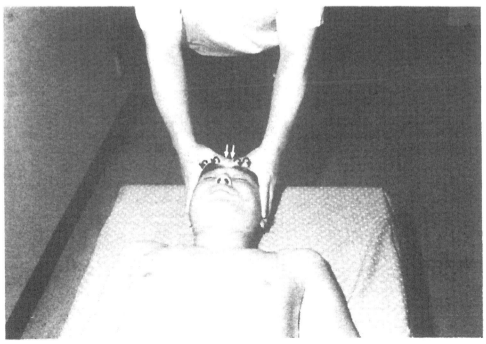

두부 ❷ : 양모지두 압박법

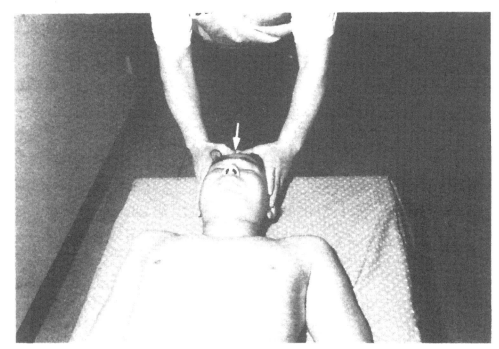

두부 ❸ : 두정부 양모지두 압박법

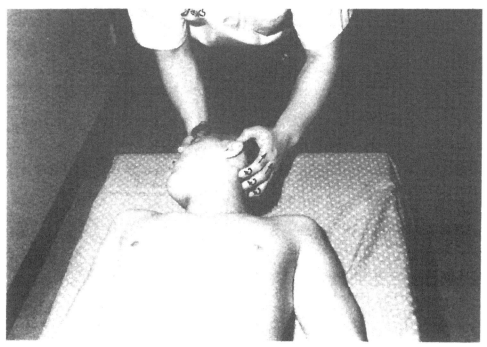

두부 ❹ : 후두부 윤상 지두 압박법

2. 경부의 맛사지

　경부 맛사지는 주로 경찰법을 사용하는 것이 일반적이며, 후경근에서 후두근쪽으로 방향을 잡아가며 견인법으로 경부 전체를 늘리는 방법도 흔히 쓰고 있다. 측경부에는 모지사용으로 특히 흉쇄유돌근을 주의하여 맛사지를 함이 중요하다.

　양 손바닥과 손가락으로 목 전체를 감싸잡고 근육의 이상 상태에 유의하여 양쪽측 경부의 밸런스 조절에 촛점을 맞추어야 한다.

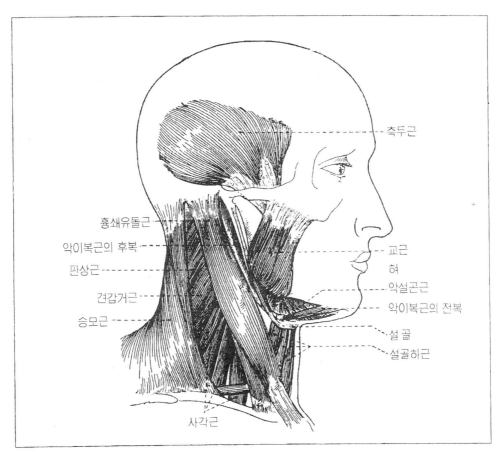

경부의 근

【경부 맛사지 · 누운 자세】

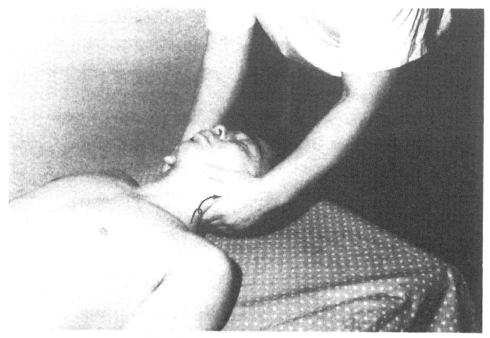

경부 ❶ : 시지 지절간 회전 강찰법

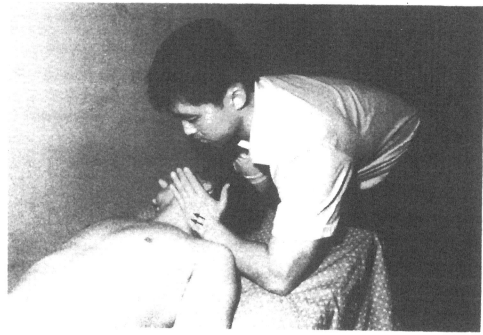

경부 ❷ : 중수골 유착법

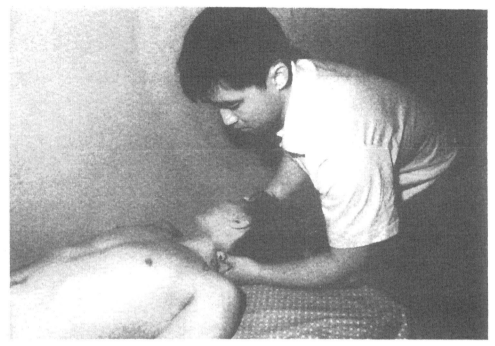

경부 ❸ : 모지 회전 유념법

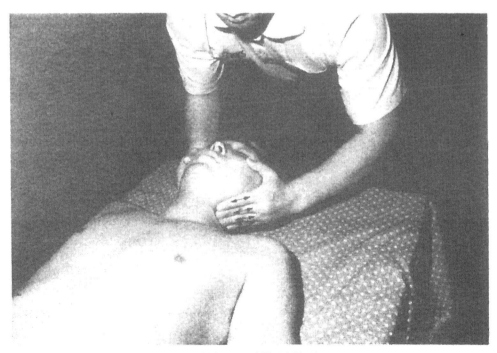

경부 ❹ : 지두 강찰법

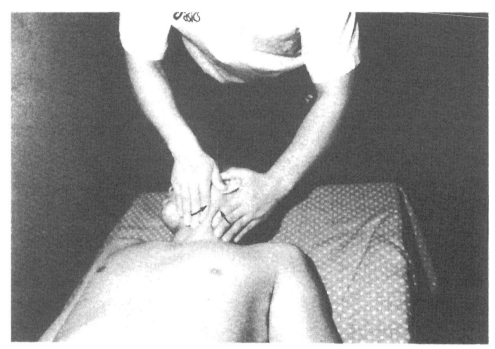

경부 ❺ : 원위 지절간 유념법   ▭흉쇄유돌근▭

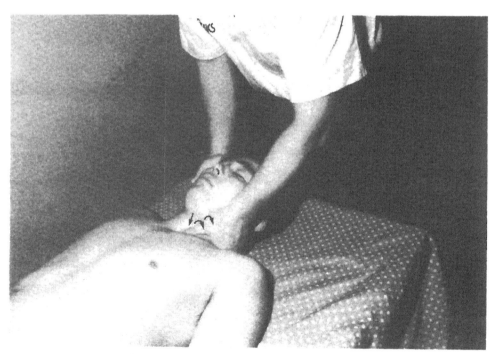

경부 ❻ : 모지 약압법   ▭총경동 · 정맥▭

【경부 맛사지 · 엎드린 자세】

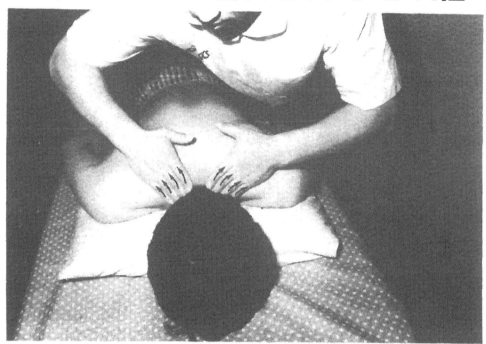

경부 ❼ : 양수 사지 경찰법 ⎡후경부⎤

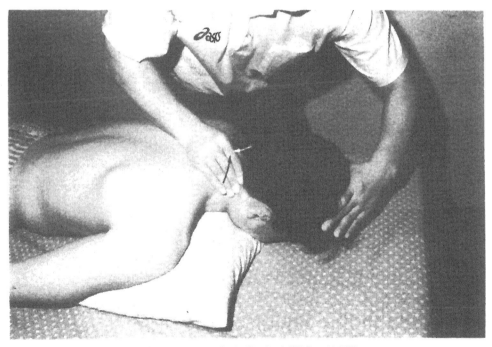

경부 ❽ : 모지복 유념법 ⎡후경부⎤

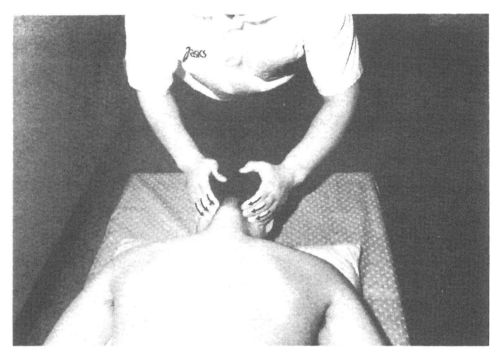

경부 ❾ : 사지두 강압법 ▭후두부▭

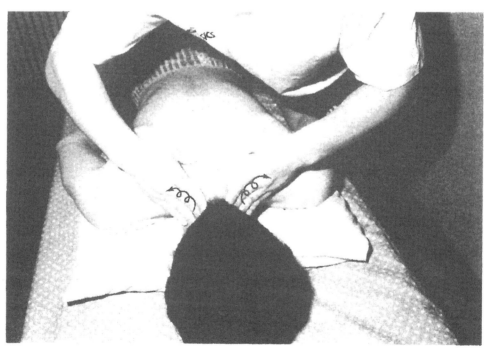

경부 ❿ : 사지두 회전 강찰법 ▭후경부▭

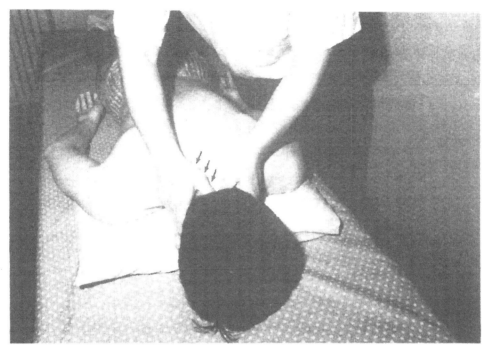

경부 ⑪ 양수 모지 교차 압박법 ⌐극돌기부⌐

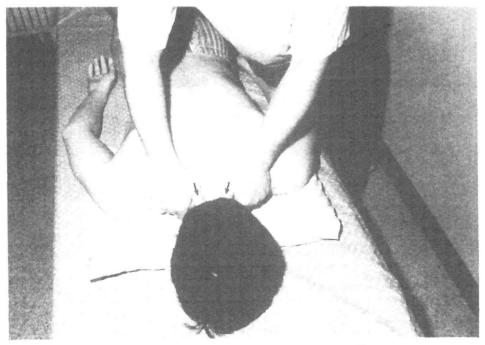

경부 ⑫ 양수 모지 평행 압박법 ⌐횡돌기부⌐

3. 상지의 맛사지

상지 맛사지는 삼각근, 상완이두근, 상완삼두근, 전완근 및 수근부에 촛점을 맞추어 상완과 전완의 굴신작용과 요골, 척골의 비틀림 작용이 원활하게 운동하도록 하는 것이 중요하다. 또한 견관절부, 수관절부의 굴신운동법을 병행하면서 맛사지를 하면 유연성 증대에 매우 효과적이다. 특히 관절부위는 손가락을 사용하여 깊이 압력을 가하면서 파주는 것이 좋으며, 상지를 많이 사용하는 운동선수는 전완근에 근경직 현상이 자주 발생된다는 것에 유의하여 경기전에 항상 예방 맛사지로 상지를 가볍게 마찰하여 주어야 한다.

상지에는 표면 임파망이 여러 방향에서 손을 덮어씌우고 있다. 최대의 임파관은 주로 전완과 상완의 내측면에 있다. 그곳에는 또 거대하게 심부에 분포하고 있는 관의 중심적인 임파절이 겨드랑과 주와에 있다.

시술자의 손으로 압을 가하기 쉬운 신경간은 주로 상완에 있다. 이는 내측상완의 영역으로 크게 퍼져있고, 그곳에는 관의 2/3가 정중신경, 척골신경만이 상부위 1/3에서는 요골신경만을 촉진할 수가 있다.

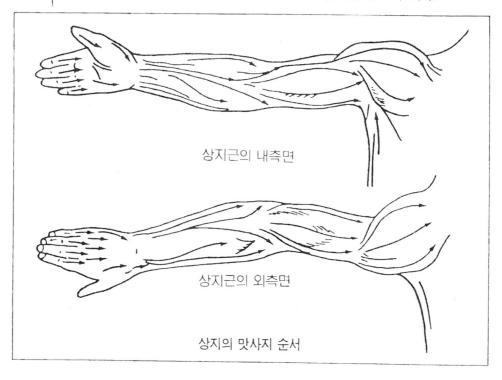

상지근의 내측면

상지근의 외측면

상지의 맛사지 순서

쇄 골 clavicle
삼각근 Deltoideus
대흉근 Pect. major
오구완근 Coracobrach.
상완삼두근 장두 Triceps brachii (long head)
상완삼두근 외측두 Triceps brachii (lat. head)
상완 이두근 Biceps brachii
상완삼두근 내측두 Triceps brachii (med. head)
상완근 Brachialis
상완근 Brachialis
원회내근 Pronator teres
상완이두근건막 bicipital apon.
요측수근굴근 Flex. carpi rad.
완요골근 Brachiorad.
장장근 Palmaris longus
상요측수근신근 Ext. carpi rad. long.
단요측수근신근 Ext. carpi rad. brev.
척측수근굴근 Flex. carpi uln.
천지굴근 Flex. digit. superf.
장무지외전근 Abd. poll. long.
장측수근지대 flex. retin.
단무지외전근 Abd. poll. brev.
수장건막 palmar apon.

우측, 앞면

견갑극 scapular spine
삼각근 Deltoideus
상완삼두근 Triceps brachii
장 두 long head
외측두 lat. head
상완삼두근 내측두 Triceps brachii (med. head)
완요골근 Brachioradialis
주 두 olecranon
주 근 Anconeus
장요측수근신근 Ext. carpi rad. long.
척측수근굴근 Flex. carpi uln.
단요측수근신근 Ext. carpi rad. brev.
척측수근신근 Ext. carpi uln.
지신근 Ext. digit.
장무지외전근 Abd. poll. long.
소지신근 Ext dig. min.
단무지신근 Ext. poll. brev.
장무지신근 건 tendon of Ext. polli. long.
신근지대 ext. retin.
장요측수근신근 건 tendon of Ext. carpi rad. long.
소지외전근 Abd. dig. min.
단무지신근 건 tendon of Ext. poll. brev.
배측골간근 Interossei dors.

우측, 뒤면

상지의 근육

【 손 】

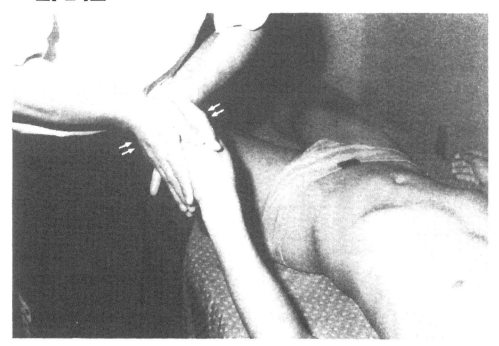

손❶ 양수 장압법

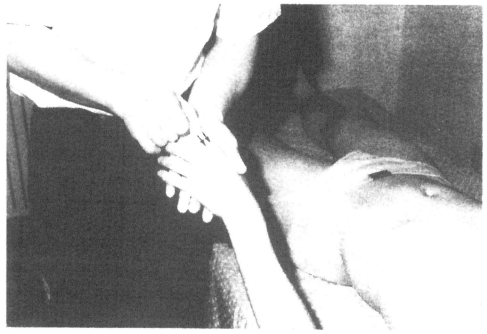

손❷ 지절간 모지 경찰법

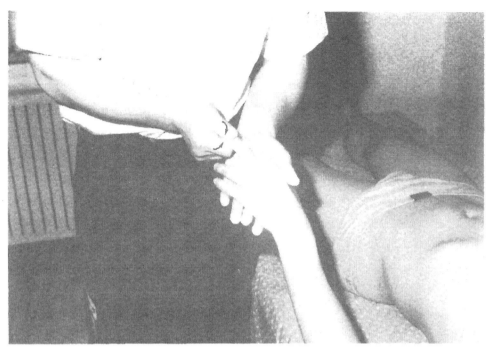

손 ❸ 지절간 모지 유념법

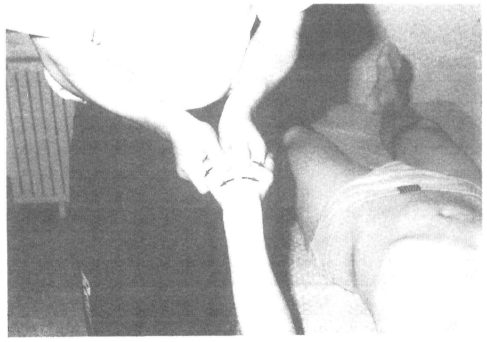

손 ❹ 양모지 경찰법

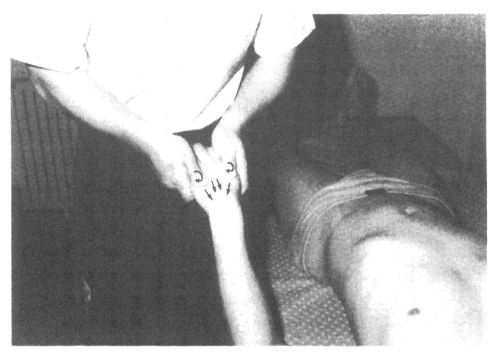

손❺ 양모지 회전 유념법 ▢지골간▢

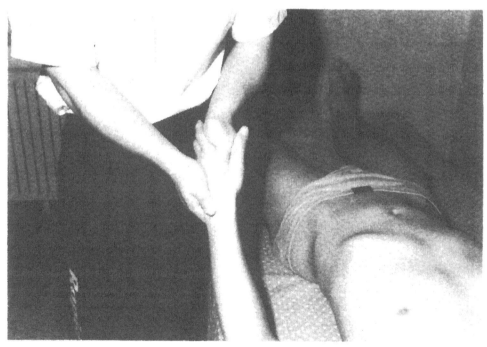

손❻ 모지 압박법 ▢지골간▢

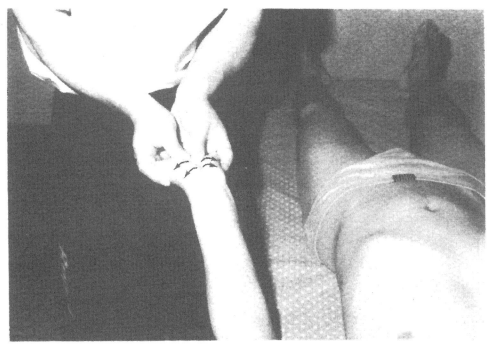

손❼ 양모지 강찰법

【 손 목 】

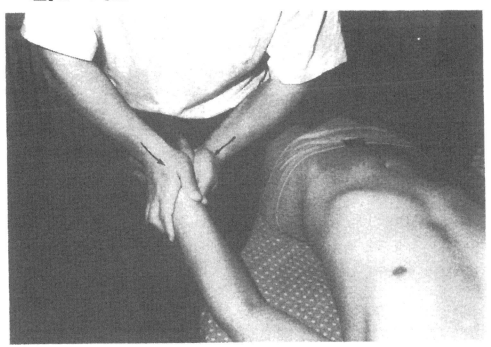

손목❶ 양 수장 압박법

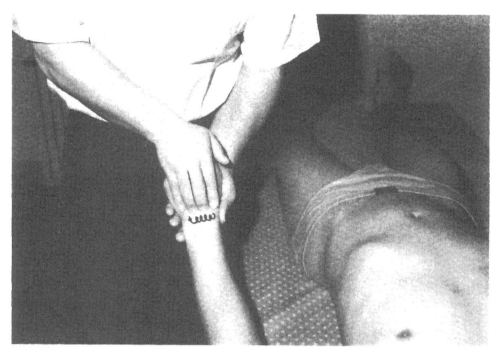

손목 ❷ 사지두 회전 강철법

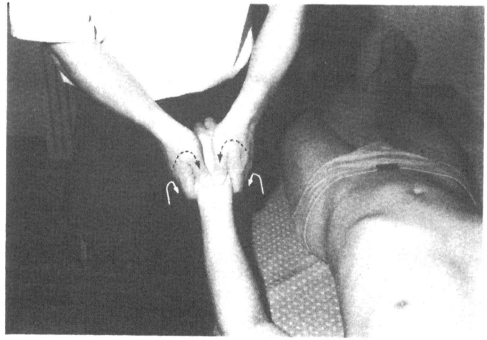

손목 ❸ 양 모지 상하 유념법

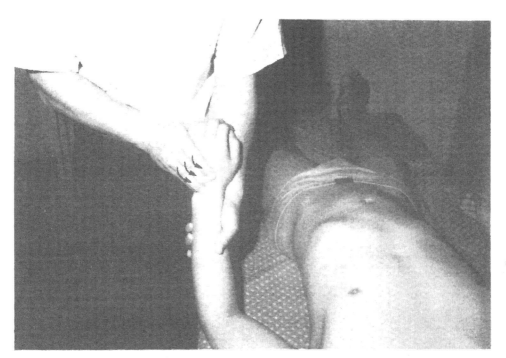

손목 ❹ 사지두 견인 강압법

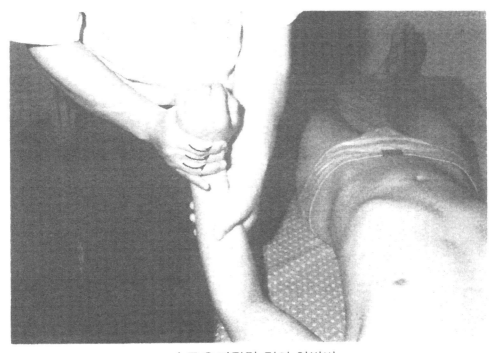

손목 ❺ 지절간 견인 압박법

【 전 완 】

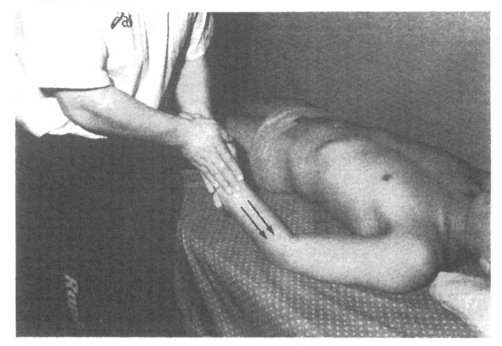

전완 ❶ 사지복 경찰법

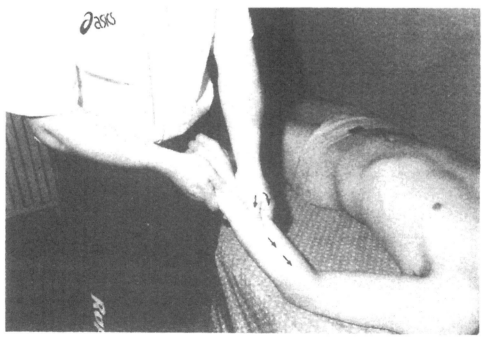

전완 ❷ 수장 유념법 [요측부]

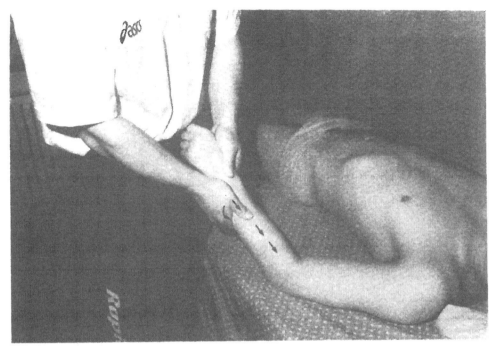

전완 ❸ 수장 유념법 ⎡척측부⎤

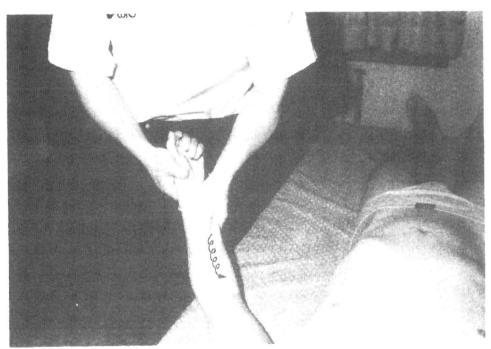

전완 ❹ 복측 수장 회전유념법

【 주 관 절 】

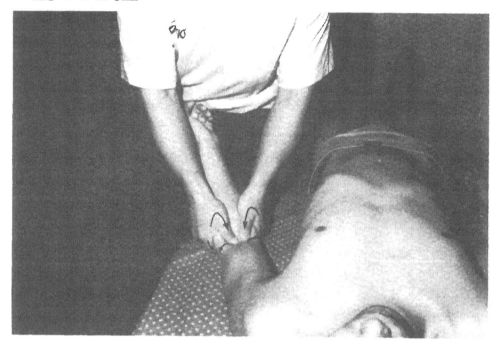

주관절 ❶ 양 모지 상하 유념법

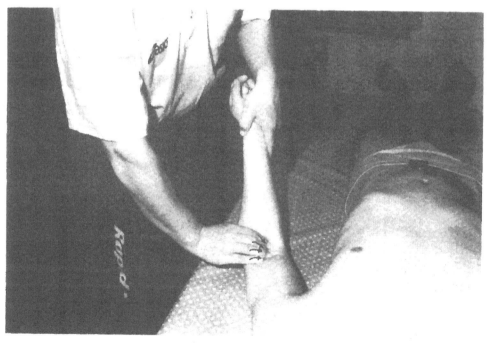

주관절 ❷ 사지복 압박법

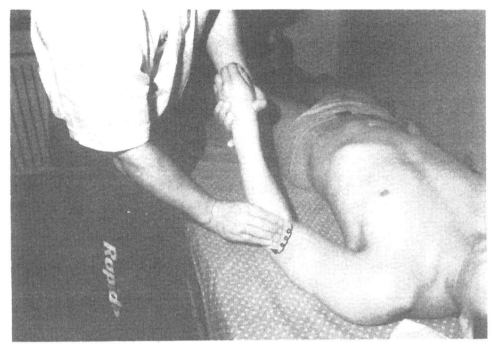

주관절 ❸ 사지복 강찰법

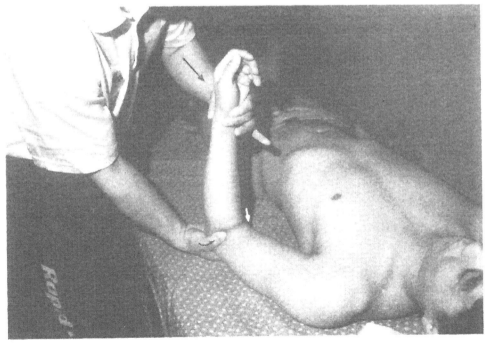

주관절 ❹ 모지 시지 혈도법

□【 상완 】□ : 누운 자세

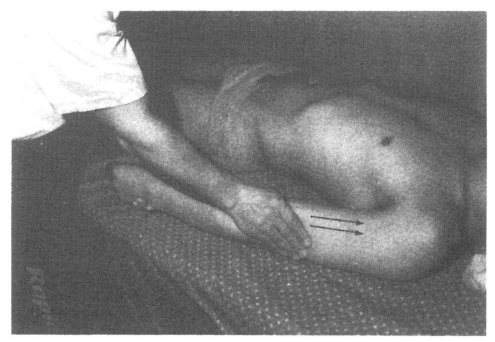

상완 ❶ 수장 경찰법 □상측□

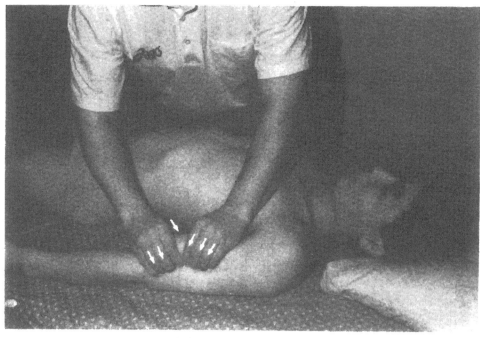

상완 ❷ 모지 사지복 유념법

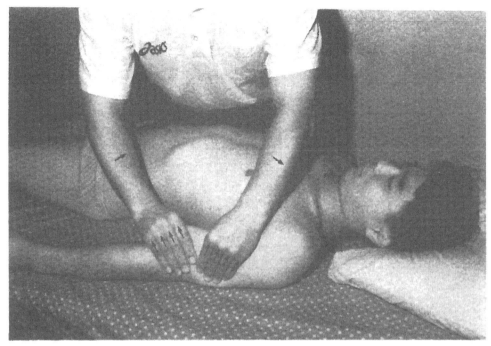

상완❸ 수장 교차 압박법

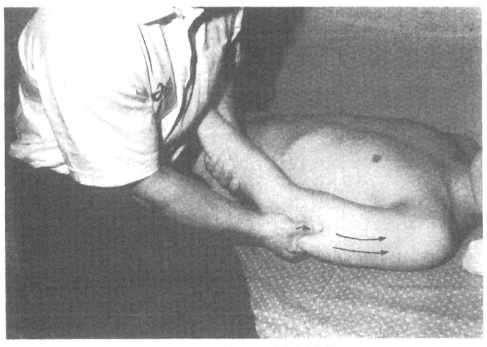

상완❹ 수장 유념법 ⌐하측⌐

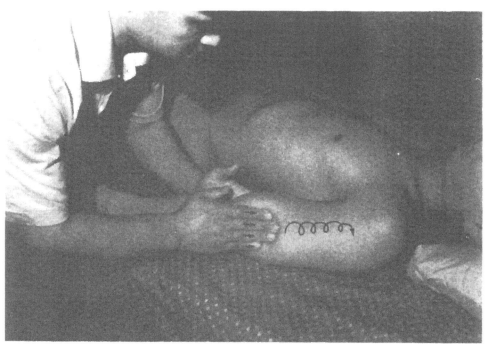

상완 ❺ 사지복 회전 강찰법 ⎡외측⎤

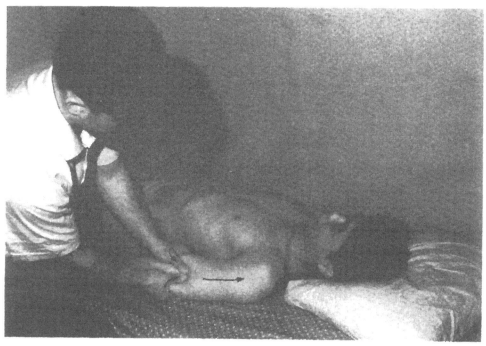

상완 ❻ 양수 모지 강압법

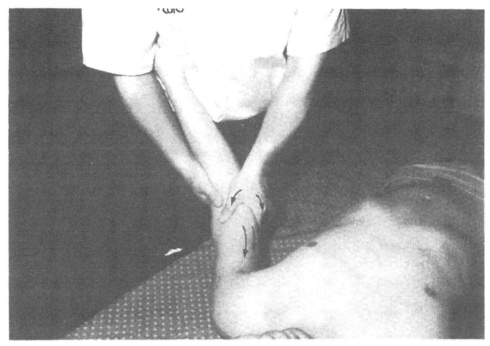

상완 ❼ 수장 유념법 ⌐내측⌐

⌐【상완】⌐ : 엎드린 자세

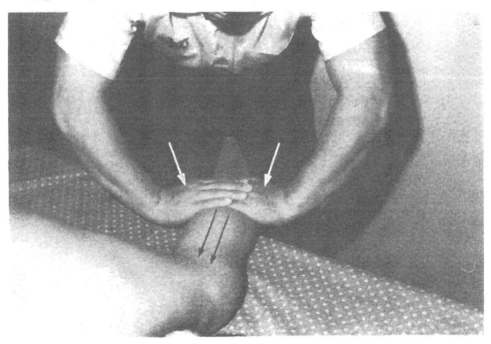

상완 ❽ 양수 사지복 압박법

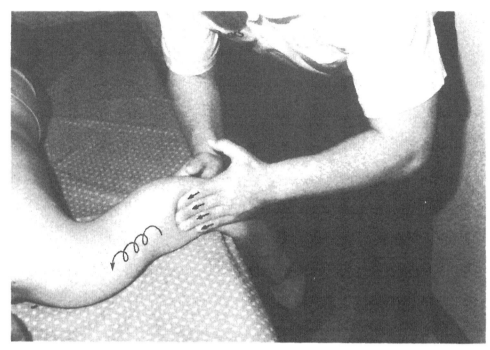

상완 ❾ 양수 사지두 회전 강찰법

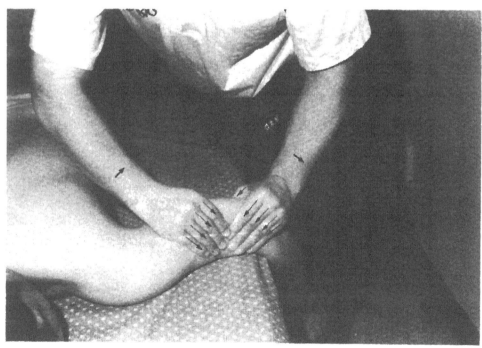

상완 ❿ 양 수장 교차 유념법

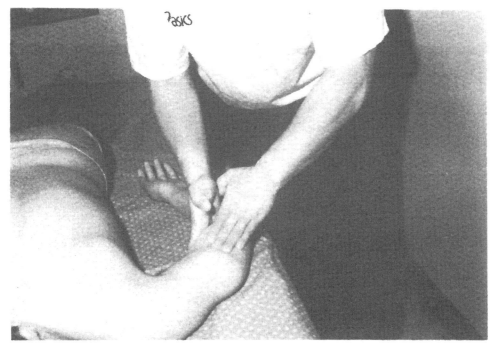

상완 ⑪ 사지복 경찰법

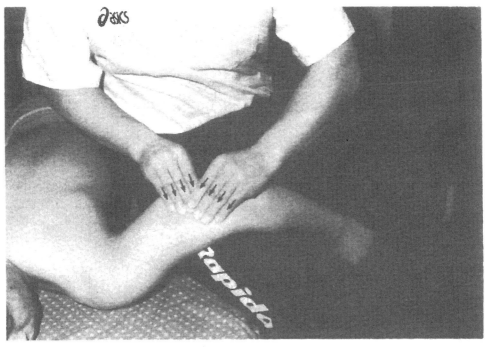

상완 ⑫ 양 사지복 유념법

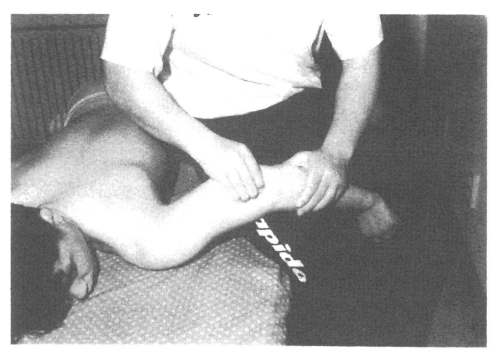

상완 ⑬ 지두 압박법

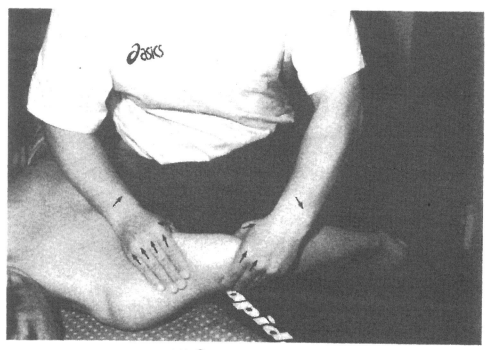

상완 ⑭ 양 수장 교차 강압법

【 견관절 】

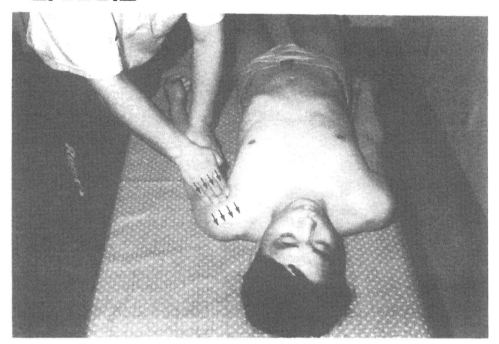

견관절 ❶ 사지복 경찰법

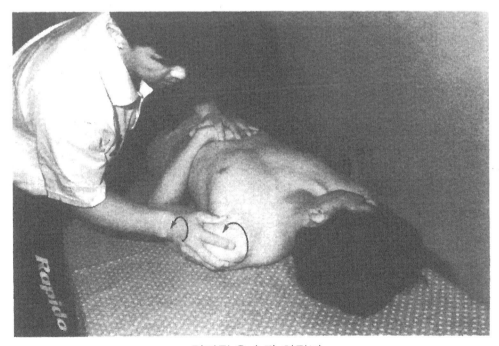

견관절 ❷ 수장 회전법

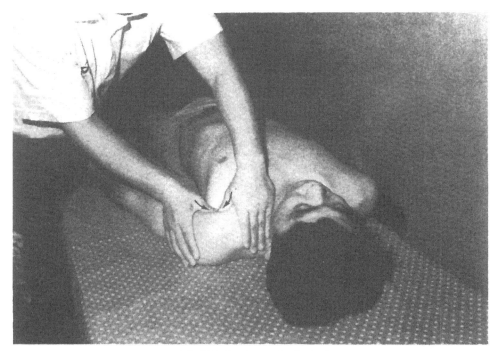

견관절 ❸ 양 모지 압박법

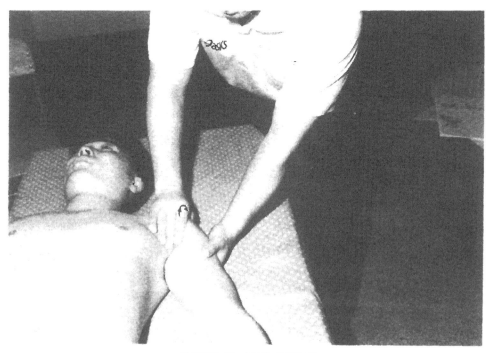

견관절 ❹ 모지 압박법

【견관절】: 옆으로 누운 자세

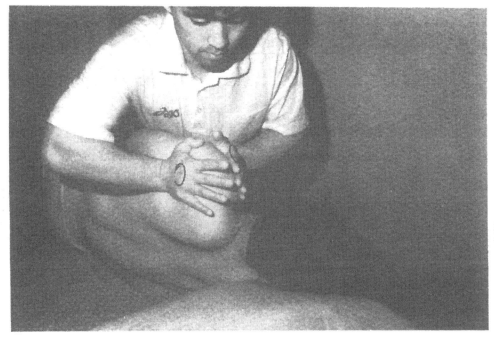

견관절 ❺ 양 수장 회전 강찰법

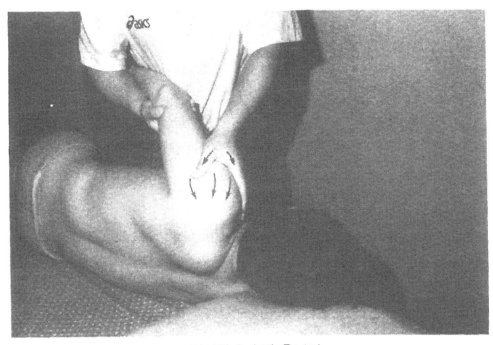

견관절 ❻ 수장 유념법

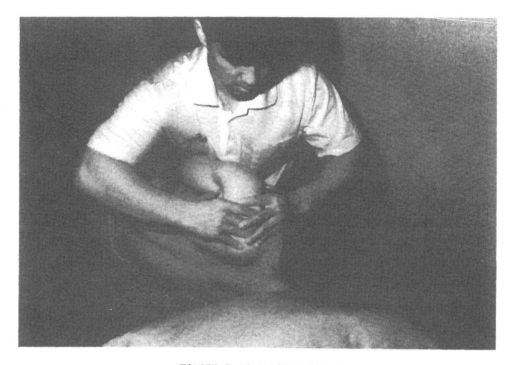

견관절 ❼ 양 모지복 압박법

4. 흉부의 맛사지

흉부 맛사지는 운동선수에게 그다지 많이 활용되지 않고 있는 실정이지만 효과적 측면에서의 그 의의는 간과할 수 없다.

늑골과 늑골 사이를 모지로 파면서 맛사지를 하거나 양수장으로 호흡을 맞추어 흉곽에 압박을 가하다가 순간적으로 떼어 충격을 주거나 흉곽이 불균형을 보일 경우에 사용하는 흉곽교정 맛사지는 직접 흉곽을 확장시키고 균형을 조절해 줌으로서 흉곽이 보호하고 있는 내부장기 기능에 좋은 영향을 주어 호흡기를 개선한다.

또한 심장이 위치하고 있는 고타법으로 타격을 가하거나 오른 손바닥을 왼손 위에 포개어 흉벽이 수직으로 3cm 정도 함몰되도록 체중을 실어 압박을 가하다가 순간적으로 흉곽탄성을 일으키도록 손을 떼는 체외성 심장 맛사지는 구급 처치법으로도 그 가치가 높이 평가된다.

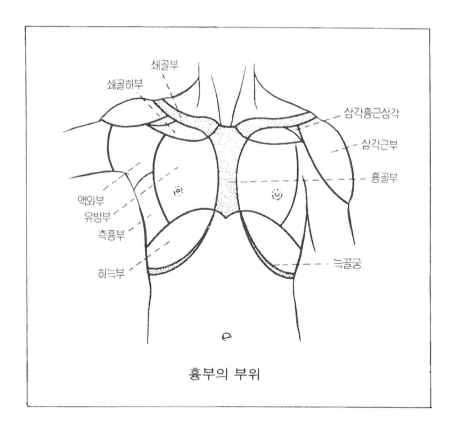

흉부의 부위

【흉부】

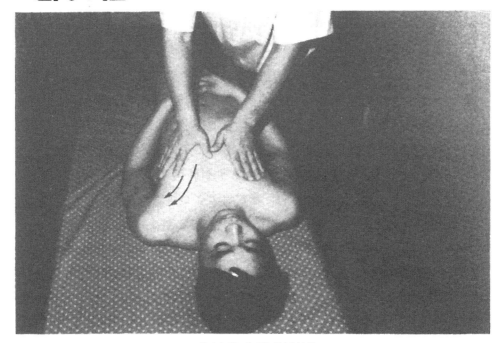

흉부❶ 수장 경찰법

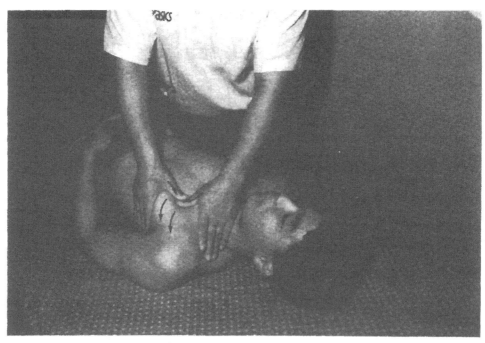

흉부❷ 양 모지 교차 압박법

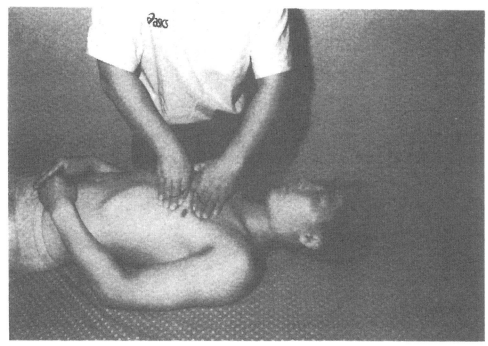

흉부 ❸ 양수 지절간 유념법

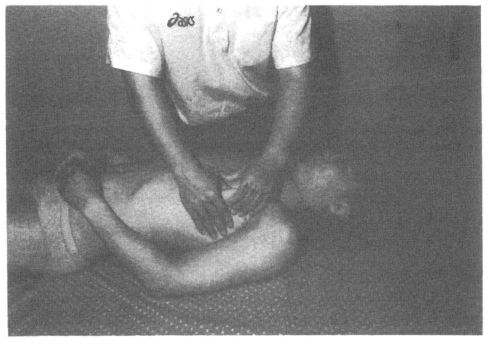

흉부 ❹ 모지복 유념법

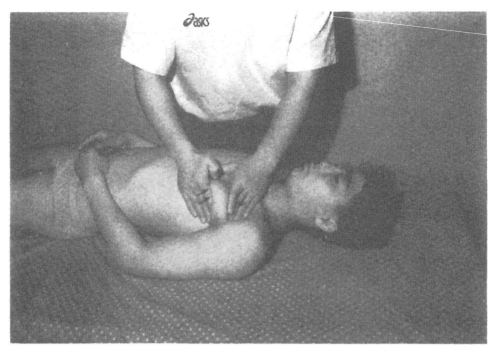

흉부 ❺ 양수 사지복 유념법

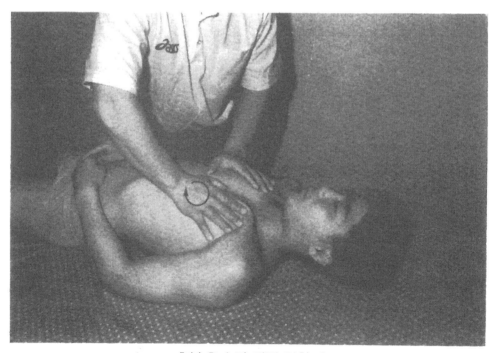

흉부 ❻ 수장 회전 강찰법

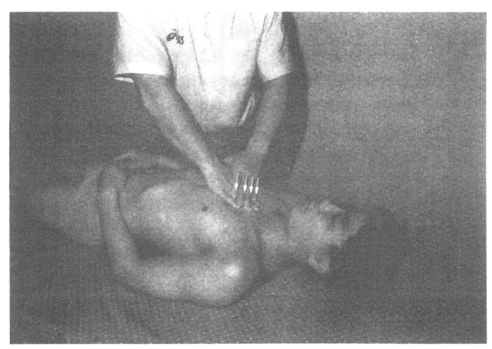

흉부 ❼ 양수 사지복 교차 경찰법 ⌐흉골부⌐

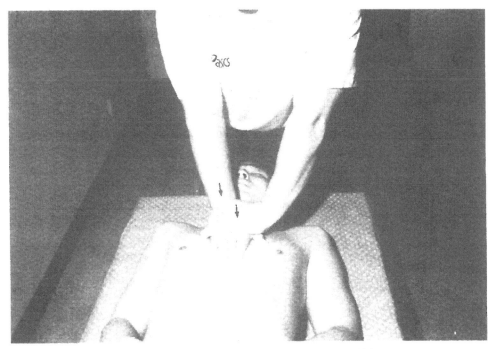

흉부 ❽ 양 수장 교차 강압법 ⌐흉골부⌐

5. 복부의 맛사지

복부 맛사지는 정상인 일 경우에 주로 압박법, 경찰법, 유념법, 진동법 등을 사용하여 상행결장 → 횡행결장 → 하행결장 → S상결장 → 직장의 순으로 맛사지 동작을 행하여 감이 원칙이다.

근육은 복직근과 건획이 맛사지의 촛점이며, 외사근과 내복사근도 주요부위가 된다. 체표내장 반사요법으로 복부의 표면에 자극을 주어 내부장기의 기능조절에 좋은 효과를 주어 소화기를 개선한다. 또한 위장이나 신장의 기능 이상으로 인하여 발생되는 요통의 예방법으로서도 복부 맛사지는 그 가치가 있다.

복부 맛사지시에는 내장을 받치고 있는 골반을 대퇴골로 연결시켜주는 고관절부의 교정운동법을 병행하는 것이 더욱 그 효과를 높일 수 있다.

상대방은 등을 대고 누운 자세로서 복부의 힘을 뺀다. 행하는 사람은 그 측방에 위치한다.

(1) 복부의 전면, 측면의 전체적 수장경찰법

(2) 복직근의 쌍수유날

　　양손을 겹쳐서 피부에 대고, 배를 젖는 형으로 전후로 유날한다.

(3) 배꼽을 중심으로 장 구조의 순서를 따라 사지 유날법(방사선상으로 넓게 행하여 나간다)

(4) 측복부를 오른쪽은 아래에서 위로, 왼쪽은 위에서 아래로 향하여 수장으로 크게 잡고 파악유날법

(5) 심와부(명치)에서 늑골궁을 따라 측복부까지 수장경찰, 사지두 압박법

(6) 복부 전체의 고타법(지두 고타)

(7) (1)과 동일한 경찰법

(8) 운동법

　　등을 대고 누운 자세로 양손을 머리 뒤로 깍지 끼고, 상체를 일으킨다.(복벽의 강화)

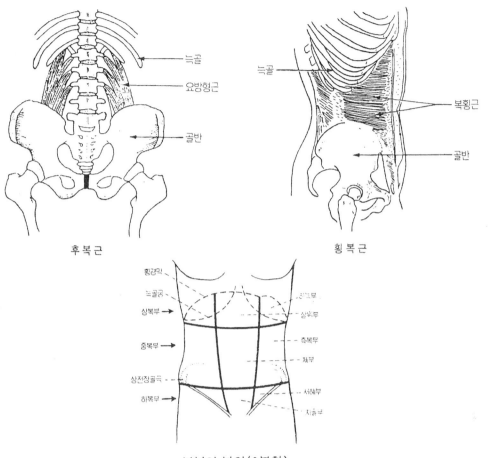

후복근   횡복근

복부의 부위(9분할)

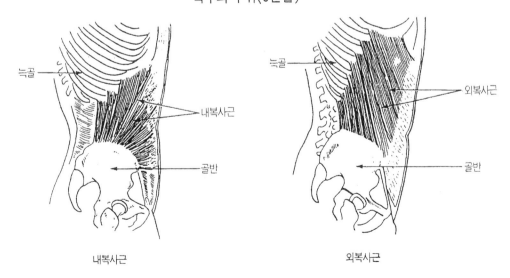

내복사근   외복사근

【 복 부 】

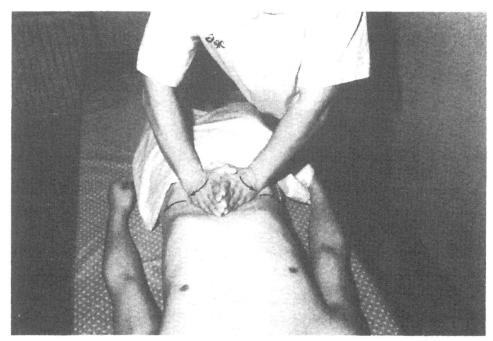

복부❶양 소지구 경찰법

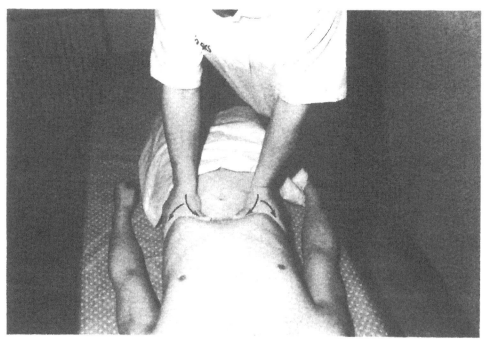

복부❷양수 모지 시지간 압박법

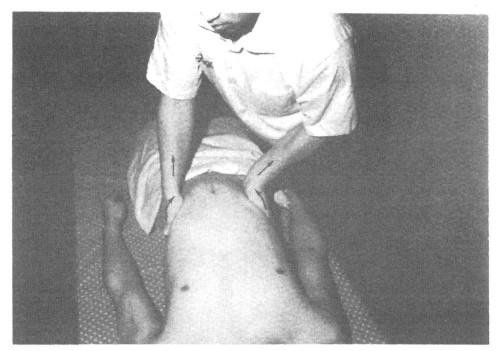

복부❸양 수장 견인 강찰법

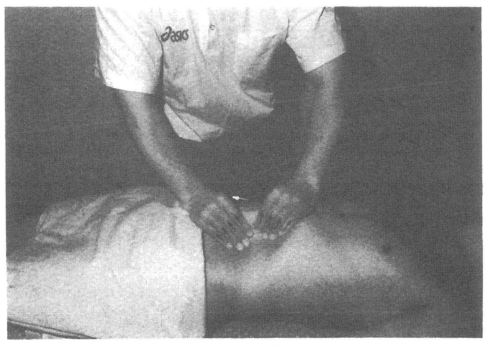

복부❹양 수장 유념법

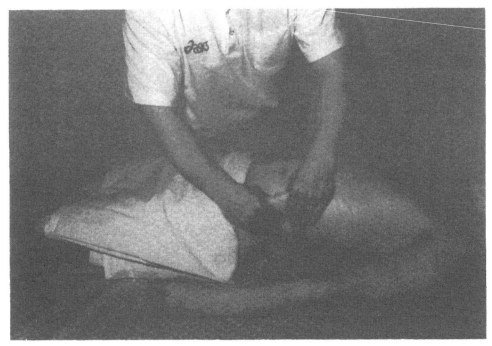

복부❺양 수장 유념법

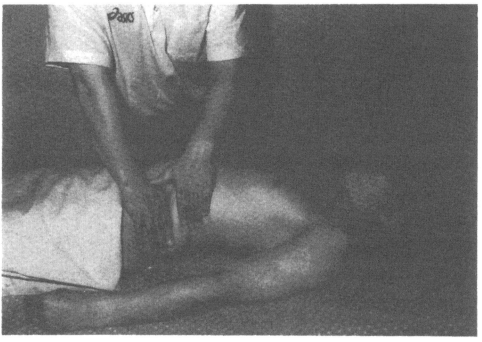

복부❻양 수장 교차 유착법

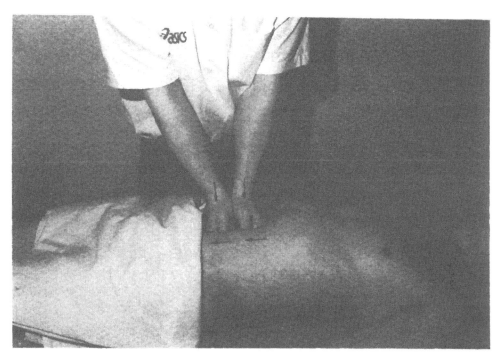

복부 ❼ 양 수배 압박법

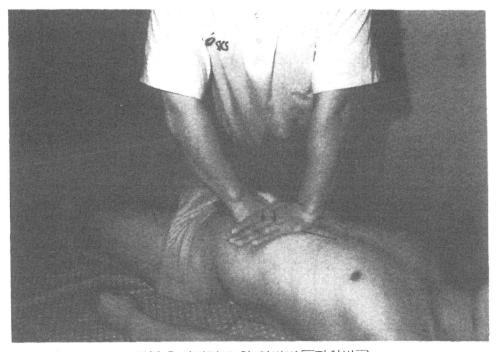

복부 ❽ 사지복 교차 압박법 ⎡직하방⎤

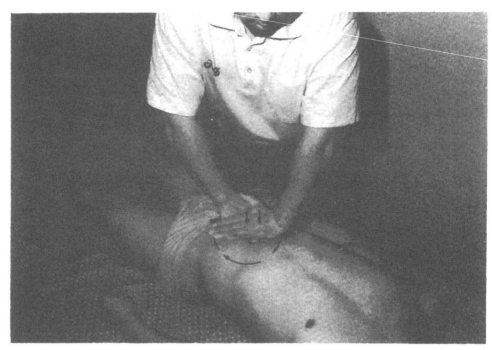

복부 ❾ 사지복 교차 압박법 ⌐대장부⌐

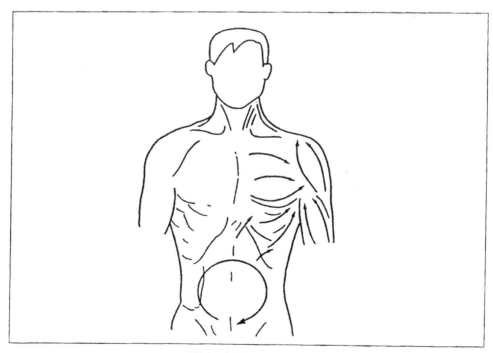

체간 전면부의 맛사지

6. 하지의 맛사지

하지를 많이 사용하는 운동선수는 비복근에 근경직, 대퇴부에 근육통이 자주 발생된다는 점에 유의하여야 한다.

하지 맛사지시에는 아킬레스건의 이완작용이 매우 중요하며, 주로 경찰법, 유념법, 신전법, 진동법, 족심법, 강찰법 등을 사용하여 근육결에 따른 맛사지를 일반적 방법에 준하여 행 한다.

특히 인체를 지탱하며 이동시키는 발목과 무릎 부위는 어느 관절보다도 맛사지의 비중이 크다.

1) 발의 거퇴관절부

발의 맛사지는 중요한 맛사지이다.

하나하나가 튼튼한 인대로 매여져 있는 7개의 족근골, 5개의 중족골이 유연성있는 아치형으로 형성되어 발을 안정시키고 있다. 이 안정성은 전경골근, 측경골근, 후경골근, 임지를 움직이는 장무지 굴근에 의해 더욱 튼튼하게 되어 있다. 이들 근은 모두 경부에 있으며, 길다란 건은 여러 족골에 고착하고 있다.

인대기관에 모순이 생기면 편평족과 국부적인 약점을 불러 일으키게 한다. 발의 맛사지는 이를 예방하는데 의의가 있다. 발등에는 뼈 위에 힘줄이 있어서 각기 발가락, 발바닥에 뻗어있고 발바닥의 기다란 힘줄은 하퇴의 후면에서 안쪽 복사뼈의 아래 발의 후면에 가서 중족골와 지골에 고착하고 있다.

맛사지에서는 특히 절형방법으로 발의 후면을 문지른다. 이어서 기다란 힘줄을 따라 발가락에서 거퇴관절 쪽으로 내려가면서 발의 피골부를 직선적이나 나선상으로 문지른다.

문지르는 방법은 발의 앞면을 손등으로 쓰다듬는 경찰법과 번갈아 실시한다. 다음에 수동적 운동과 능동적 운동으로 마무리한다.

거퇴관절에서 발등에는 힘줄이 오금에 숨어있고, 발의 횡행 인대 밑을 통과하는 기다란 힘줄이 있다. 안쪽 복사뼈 밑에는 하퇴 후부의 길다란 힘줄이 있고 종골에는 아킬레스건이 부착하고 있다.

관절의 전반적인 배치는 아킬레스건의 앞과 옆에서 인대를 가장
활동하기 쉽게 한다. 이 관절을 둘러싸고 있는 낭상인대는 앞과 뒷부분이
너무 약하다. 그것은 다른 관절의 경우보다도 약하다. 복사뼈 측면에는
매우 강대한 보조인대가 있다. 인대성낭은 대체로 안쪽 복사뼈 높이에서
경골, 비골에 부착하고 있다. 이는 하방으로 퍼지면서 부분적으로 거골을
둘러싸고 이에 부착하고 있다.

관절낭의 맛사지는 실시하기가 쉽다. 즉 관절낭이 발과 발가락의 신근
표면에 있을 경우 안쪽 복사뼈 밑의 양측면 아킬레스건부 중에서 실시한다.
이 경우 맛사지하는 손끝을 직접 후방 부분에 대는 것이 아니다. 오히려
아킬레스건의 양측면에서 상부에 닿도록 하는것이 좋다.

2) 경골부

경골부에는 근이 많기 때문에 각 근군을 따로따로 맛사지하는 것이 좋다.
경골 아래 1/3에서는 근소속이 대부분 없고, 경골 부근의 힘줄만 있다.
경골 위2/3에는 앞면, 측면, 뒷면에 근군이 있다.

앞면의 근군은 경골근 및 여러 신근으로 형성되고 측면의 근군은 두 개의
비골근으로 형성되어 있다. 뒷면의 근은 아킬레스건에서 끝나는 가장 많은
근육인 비복근이 포함되어 있다.

경골근의 안쪽, 뒷쪽에는 족지를 구부리는 여러 근육이 있다.

(1) 전부근군

이 근을 맛사지할 때는 시술자의 엄지는 경골의 앞쪽, 바깥쪽에 두고
바깥쪽을 따라 아래에서 이동하고 다른 손가락은 경골 복사뼈의 전단에서
비골 돌출부로 향하는 방향에 엄지로 실시한다. 무릎 주변에서 손끝은
마주친다. 이 부분이 두꺼운 근막으로 싸여있기 때문에 여기서는
유념법으로 간단한 부하를 수반하는 맛사지를 한다.

(2) 측부근군

측근군은 두 개의 비골근으로 형성된다. 이 근을 맛사지할 때는 시술자의
엄지는 바깥쪽 복사뼈 전단에서 비골돌기의 전단으로 올라간다. 다른 네
손가락은 비골근과 비골근 사이의 경계선을 끼고 올라간다. 이 줄기는

다음과 같은 표기에 의해 판정한다, 즉, 상부에서는 비골돌기에서 쉽게 알수 있는 이 두근건의 말단에서 하부에서의 바깥쪽 복사뼈의 뒷부분이다.

비골근군은 압박법과 유념법, 그리고 평범한 감자상 유념법이 가장 효과적이다.

(3) 후부근군

후부근은 비복근 외측부와 후경골근과 총지글근을 포함한 비복근의 내부로 나눈다.

① 비복근 외측부 맛사지 : 엄지는 비골근 사이에 두고 다른 손가락은 비복근부의 중앙선에 둔다. 맛사지는 아킬레스건에서 직선적으로 실시하는데 무리 오금 아래로 마주 대하도록 한다. 이때 손은 왼손으로 해야 한다.

② 후경골근과 장지굴근을 포함한 비복근 내부 맛사지 : 엄지는 경골의 안쪽을 끼고 움직이고 다른 손가락은 아킬레스건부터 시작하여 처음에는 직선으로, 이어서 비복근 돌출부사이의 깊은 경계를 따라 이동한다.

실시하는 방법은 경찰법, 압박법, 수동·능동적 운동이다.

3) 슬관절부

튼튼한 피막으로 둘러싸여 있는 피막 캡슐의 주름에 의해 무릎 관절은 광범한 굴곡운동을 할 수 있다. 무릎 관절의 피막 캡슐 자체는 두 개의 관절구를 그대로 두고 상부에서는 대퇴부의 하부골단에 부착하고 있다. 하부에서는 관절낭이 경결 끝에 부착하고 있다.

관절 내부에서는 두 개의 연골이 있어 운동 중의 대퇴골 또는 경골 말단 사이에서 부드러운 쿠션 역할을 하고 있다. 그것은 무릎관절에 대한 직접 압력을 약하게 하는 완충기의 역할을 주행하고 있다.

관절의 측면에서 관절의 측면운동을 예방하는 매우 튼튼한 완력성이 있는 측면 인대가 있다.

경골부의 대퇴사두근의 힘줄은 무릎의 표면을 통과하여 경골에 고착하기 위하여 앞면에서 관절을 경유해서 부착하고 있다. 이 힘줄과 관절의 앞면에 슬개골이 붙어 있다.

무릎관절은 관절낭이 전·후 두 개의 측면에 많은 인대를 지니고 있다.

4) 대퇴부

대퇴부를 따로 맛사지 할 경우 다음의 5근군으로 나누게 된다.

① 앞면의 근군(대퇴 사두근)

② 안쪽의 근군(내전근)

③ 바깥쪽의 광근 대퇴근 막장근

④ 대퇴 이두근

⑤ 반건양근과 반막양근

(1) 사두근의 앞면 근군(오른쪽 다리)

시술자는 오른손을 고관절 밑의 대퇴골 위에 둔다. 엄지는 슬개골의 외단에 대전자 상부를 끼고 위를 향하며, 다른 손가락은 동시에 슬개골 내단에서 커다란 대퇴부 혈관과 봉공근을 따라 실시한다.

(2) 안쪽의 근군

오른손의 임지를 전·상장골근에서 슬개골 내단을 향하여 이동한다. 다른 손가락은 동시에 장골 내측과에서 치골 결합부의 하단으로 향하는 선을 따라 이동해 간다.

치골 결합부에 도달하면 서경부에서 올라가 상전 장골근에 도달하여 그 곳에서 엄지와 마주친다.

(3) 바깥쪽의 근군

오른손으로 맛사지한다.

엄지는 비골근의 뒤에서 대전자의 앞을 향해 이동한다.

이 근군에 매우 적절한 것은 유념법이며, 특히 부하를 수반하는 방법이다. 왜냐하면 이 영역의 근막은 매우 강한 것이기 때문이다.

(4) 후부 외측의 근군

우선 오른손 엄지를 무릎 오금의 중앙에서 좌골신경이 통과하고 있는 하퇴부 굴근이 있는 대퇴 중앙선을 따라 깊은 근육 위를 시술한다. 동시에 다른 네 손가락은 비골두에서 대전자 후단을 향하고 다른 손가락은 둔부와 마주치는 곳에서 멈춘다.

(5) 후부 내측의 근군

오른손의로 오른쪽 근육을 맛사지한다.

엄지를 위로 올리면서 대퇴부의 중앙선을 따라 둔부를 향한다. 다른 손가락은 굴근의 후부 경계선을 끼고 경골내측과에서 치골결합 하단에 통하는 선쪽으로 이동한다.

엄지는 둔부에 도달하여 이 곳에서 내려가 다른 손가락과 마주친다.

(6) 대퇴부의 여러 근육

이 근육에 대해서는 스포츠 맛사지 체계에서 권하는 모든 술기법을 사용한다. 대퇴 사두근에서는 경찰법·압박법·유념법을 실시한다. 또 보통 유념법 특히 절타법·강타법·경타법·진동법도 실시한다.

대퇴부의 외측광근·대퇴 근막장근 등의 전방의 근육을 푸는 데는 ① 경찰법, ② 유념법 ③ 압박법, ④ 절타법을 권하고 싶다.

대퇴부 후부에는 모든 종류의 맛사지를 실시하면 좋다. 좌골신경과 그 분지의 진동에는

① 대전자 후단에 4cm 부위

② 대퇴부 후측부, 무릎 오금, 서경골부의 후측 둔부③ 바깥쪽·안쪽 복사뼈의 후부

위와 같은 부위를 지두로 진동 맛사지한다.

좌골신경의 맛사지를 실시할 때는 신경의 견인법이며, 이 방법에서는 피술자는 엎드리고 시술자는 환측부의 한쪽 다리를 구부리고 이어서 무릎을 펴는 운동이 필요하다. (굴신운동) 대퇴부 신경의 진동은 배꼽의 인대 중앙의 하부에서 실시한다.

따라서 고관절에서는 여러 가지 수동적 운동과 의도적으로 저항을 가하는 운동법을 실시하는 것이 좋다.

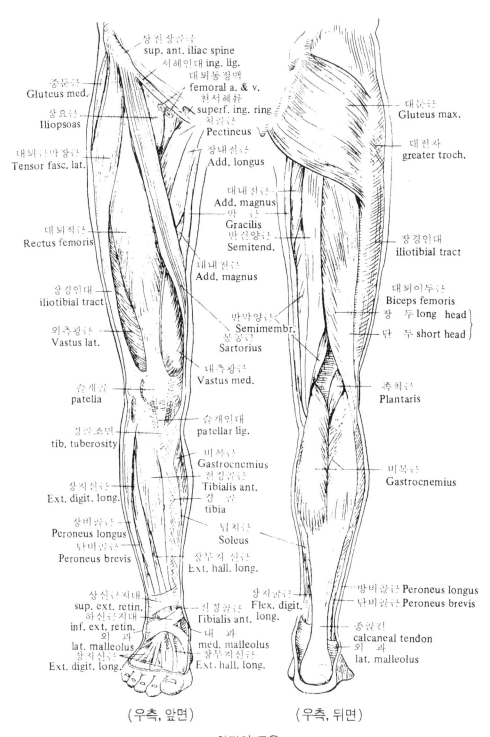

(우측, 앞면)　　(우측, 뒤면)

하지의 근육

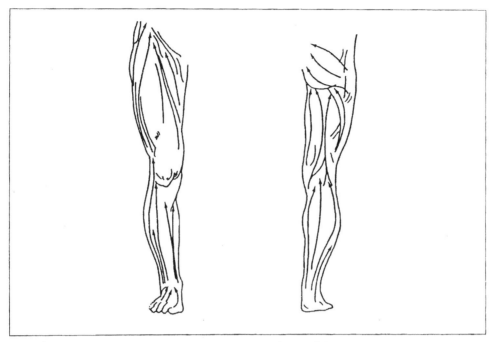

하지근의 맛사지(전·후)

〔 하 지 의 맛 사 지 〕: 족 배

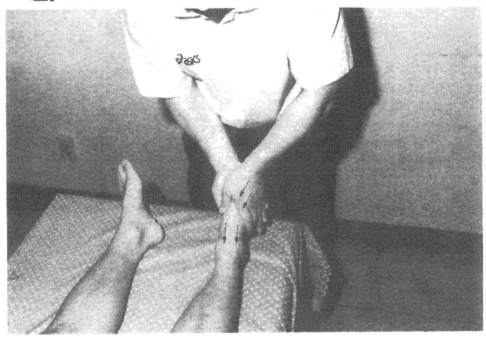

족배 ❶ 수장 경찰법

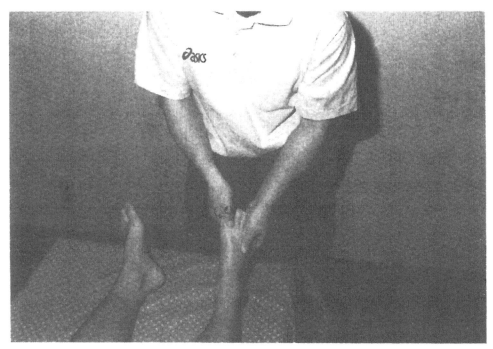

족배 ❷ 모지복 회전 강찰법

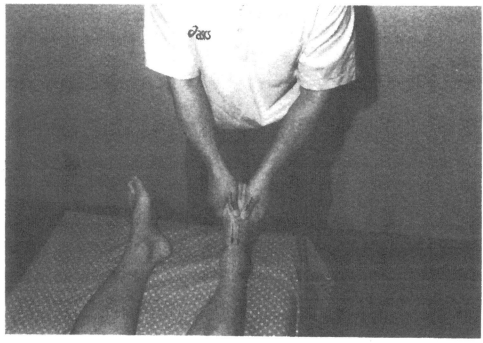

족저 ❸ 양 모지 지절간 압박법

□【족저】□ : 누운 자세

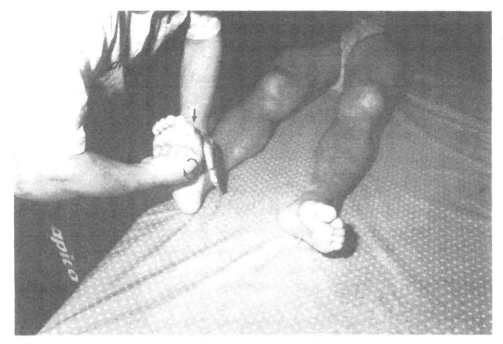

족저 ❶ 수배 강찰법

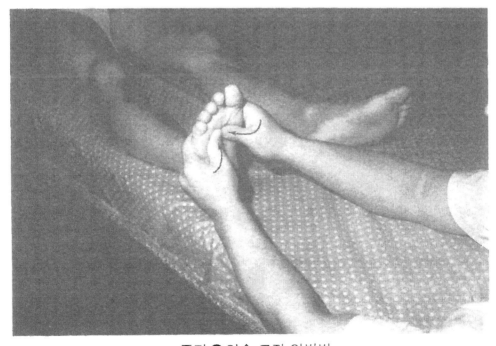

족저 ❷ 양수 모지 압박법

◻【 족저 】◻ : 엎드린 자세

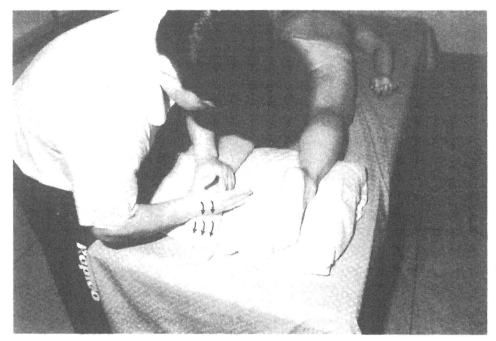

족저 ❸ 중수부 강찰법

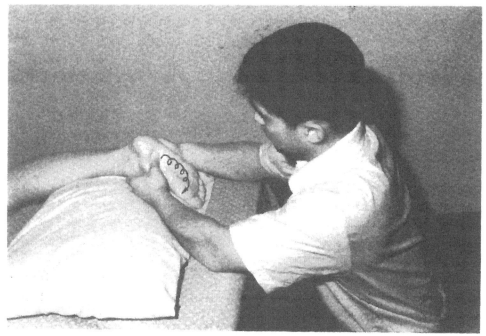

족저 ❹ 모지 회전 압박법

【 족관절 】

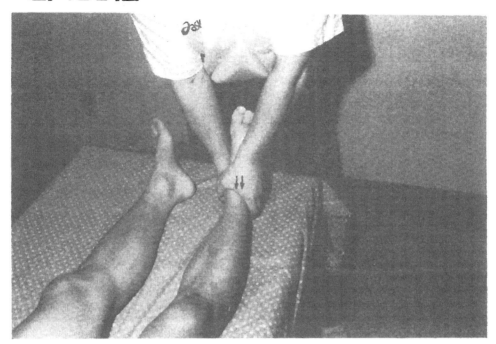

족관절 ❶ 수장 강압법

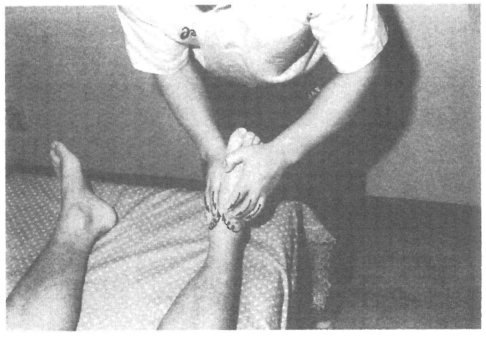

족관절 ❷ 양수 사지두 회전 강찰법

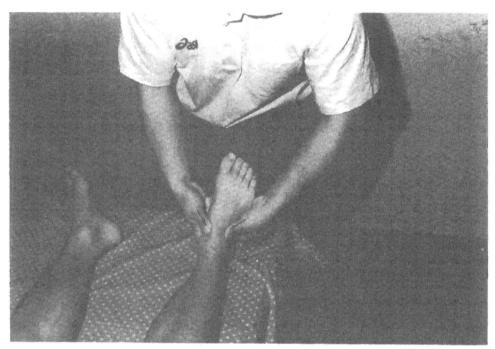

족관절 ❸ 양수 모지복 압박법

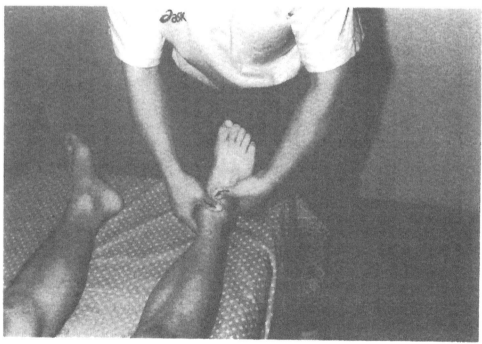

족관절 ❹ 양 모지 회전 강찰법

□【 아킬레스건 】□ : 누운 자세 · 엎드린 자세

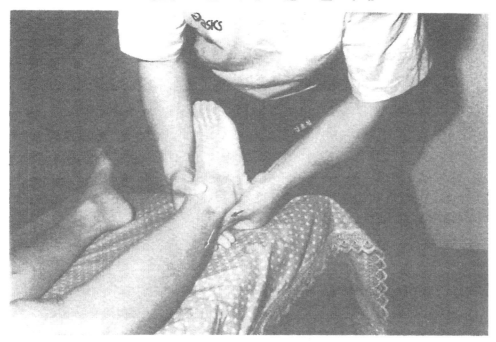

아킬레스건 ❶ 모지 압박법(누운 자세)

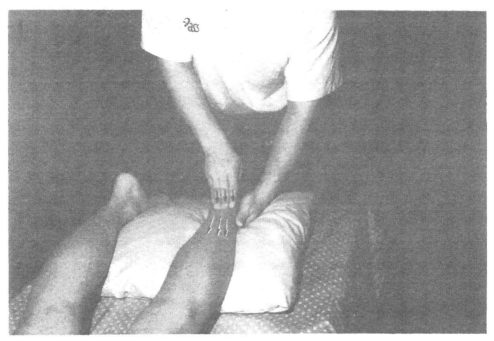

아킬레스건 ❷ 사지복 경찰법(엎드린 자세)

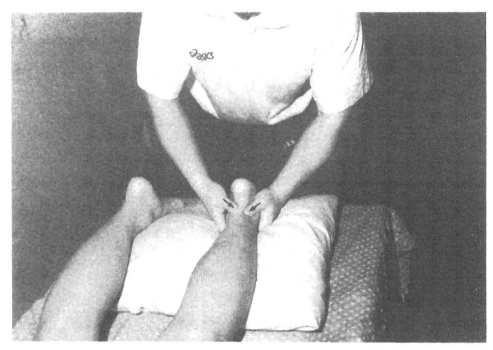

아킬레스건 ❸양모지 압박법

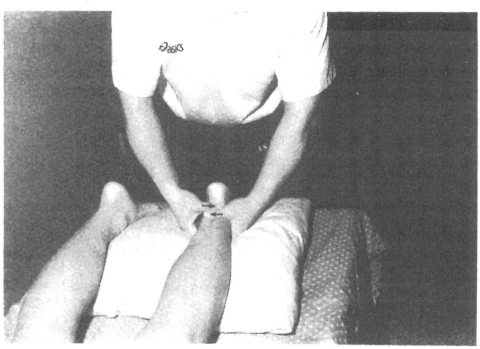

아킬레스건 ❹양 모지 강찰법

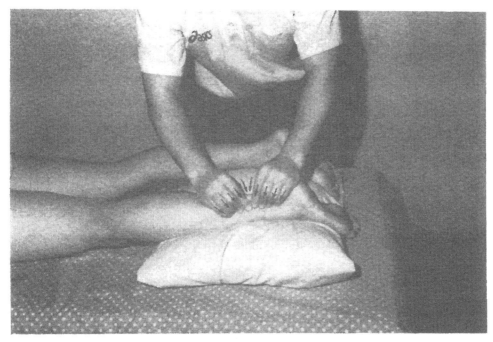

아킬레스건 ❺ 수지복 유념법

【하퇴부】: 누운 자세

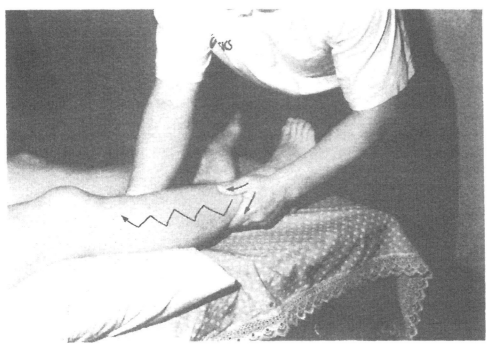

하퇴 ❶ 수장 유동 경찰법

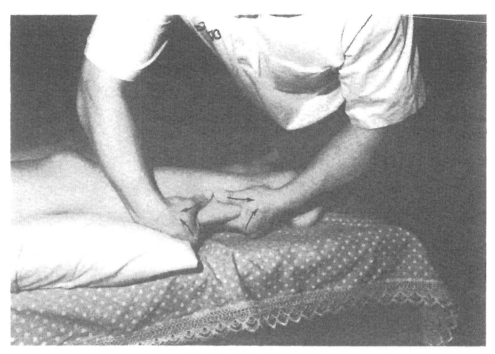

하퇴 ❷ 양 수장 유념법

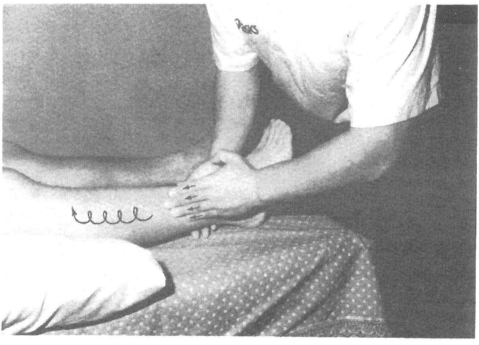

하퇴 ❸ 사지복 회전 경찰법

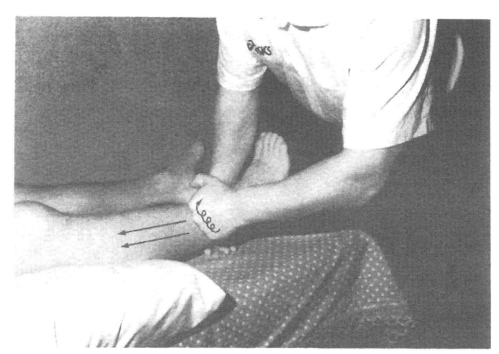

하퇴 ❹ 수배 강찰법

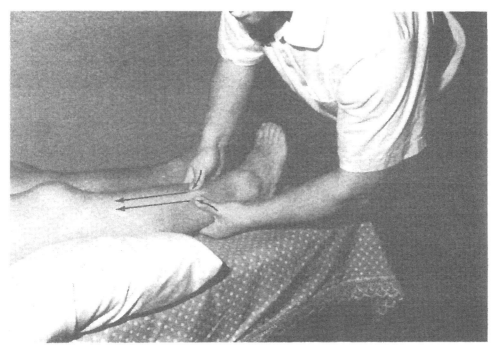

하퇴 ❺ 양모지 유착법

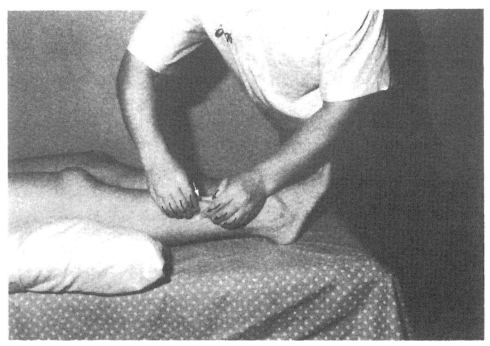

하퇴 ❻ 양 수지 유념법

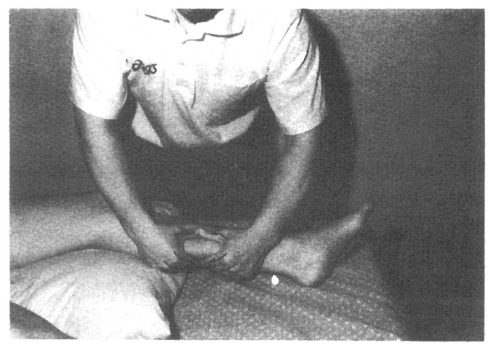

하퇴 ❼ 양 수장 유념법

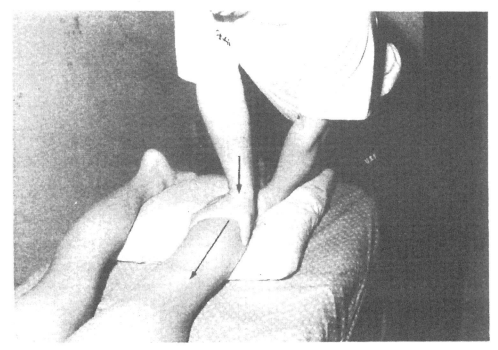

하퇴 ❽ 수장 압박법

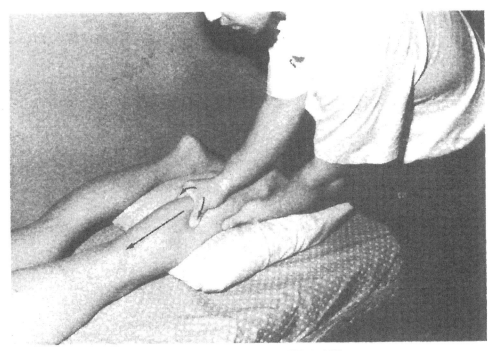

하퇴 ❾ 수장 유념법 「상부」

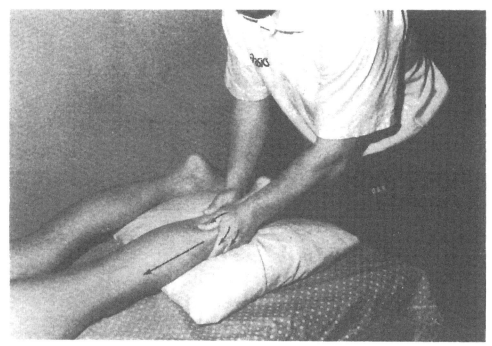

하퇴 ❿ 수장 유념법 ⎡외측⎤

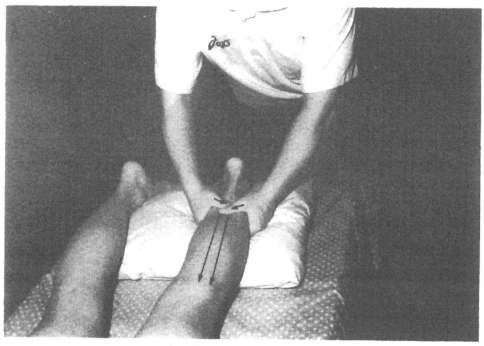

하퇴 ⑪ 양 모지 교차 압박법

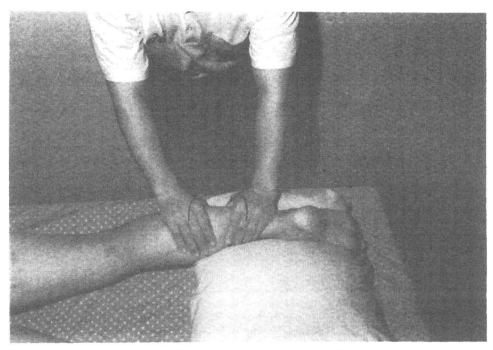

하퇴⑫ 양모지 압박법 ☐외측☐

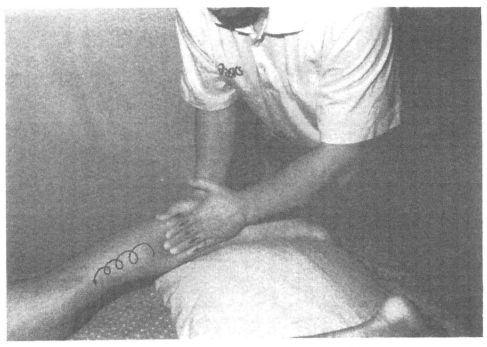

하퇴⑬ 사지복 회전 경찰법 ☐내측☐

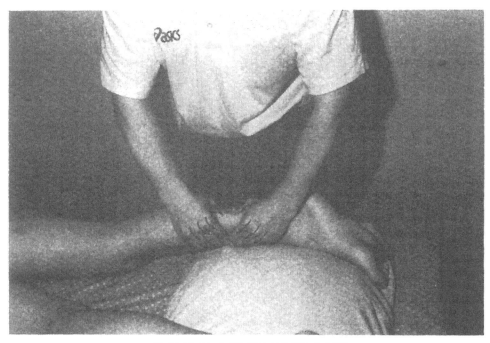

하퇴 ⑭ 양 수장 유념법 ◻내측◻

◻【슬관절】◻ ː 누운 자세

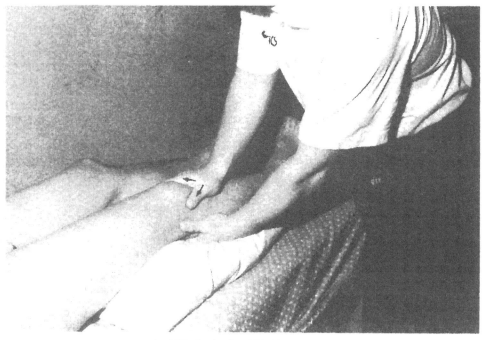

슬관절 ❶ 수장 경찰법 ◻상부◻

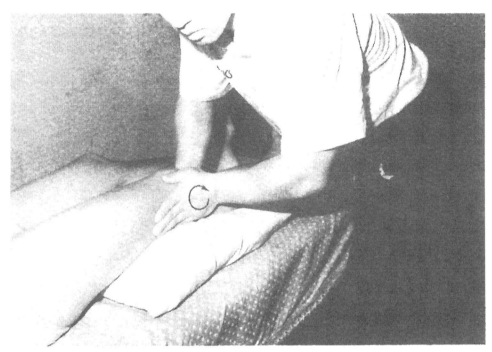

슬관절 ❷ 수장 회전 경찰법 ⌐외측 · 내측⌐

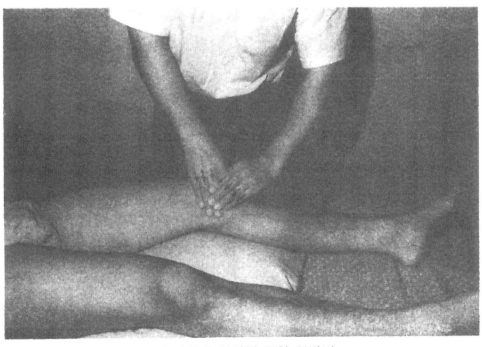

슬관절 ❸ 사지복 교차 압박법

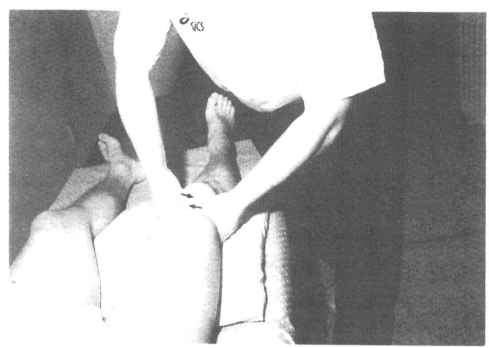

슬관절 ❹ 양모지 강찰법 ⌐슬개골 상부⌐

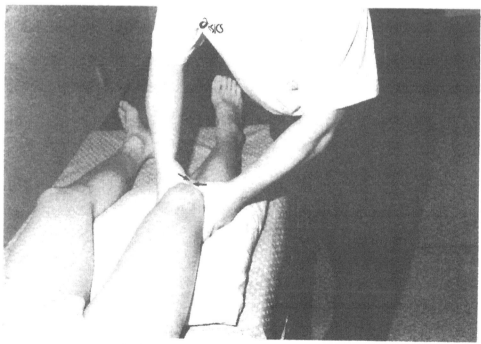

슬관절 ❺ 양모지 강찰법 ⌐슬개골 하부⌐

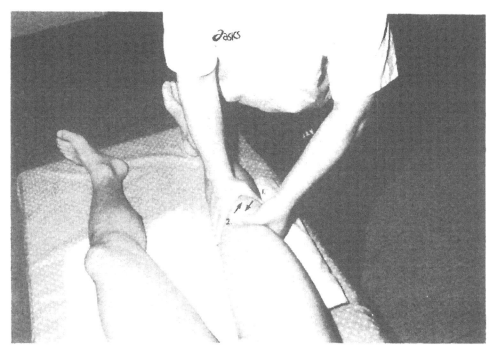

슬관절 ❻ 양모지 교차 대각선 압박법

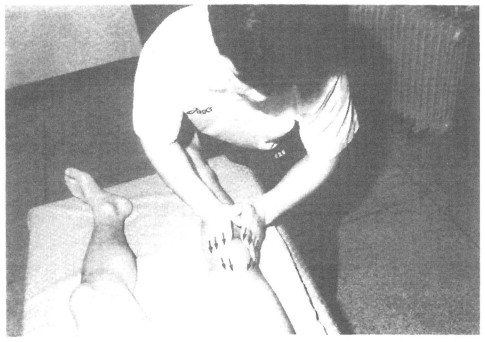

슬관절 ❼ 양 사지복 경찰법

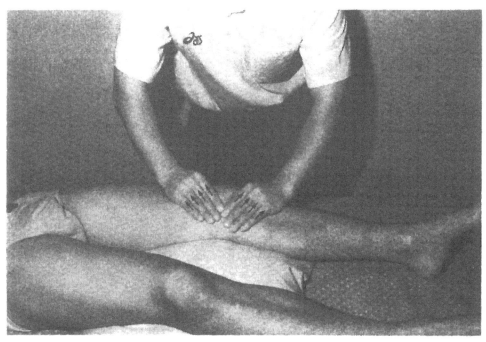

슬관절 ❽ 양 수장 유념법

☐【슬관절】☐ : 엎 드 린 자 세

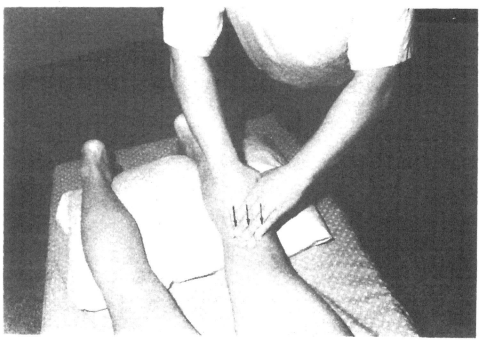

슬관절 ❾ 양수 교차 사지복 압박법

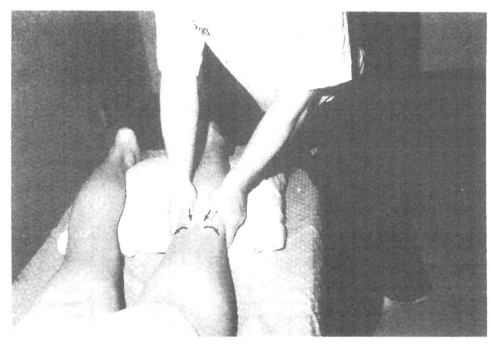

슬관절 ❿ 양모지 압박법

【대퇴부】: 누운 자세

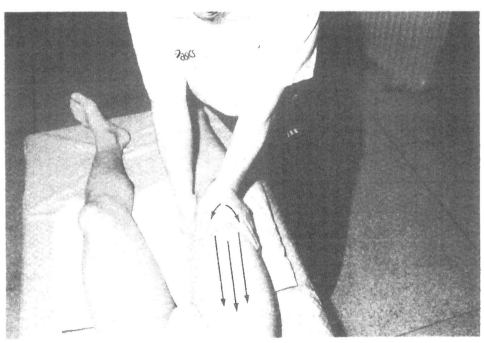

대퇴 ❶ 수장 경찰법 ［전상부］

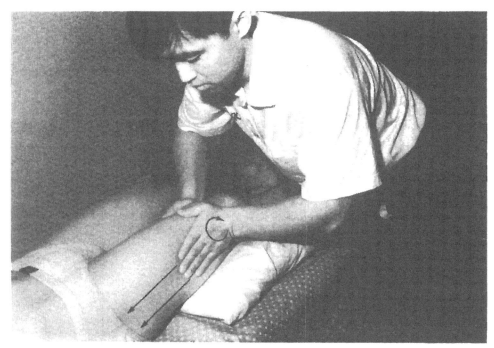

대퇴 ❷ 수장 회전 경찰법 ⌈외측 · 내측⌉

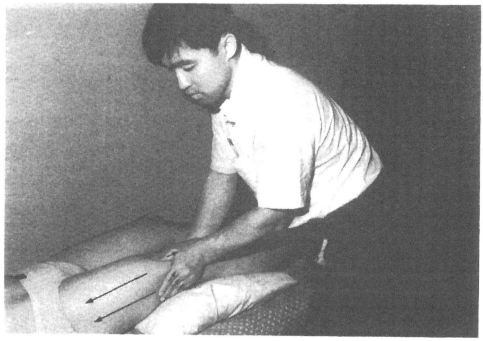

대퇴 ❸ 수장 유념법 ⌈외측⌉

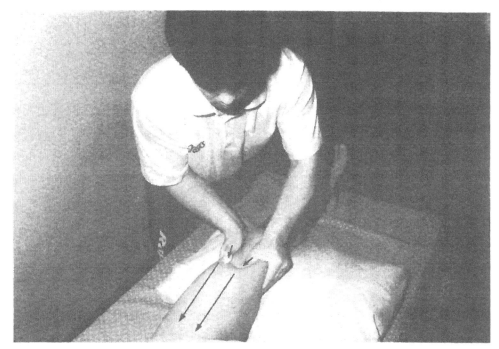

대퇴 ❹ 양모지 압박법 ⌈전상부⌋

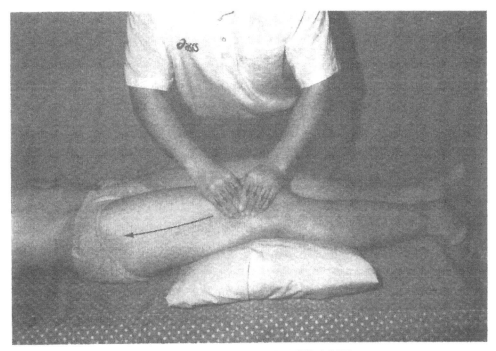

대퇴 ❺ 사지복 압박법 ⌈외측⌋

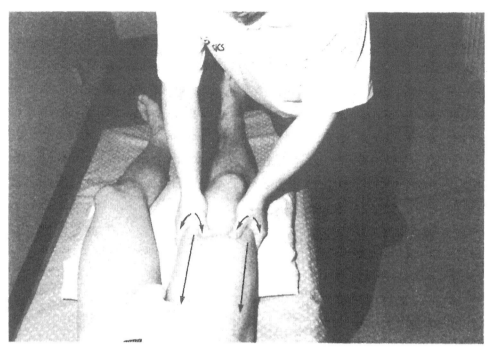

대퇴 ❺ 양 수장 유념법 ⌈외측·내측⌉

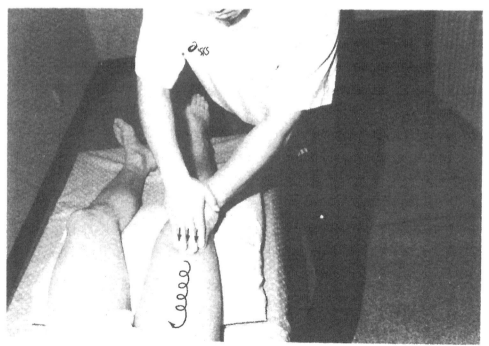

대퇴 ❻ 사지복 교차 회전 강찰법 ⌈전상부⌉

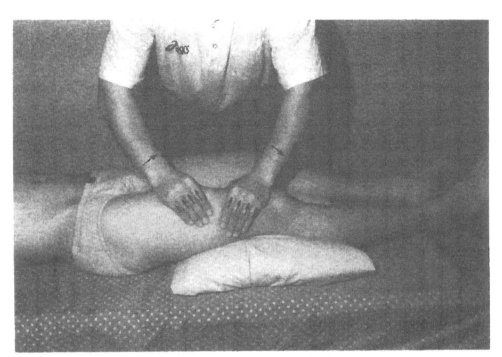

대퇴 ❼ 양수장 비틀림 유념법

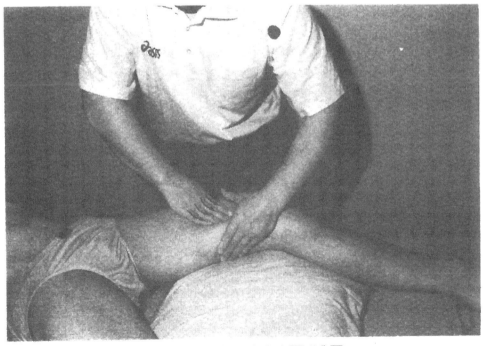

대퇴 ❽ 사지복 강압법 ⎡내측⎤

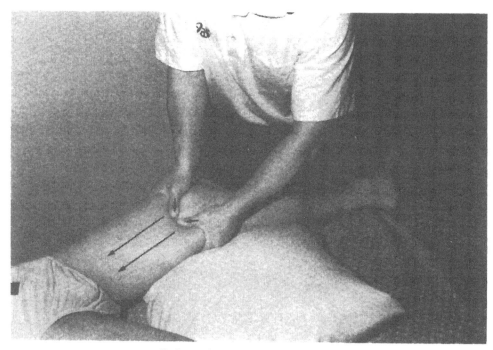

대퇴 ❾ 양 모지 압박법 ［내측］

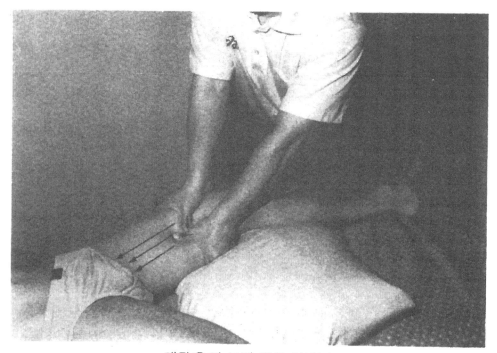

대퇴 ❿ 양 모지 교차 압박법

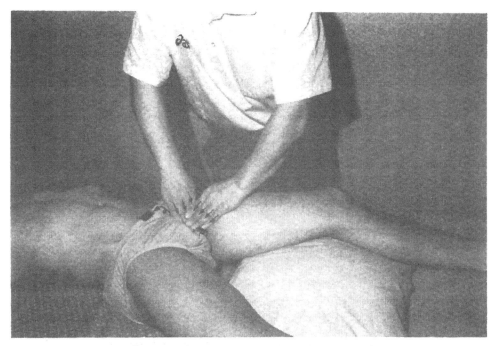

대퇴 ⑪ 양수 사지복 교차 회전 경찰법 ⎡서혜부⎤

⎡【대퇴부】⎤ : 업 드 린 자 세

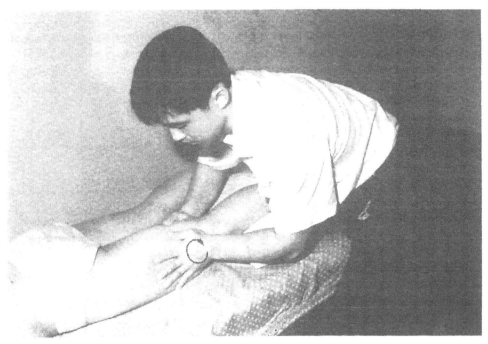

대퇴 ⑫ 수장 회전 강찰법 ⎡외측 · 내측⎤

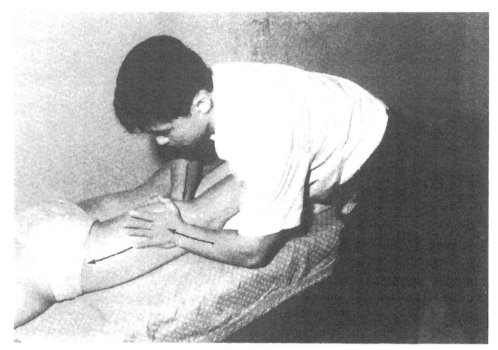

대퇴 ⑬ 양수장 압박법

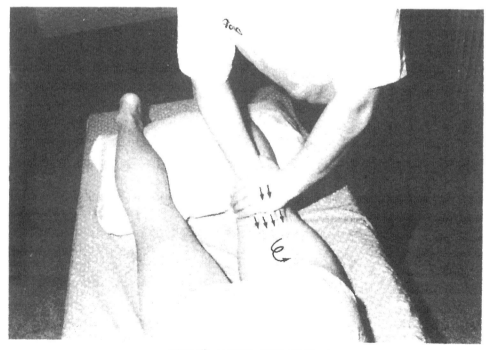

대퇴 ⑭ 사지복 회전 강찰법

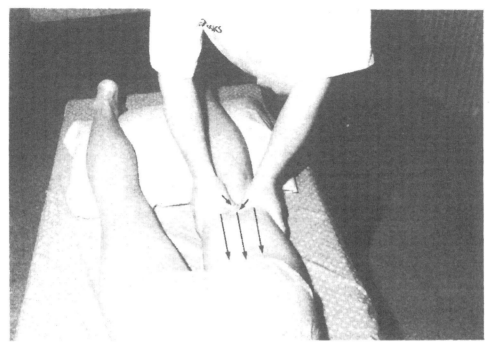

대퇴⑮ 양 모지 교차 압박법

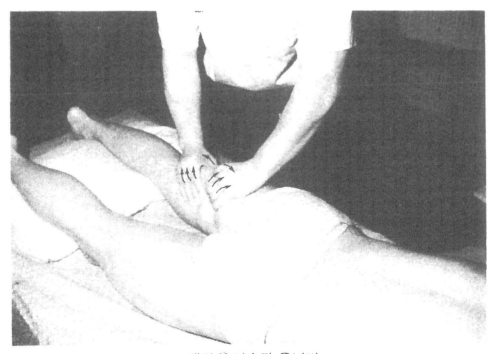

대퇴⑯ 양수장 유념법

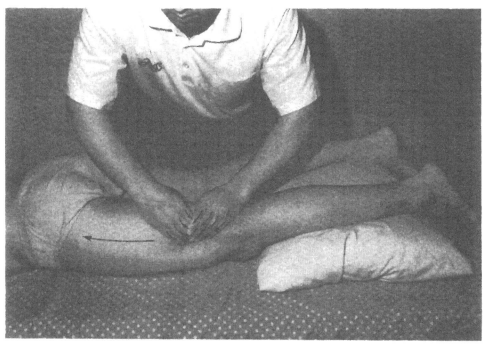

대퇴 ⑰ 양수 교차 사지단 압박법 ⌈외측⌉

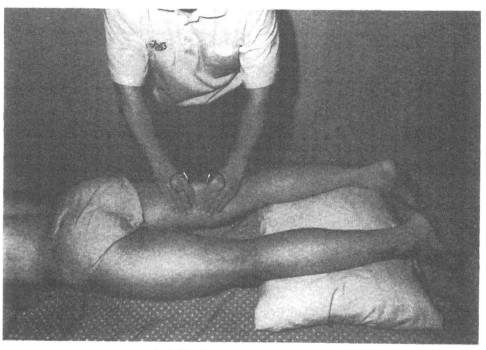

대퇴 ⑱ 양 모지 압박법 ⌈외측⌉

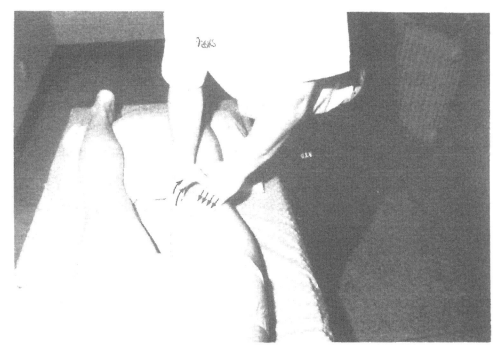

대퇴 ⑲ 양수 사지복 교차 압박법 [내측]

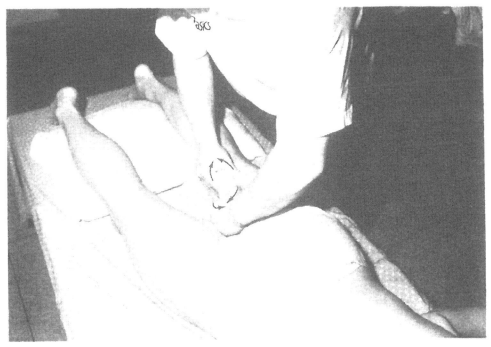

대퇴 ⑳ 양수 유념법

7. 배부의 맛사지

맛사지의 모든 동작이 집합되었다고 할 만큼 여러 가지 동작이
종합적으로 활용된다.

승모근은 맛사지의 중요한 부위이며, 특히 상지의 근력을 많이 소모하는
운동선수는 더욱 그러하다. 또한 흉추변형을 예방하기 위해서 흉추의
양끝을 늘려주는 방법도 신체교정에 효과가 있으며, 가벼운 복통시에는
모지로 흉추 양쪽을 적당히 압박하여 주면 효과를 볼 수 있다.

상지를 주로 사용하는 운동선수일 경우에는 견갑골 부위를 맛사지
함으로써 어깨운동을 원활히 할 수 있도록 한다.

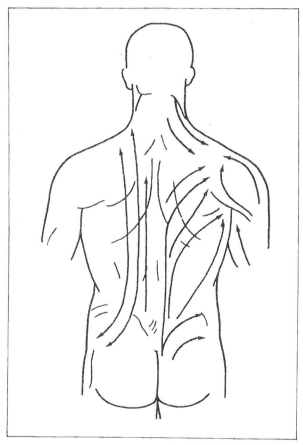

체간부의 맛사지 방향

□【 배부의 맛사지 】□ : 승모근

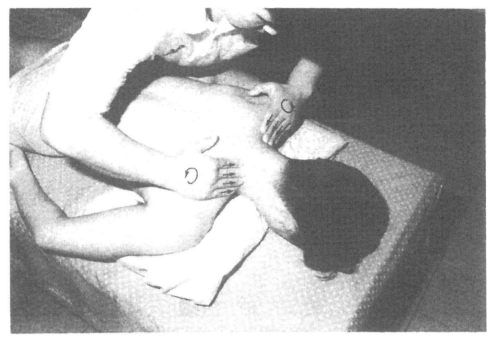

승모근 ❶ 양수 사지복 회전 경찰법

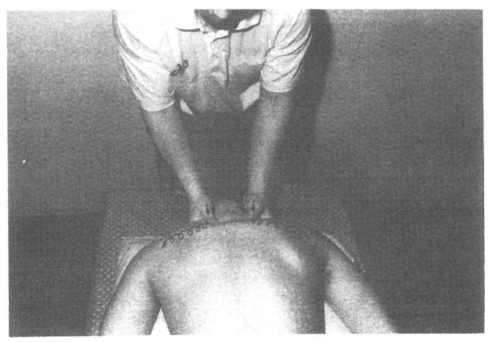

승모근 ❷ 양모지 회전 강찰법

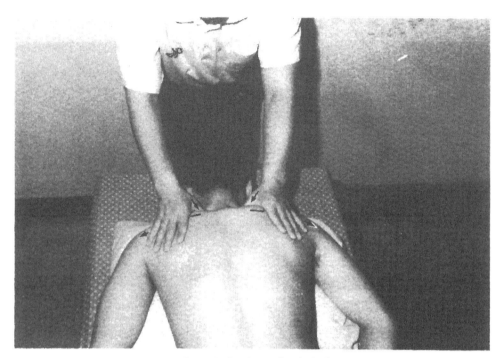

승모근 ❸ 양 모지 압박법

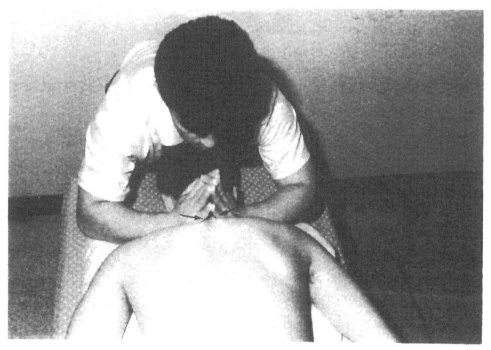

승모근 ❹ 양수 중수골 강압법

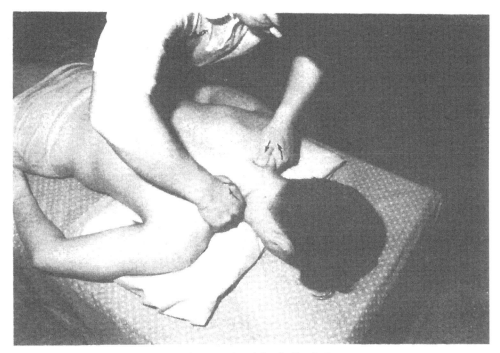

승모근❺ 양수장 유념법

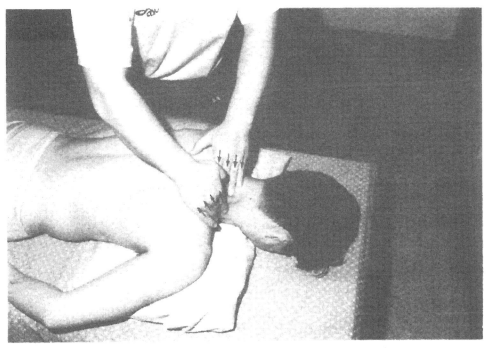

승모근❻ 양수 사지복 견인 압박법

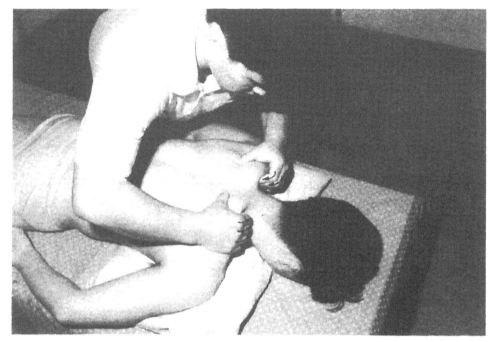

승모근 ❼ 양수 사지두 압박법

【견갑부】

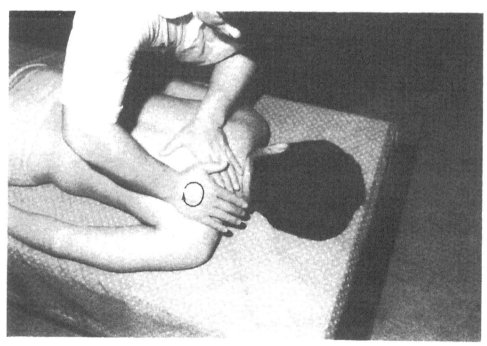

견갑 ❶ 수장 회전 강찰법

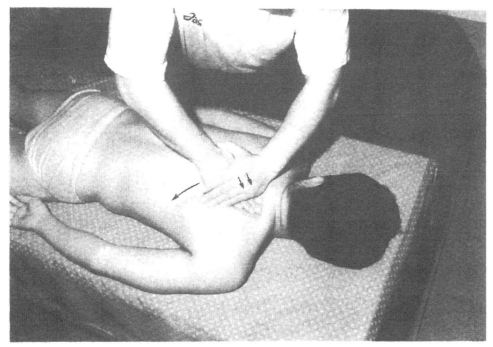

견갑 ❷ 양수 교차 사지복 경찰법 〔견갑내연〕

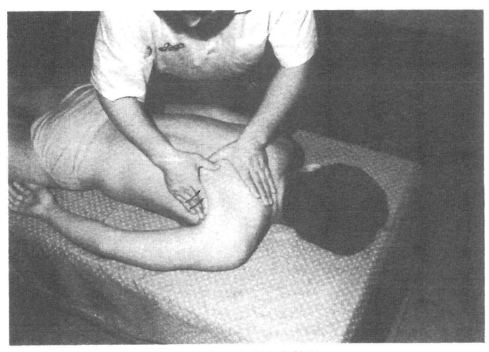

견갑 ❸ 사지복 유찰법

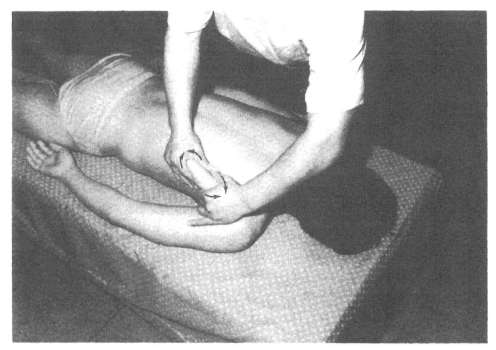

견갑❹양 수장 유념법

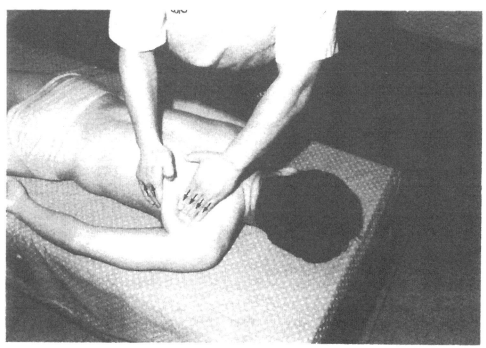

견갑❺양수 사지복 견인 압박법

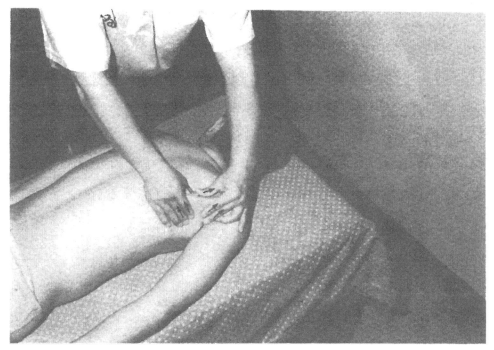

견갑 ❻ 양 수지 유념법

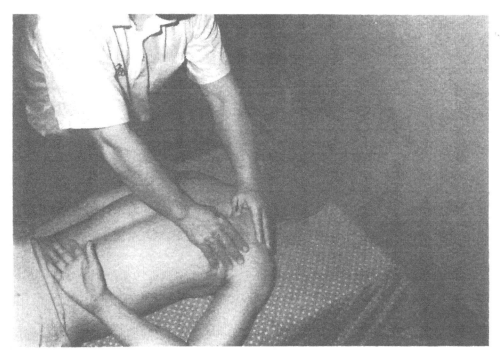

견갑 ❼ 양 모지 압박법

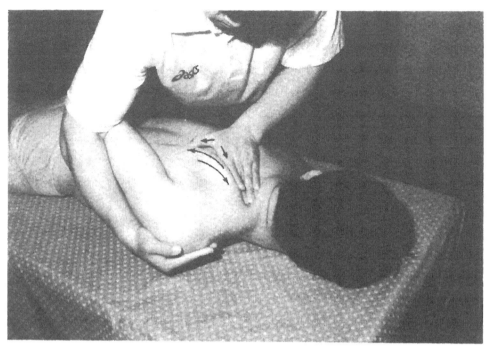

견갑 ❽ 모지 시지간 강찰법

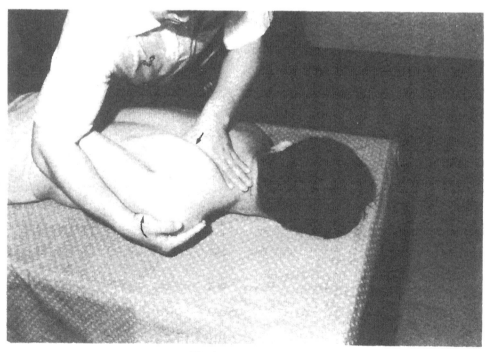

견갑 ❾ 모지 강압법

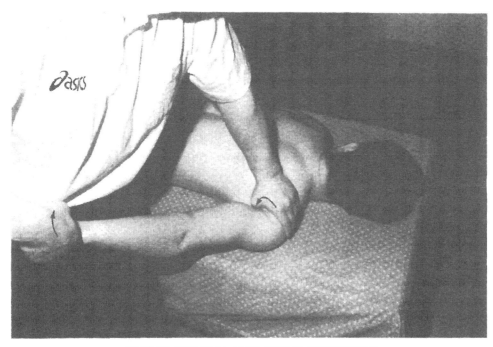

견갑 ❿ 상지거상 모지 압박법 ⌐견관절⌐

⌐【등 배 부】⌐

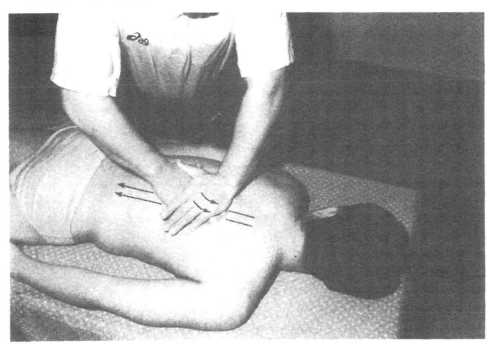

등배부 ❶ 양수 교차 사지복 경찰법

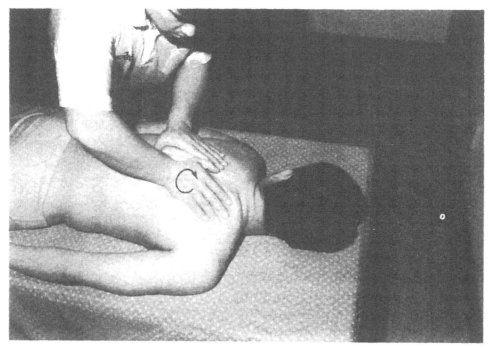

등배부 ❷ 수장 회전 강찰법

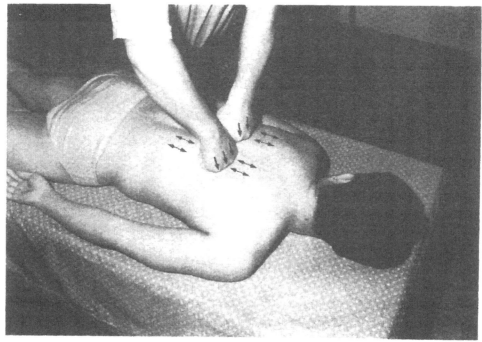

등배부 ❸ 양수 배부 강찰법

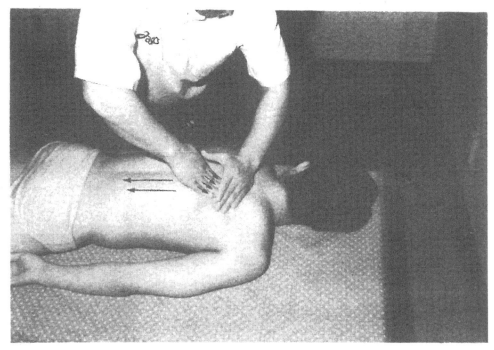

등배부 ❹ 사지복 유착법

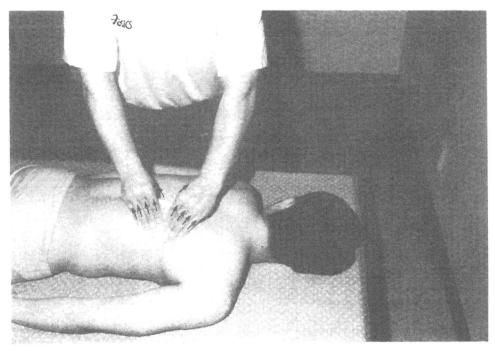

등배부 ❺ 양 수지 유념법

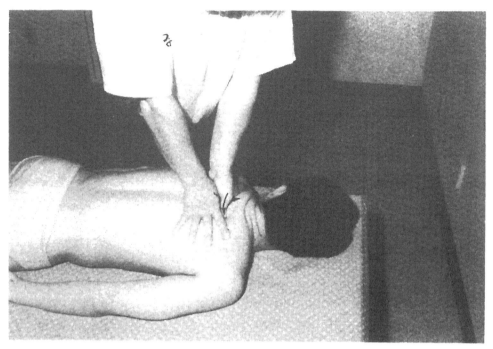

등배부 ❻ 양모지 교차 압박법 ⎡1행선⎤

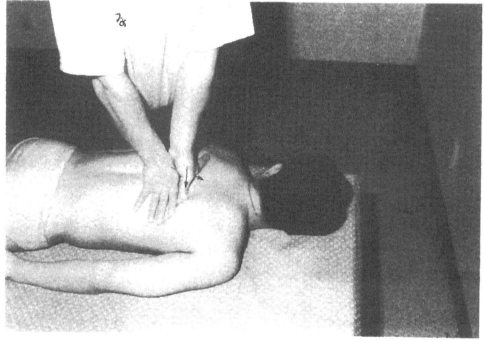

등배부 ❼ 양모지 교차 압박법 ⎡2행선⎤

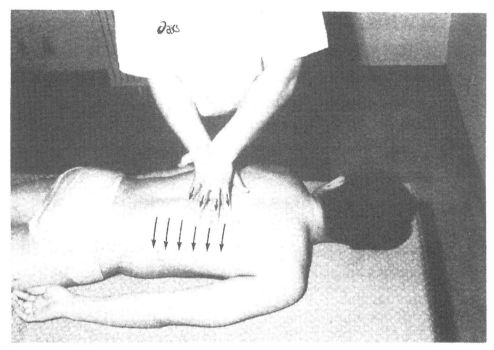

등배부 ❽ 양수 교차 사지복 경찰법

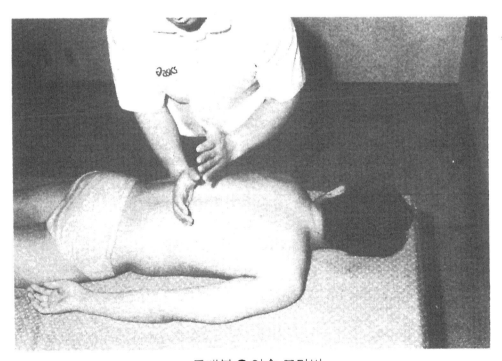

등배부 ❾ 양수 고타법

8. 요부의 맛사지

인체가 직립보행을 하기 위한 중력평형을 유지하기 위해서 이루어진 경부, 흉부, 요부, 천미만곡 현상 중에서 요부는 전만을 이루며 가장 상해가 빈번하게 발생되는 부위이므로 맛사지에 의한 처치법 역시 다른 어느 부위보다도 세심한 주위를 필요로 한다.

인체가 겪고 있는 요통증세는 그 원인도 매우 다양하며 심각한 실정이다. 요통의 여러가지 원인 중에 근육으로부터 비롯된 상해가 맛사지 요법의 영역이며, 이 때에는 단순히 통증이 유발되는 부위만 다룰것이 아니라 근접해 있는 복부, 배부, 둔부 등을 병행하며 맛사지하는 것이 좋으며 동시에 고관절부의 굴신운동과 내외전 운동도 병용하는 것이 효과를 증대시킬 수 있다.

□【 요 부 】□

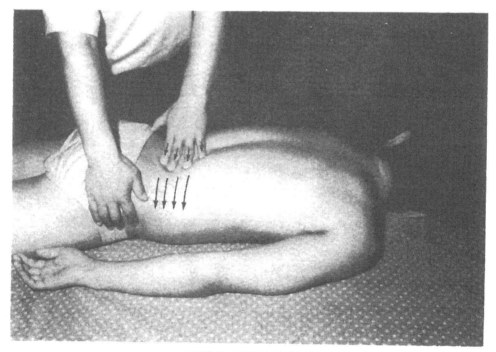

요부 ❶ 사지복 경찰법

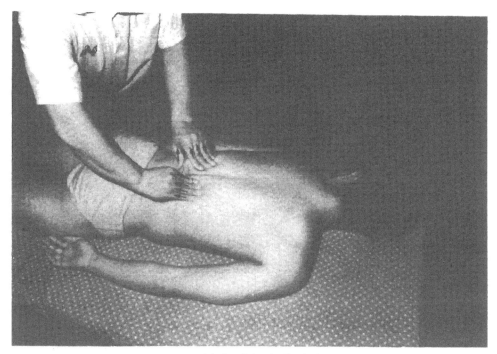

요부 ❷ 양수지 유념법

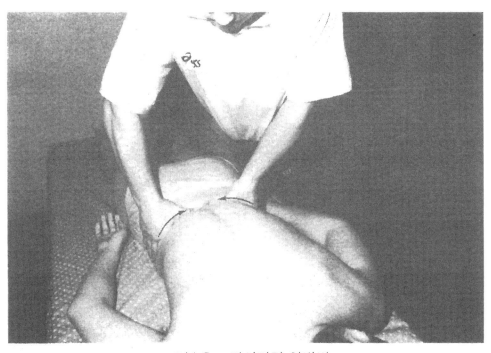

요부 ❸ 모지시지간 압박법

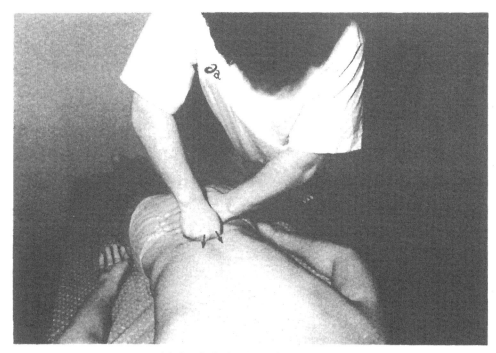

요부 ❹ 이지 수배 강찰법 ⌐1행선⌐

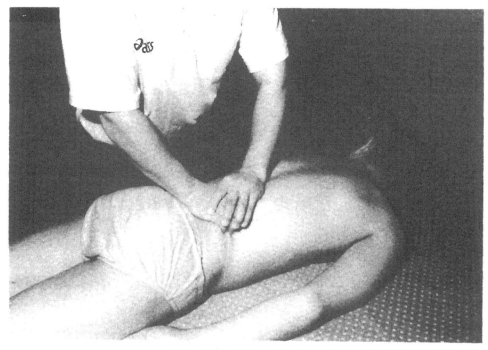

요부 ❺ 양 수장 교차 유념법

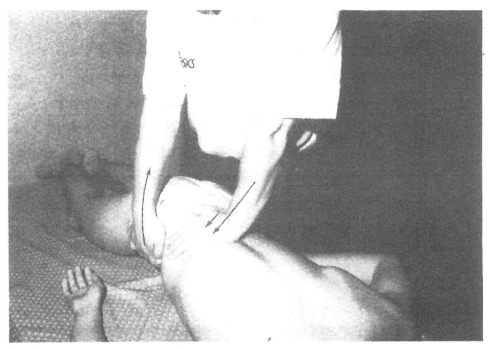

요부 ❻ 양 수장 거상 압박법

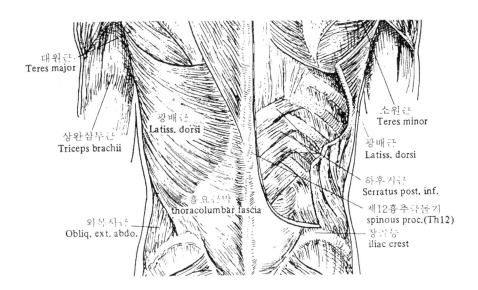

9. 둔부의 맛사지

둔부에는 커다란 지방층이 있으며 대퇴골을 끌어 당기며 고관절 굴곡 운동을 할 때에는 둔부의 근육이 알맞게 이완되어 있어야 한다.

둔부의 근육은 인체의 골반부를 후면에서 감싸주고 있느니 만큼 여성에게는 특히 중요한 부위이며 맛사지의 방법은 대둔근을 중심으로 그 주변을 부드럽게 자극하여 근육을 이완시키는 것이 좋다. 경찰법, 유념법, 압박법 등이 주로 사용되는데 경우에 따라서는 주관절이나 슬관절을 사용하여 맛사지하기도 한다.

【 둔 부 】

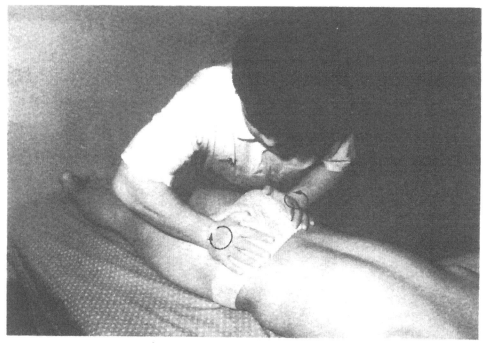

둔부 ❶ 양수장 회전 강찰법

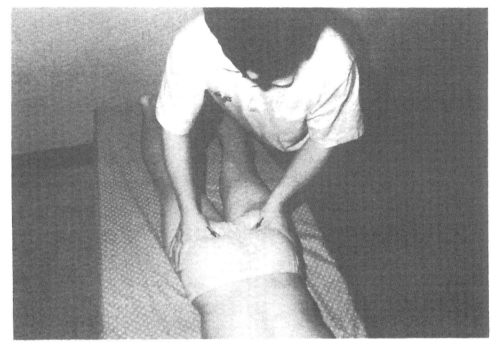

둔부 ❷ 양 모지 압박법

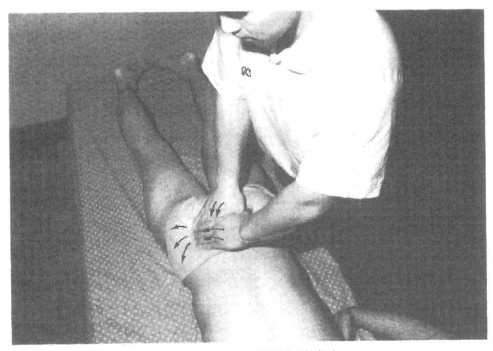

둔부 ❸ 양수 사지단 압박법

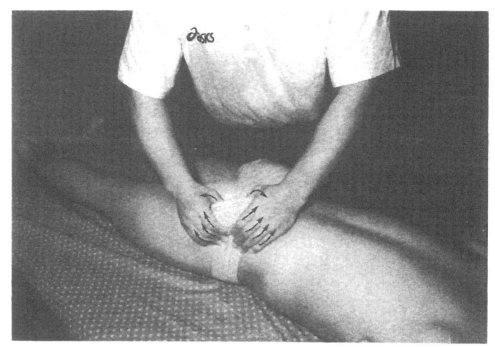

둔부 ❹ 양수 유념법

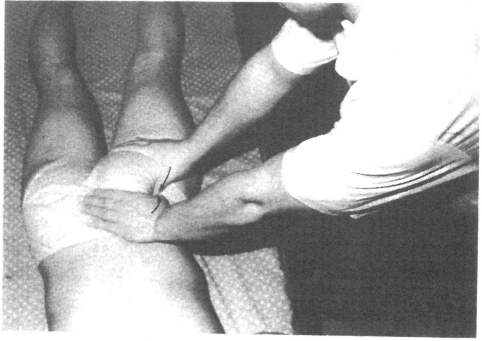

둔부 ❺ 양 모지 교차 강압법 ⌐환도⌐

제7장 스포츠 상해시의 맛사지 (증상별)

스포츠와 상해는 스포츠 현장에서 피할 수 없는 상관관계를 가지고 있다. 다만, 충분한 주의를 하면 어느 정도 예방할 수 있으나, 불가항력적인 상해의 상황도 있게 된다.

스포츠에서 상해를 받았을 때 어떻게 하면 조기에 회복을 할 수 있는가가 팀의 성적 및 자신에게 중요한 관건이 된다.

스포츠 맛사지도 스포츠 상해에 대한 치료와 조기 회복을 큰 목적으로 두고 있다. 그러나 모든 상해에, 스포츠 맛사지가 좋다고는 할 수 없다. 보통, 상해는 훈련 상황에서도 나타나게 되는데 과도한 훈련을 계속하게 되면 몸의 어떤 부분(견부, 슬부, 요부 등)에 과부하가 걸리게 된다. 이렇게 자신도 모르게 경미한 부상이 되풀이 되어 누적되면서 그 결과로 상해가 발생 된다 앞의 스포츠 상황에서의 직접적인 상해와 훈련 상황에서의 누적 상해에 대해 이해하고 올바르게 대처하여야 한다.

스포츠 상해에 대한 스포츠 맛사지는 예방과 치료의 이중적 역할을 가지고 있다. 훈련중 과로한 국소부위를 훈련 후 충분히 맛사지를 하는 것이 상해예방에 필요한 것이다.

일단 상해를 입고난 후 회복상태에서는 훈련의 조절은 물론 하루에 한번 정도는 반드시 상해 부위를 맛사지하는 것이 도움이 된다. 상해에 대한 치료법으로서 맛사지를 행 하기 위해서는 질환에 대한 올바른 이해가 있어야 하며, 상해의 정도와 회복시기 등을 모르고 맛사지를 행할 경우 오히려 악 영향을 미칠 수 있다.

본 장에서는 스포츠 현장에서 유발되는 상해발생의 증상과 원인 그리고 맛사지의 효과적 사용과 병행 요법에 대해 설명하기로 하겠다.

1. 염좌

관절에 물리적인 힘(外力)이 부하되어, 관절이 강제적으로 운동 범위 이상으로 벗어나 발생한 상해를 염좌라고 한다.

관절을 구성하는 연부조직, 즉 뼈를 연결하는 인대, 피하조직 등이 찢어져, 내출혈이 발생하고, 그 결과 관절의 부종, 동통, 압통, 관절의 운동제한이 일어 난다.

1) 증상과 원인

스포츠 상해 중의 염좌발생에서 가장 많이 나타나는 것은 족관절염이다. 특히 미식축구는 선수의 상해 중 24%가 발목관절 염좌이며, 스키가 18%, 레슬링, 유도, 농구, 핸드볼, 럭비, 축구, 테니스, 배구, 탁구 등이 10% 내지 15% 정도이다.

어느 종목이나 체중이 실린 상태에서 외번, 내번 운동이 강제화되었을 때 발생되는 상해이며, 특히 발목이 내측으로 꺾여졌을 때 발목염좌가 많이 발생한다. 발목에는 경골이나 비골 아래로부터 인대가 넓게 퍼져 있는데 족근을 만드는 작은 뼈를 결합하는 인대로 복잡하게 쌓여있다.

발목이 내측으로 꺾이며 염좌가 발생되면 외측부의 인대가 특히 손상되면서 주변의 근육이 긴장해서 굳어지거나 붓게 된다. 염좌가 발생하면 상해 정도를 빨리 발견하는 것이 매우 중요하며 1도(염좌 상태인 발로 5~6회 점프가 가능한 정도), 2도(통증이 있으나 체중 이동은 가능한 정도), 3도(내출혈을 수반한 완전 인대 손상으로 체중이동이 불가능하다)로 구분할 수 있다.

1도 즉, 경도의 단계에서 완전 치유를 하지 않으면 염좌가 반복되면서 2도, 3도로 진행되어 만성이 되는 수가 있다.

2) 맛사지 및 병행요법

발목염좌시의 초기에는 환부를 직접적으로 맛사지 해서는 안되며, 환부 상부에서 무릎방향으로 유도작용의 맛사지를 한다.

부기가 빠지면 온냉교체욕을 행하는데 손상부위에 통증이나 근육이 굳어있으면 지나친 무리를 하지 말고, 주의깊게 시행한다. 회복기에는

환부를 중심으로 교정작용의 맛사지를 행하며 관절 본래의 기능을
되찾는데 주력한다.

구급처치의 ① 안정, ② 냉각, ③ 압박, ④ 거상, ⑤ 고정의 원칙을
지키는 것이 빠른 회복의 필요조건이다. 경도의 경우에는 테이핑을 하고
시합에 출전 할 수 있으나 통증이 심한 경우에는 골절의 의심도 있으므로
이때에는 부목으로 단단히 고정한다.

회복기에는 하퇴근 강화 트레이닝과 족관절부의 가동성 운동으로 관절
기능을 부드럽게 한다.

2. 타박상

1) 증상과 원인

몸의 표면에 강한 외력이 가해져서 피부나 피부조직에 손상을 일으키고
피부와 근육사이의 혈관이 절단되어 피가 고이거나 부어오르고 환부에
열과 통증이 나타나는 상태를 타박상이라고 한다.

가벼운 타박상에는 구급처치 이후에 경기에 임할 수 있는데 두부의
타박상시에는 상태가 심각하여 뇌진탕의 위험이 있으며, 의식불명이 되는
수 있고, 토할 기분을 느끼거나 심한 두통을 호소하고 맥박이 불규칙해지면
즉시 정규 의료처리를 받도록 한다. 골반의 타박은 레슬링, 유도, 축구,
럭비 등의 선수생활에 생명단축을 위협하는 상해로서, 골반의 가동성
제한으로 허리 회전력을 저하시키고 그로 인해 여러가지 운동기능 장애를
유발시킨다.

가벼운 타박상이라고 그냥 지나치지 말고 완전하게 치유하는 것이 매우
중요하다.

2) 맛사지 및 병행요법

타박상에는 일단 안정과 냉각이 우선이며, 이후에 탄력붕대를 환부에
감아서 압박고정한다. 구급처치의 순서로 인해 이후의 경과가 다르게
나타날 수 있으므로 신속히 순서대로 처리한다. 타박상 발생시에 즉시적인
맛사지는 증상을 악화시키기 때문에 절대로 금물이며 24시간 내지 48시간

정도 냉각을 실시하고, 회복기에 이르러 맛사지를 행한다.

회복기에는 환부에 온냉교체욕과 임파 맛사지법을 행하며 동시에 근육 스트레칭을 병행한다. 두부의 타박이라면 회복기에 후경부를 맛사지하면 효과적이다.

3. 근육통

1) 증상과 원인

근육통의 발생원인으로는
(1) 지속적 운동의 결과 대사물질(노폐물)의 과도한 축적으로 인해서 근섬유 내부에 현저한 생리적 변화가 생겨 초래된 결과.
(2) 근이나 건의 결합조직 요소의 파열과 관련.
(3) 혈액과 근육내에 젖산 축적으로 인한 일시적 근피로.
(4) 근육의 혈액흐름 감소로 인한 통증유발
(5) 지나친 스트레칭(over stretching)은 결합조직에 손상을 주며, 그로 인한 근육통 발생 등을 들 수 있다.

각각의 스포츠가 전신을 사용하는 운동이지만 종목 특성상 자주 사용하는 주동근육은 경기후에 급성 근피로가 유발되고 통증이 발생되며 다음날 경기에 지장을 초래할 우려가 있는 것이 사실이다.

대개의 근육통은 일반적으로 24시간 이내에 치유가 가능하므로 상태를 방치하여 다음 경기에 지장을 주어서는 안되며, 신속한 처치가 필요하다. 그러나 경기 후 12시간이 지나면서 근육의 축적피로로 인해 나타나기 시작하며 통증이 있는 부위에 근웅어리가 생기는 근육통은 처리시간이 꽤 걸린다.

2) 맛사지 및 병행요법

급성 근육통은 경기후에 근육 맛사지와 임파 맛사지를 병행하면 간단히 해결되므로 문제가 되지 않는다. 피로가 심하면 오일 등을 사용하게 되는데 오일 맛사지 시에는 경찰법과 유넘법이 중심이 된다.

근육의 축적피로에서 오는 근육통은 장애부위를 온열요법으로 시작하여 근육 맛사지를행하면서 혈도자극을 병행하면 중은 효과를 볼 수 있다.

4. 근경직

1) 증상과 원인

근경직이란 근육이 급격히 강하게 수축함으로써 근육의 흥분성이 이상상태(abnormal state)에 있을 때 나타나는 현상으로 근피로 현상의 일종이며. 근경련이라고도 한다.

발생원인으로는

(1) 과격한 근수축으로 근육내에 젖산 및 대사물질의 축적

(2) 발한에 의해서 혈액과 근육 중의 식염소실

(3) 흥분성이 지나쳐서 계속적인 근수축이 일어남

(4) 비타민 B_1 소실

(5) 근육의 냉각 등이 주 원인으로 대두된다.

피로한 상태에서 수영을 할 때 갑자기 비복근에 근경직이 일어나 움직일 수 없게 되는 수가 있다. 당황하면 더욱 근경직이 심해진다. 씨름선수는 전완근, 육상선수·축구선수는 비복근, 또는 상지의 웨이트 트레이닝을 반복하는 동안에 승모근도 근경직화 된다.

근경직도 급성과 만성으로 구분할 수 있다.

2) 맛사지 및 병행요법

경기 하루 전날에 주동근육을 가볍게 예방 맛사지를 해두면 근경직률이 감소된다. 경기시에는 무리한 근수축을 방지하기 위해서 운동량을 조절해야 하며, 식염, B_1을 충분히 섭취하고, 정신적 안정감을 취하는 것이 중요하다. 또한 근육의 유연성을 위해 스트레칭 등 근육 이완요법과 같이 신체를 따뜻하게 해서 근육이 냉각되는 것을 방지해야 한다.

일단 근경직이 나타나면 유념법·압박법 등으로 근육 맛사지를 행하며, 스트레칭을 병행한다. 급성시에는 간단히 회복이 되지만 만성근경직 장애가 발생하는 경우에는 구급처치 이후에도 상당히 오랜기간의 치유기간이 필요하다.

5. 근단열

1) 증상과 원인

근육이 끊어진다는 것은 근섬유가 일부 단열하는 것이다. 근피로가 누적되거나 근조정이 미흡할 때 심한 운동을 무리하게 행하면 발생한다. 육상경기의 단거리선수에게서 스타트의 질주시 비복근, 대퇴이두근, 대퇴사두근 등이 단열되기 쉽다. 체조, 포환던지기 등의 선수는 상완이두근이 단열되는 수가 있으며, 축구나 럭비 선수는 대퇴의 내측근이 단열되기 쉽다.

상태가 약하더라도 증상은 여러가지이므로 증상에 따라 처치방법이 다르게 된다.

제1기 증상시에는 근육의 압박통, 근경직현상, 부분적 근력저하가 나타난다. 이런 경우에는 약 1일 내지 3일간의 치유기간을 필요로 한다.

제2기 증상시에는 압박통과 함께 부기와 근육의 기능 장애로 인해서 경기를 하기 어렵다.

제3기 증상시에는 심한 근육통과 함께 근기능 상실 상태가 된다. 부기와 광범위한 내출혈을 볼 수 있으며 단열부위가 움푹 들어간다. 확실히 3기 증상이라면 구급처치와 함께 빨리 병원에서의 정규의료 절차를 밟아야 한다.

1) 맛사지 및 병행요법

근단열시의 구급처치에는 냉각과 고정요법을 필히 행하며 또한 증상을 가라앉히기 위해 환부를 심장보다 높은 곳에 위치시킨다. 상해발생 직후에 맛사지는 금지이며, 회복기에 이르러서 맛사지를 행해야 한다.

환부 이외의 근육은 근력강화 스트레칭을 행한다. 근육이 굳어져 있을 때에는 온냉교체욕이나 온열요법이 효과적이며 봉을 이용한 스드레칭도 효과적이다.

6. 아킬레스건 단열

1) 증상과 원인

강한 외력에 의해 심한 통증이 유발되면서 나타나는 아킬레스건 단열은 완전 단열과 불완전 단열의 2가지 증상이 있다. 아킬레스건의 완전 단열이 제일 많은 곳은 발뒤꿈치 몇 cm 부위의 건부이다. 때로는 근육과 아킬레스건의 연결목 근처이다.

근육은 완전히 절단되어 위로 젖혀져서 압통이 심하고 서지도 못하며, 노인의 경우는 종건골과 함께 뒤꿈치 뼈의 일부가 떨어져 나가는 수도 있다.도한 부분적으로 잘려지는 것을 불완전 단열이라 하며 근섬유기 급격히 수축되어 끊어지는 것으로 심한 통증과 내출혈을 수반한다.

원인은 추위나 피로가 쌓인 근육을 무리하게 움직였기 때문에 발생하는 상해이다. 종목별로는 검도가 스포츠 상해 중 아킬레스건 단열이 12%를 차지하며, 레슬링, 유도, 농구, 핸드볼, 테니스, 육상경기, 배구 등도 아킬레스 상해를 무시할 수 없다. 어떤 스포츠든지 급정지, 급발진을 했을 때, 점프 착지시, 축구, 럭비, 테니스 등도 급회전시에 회전측의 발에 발생되기 쉽다.

2) 맛사지 및 병행요법

수면을 잘 취하고 4기전에 비복근 맛사지와 스트레칭을 해두면 상해발생이 감소될 수 있다. 하지만 불행히 아킬레스건 단열이 발생하였다면 무엇보다 먼저 냉각요법이 필요하다. 동시에 환부를 심장보다 높은 곳에 위치시켜서 내출혈을 억제시키며 다음 처치방법에 대비한다.

완전 단열이나 근수축으로 인한 단열일 때에는 부목고정을 하며 안정을 취하도록 한다. 증상에 따라 차이가 있는데 부분 단열일 때에는 부목고정을 하며 안정을 취하도록 한다. 증상에 따라 차이가 있는데 부분 단열시에는 약 4주간, 완전 단열시에는 약 3개월 내지 6개월 정도의 치유기간을 필요로 한다. 안정기간이 길고 근육이나 족관절이 굳어지거나 근력의 저하가 일어나기 쉬우므로 계획적인 처치방법이 필요하다.

근육의 경직화는 맛사지와 스트레칭을 병행하고 관절의 가동성 감소시에는 적절한 관절기능 운동을 행한다. 또한 근육의 경직화를 방지하는 훈련과 동시에 근력강화의 훈련을 행한다.

직립보행시에는 처음에 지팡이 등을 사용해서 환부측의 발에 조금씩 체중을 얹어서 보행연습을 하며, 보행이 조금 불편하면 테이핑법으로 좋은 효과를 볼 수 있다. 회복기가 되면 환부를 따뜻하게 한 후에 근육이 굳어진 것을 이완시키기 위해서 비복근 전체를 경찰법과 유념법 등을 사용해서 맛사지 하고 아킬레스건 또한 가볍게 주무른다.

7. 탈구

1) 증상과 원인

관절손상이 염좌보다 심하며 외력에 의하여 골두가 관절포를 뚫고 밖으로 이탈한 상태이다. 탈구된 골절을 그대로 두면 종창, 혈종, 근육의 위축이 일어나 회복이 힘들어지며 동시에 신경 및 혈관을 압박하게 됨으로 조기 치료가 매우 중요하다. 관절탈구에서 이완되었거나 단열된 관절낭, 인대 등의 연부조직이 회복되는 2－3주간은 정복 후 안정을 유지하고 삼각대 기브스를 사용하여 고정하는 것이 좋다. 충분히 회복되기 전에 운동을 재개하면 습관성 탈구가 되기 쉽다.

2) 맛사지와 방향요법

정복후 3주간의 고정기간이 지나면 고정을 멈추고 관절가동범위 회복운동을 실시한다. 이 시기에 맛사지가 시작된다. 맛사지는 관절의 가동범위를 정상으로 회복시키는 것을 목적으로 한다.

경찰법과 유념법등을 사용하여 맛사지한다. 근경직과 관절경직으로 관절의 가동성이 떨어져 있으므로 물리치료(뜨거운 찜질, 초음파, 레이져 치료 등)와 스트레칭(P. N. F)을 병행하여 사용한다.

8. 골절

1) 증상과 원인

타박, 충돌, 전도 등의 외력에 의해서. 골조직이 끊겨진 상태로서 증상은 골절부에 격통이 있다.

외부의 힘 뿐만 아니라 자신의 근수축력에 의하여 골절될 수 있다. 골절을 하게되면 거의가 부러지고 뼈의 부러진 부위가 벌어지거나 어긋나게 된다.

초기에는 뼈의 부러진 부위를 정확하게 맞추어서 움직이지 못하게 고정하여야 한다. 골절치료는 정확한 정복과 고정이다(수술여부를 구분). 골절부위의 고정기간은 각기 뼈 부위마다 다르다.

대퇴골	14주
하퇴골	7~8주
상완골	6 주
전완골	5 주
늑 골	3 주
지 골	2 주

2) 마사지와 병행요법

고정기간이 끝난후 경찰법(초기), 유념법 그리고 여러가지 수기를 응용하여 맛사지한다.

맛사지를 골절부위 가동성을 정상으로 회복시키는 것을 목적으로 한다. 일반적으로 골절후 치료에는 맛사지가 쓰여지나 맛사지 만으로는 불충분하다. 그것은 골절부위의 근력이 떨어져 있기 때문에 그 부위의 근력강화 운동법을 병행해야 하기 때문이다.

마사지 전후로 물리적 치료 방법도 반드시 병행되어야 한다.

9. 피로성 골절

1) 증상과 원인

연속적인 피로가 겹쳐 쌓이게 되면 사고가 발생하는데 이러한 피로로 생기는 뼈의 골절을 피로성 골절이라 하며, 과거에는 행군골절, 스트레스 골절로도 불리웠다.

건강한 뼈도 같은 동작을 지나치게 무리해서 사용하면 피로성 골절이 발생되며, 계속적인 뼈의 외력이 점차적으로 누적되고 넓은 범위로 골조직의 결합중단이 일어난다. 초기에는 그다지 자각증세가 없고 X-ray상으로도 발견하기 힘든 경우가 있다.

장애 부위로는 경골 중앙으로부터 하방 3분의 1주위가 많으며, 진행되면서 경골과 관계되는 곳을 누르면 아프고 붓거나 하며 열이 발생하고 골막에 응어리가 생기기도 한다. 통증이 느껴지는 것이 당연할 줄 알면서도 달리거나 도약하면서 장애상태를 진행시키게 되는데 주로 심한 상하운동을 요구하는 운동이나 딱딱한 노면을 장시간 뛰는 육상 선수에게서 피로성 골절이 발견된다. 또한 골프 선수도 충분한 준비운동을 하지않고 장시간 경기를 계속하게 되면 늑골이나 쇄골 등에 국부적인 스트레스가 누적되어 피로성 골절이 발생할 수 있다.

2) 맛사지 및 병행요법

딱딱한 땅에서 장시간 달릴 때에는 충격을 흡수하는 신발을 착용하는 것이 절대 필요하다. 가벼운 경우에는 피로성 골절의 증세가 나타나는 주변의 근육과 가동관절을 중심으로 근육 맛사지와 관절 맛사지를 병행한다. 증상이 심한 경우에는 냉각요법과 같이 얼음 맛사지, 스포츠 맛사지를 한다.

피로성 골절의 증세가 보이면 우선 안정과 고정이 필요하며, 운동을 중지하고 테이핑이나 부목 등으로 고정을 해야 한다. 목이 아프거나 열이 발생되면 증상이 상당히 진행되고 있는 증거이기 때문에 정규의료처리를 받는 것이 바람직하다.

회복기에는 하지 전체의 근육, 특히 대퇴사두근과 비복근을 강화시키는 트레이닝이 필요하다.

10. 신경통

1) 증상과 원인

이 증세는 스포츠 선수에게 많이 발생한다.

요추이탈 및 추간판 탈출로 인해서 발생하는 좌골 신경통, 그밖의 늑간신경통, 상지신경통 등 신경통 증세는 통증 뿐만 아니라 저리고 때로는 정신적 불안증상까지 초래한다. 신경통 증상 발생요인은 어느 경기종목에서도 배제할 수 없다.

신체가 불균형한 자세의 선수에게서 많이 찾아볼 수 있으며, 따라서 경기력 향상에 많은 지장을 초래한다. 좌골 신경통의 경우에는 둔부에서 대퇴부에 걸쳐 통증이 나타나는데 L_4의 이상으로 인한 건반부, L_5의 이상으로 인한 하지 측부, S_1 이상으로 인한 하지 후반부의통증으로 구분할 수 있다.

상지의 경우에는 압박증세가 원인이 되는 수가 많은데 팔로 분포되어가는 신경이 압박되어 통증이 유발되고 저린 증세가 나타난다. 더우기 손 전체가 아프고 힘이 없어진다. 늑간신경통은 등에서 가슴의 늑골을 따라서 나타나는데 호흡시에 늑간에 통증이 오기 때문에 호흡장애를 일으키며, 제5~제9늑간에 가장 많다. 또 늑추관절의 압박증상이 원인으로 늑간에 따라서 통증이 나타나는 경우도 있다.

2) 맛사지 및 병행요법

신경통 증상에는 따뜻한 온돌방에서 휴식을 취하며 온열요법과 맛사지를 병행하면 매우 좋은 효과를 볼 수 있다. 하지만 단기간의 맛사지로 만족해서는 안되며 여러가지 복합적인 요법을 병행하여 장기적으로 행하는 것이 바람직하다.

혈도자극이나 스트레칭 및 교정체조가 필수적이며, 늑골에 의한 장애 때에는 늑골 테이핑법을 행하면 통증이 감소될 수 있다.

11. 어깨통증

1) 증상과 원인

스포츠 상해에서 어깨에 대한 장애는 야구, 수영, 배구, 테니스, 육상경기 등의 선수에게서 찾아볼 수 있다. 야구의 경우 볼을 던질 때 상지의 굴신이 가해져 급격한 어깨의 회선이 일어난다. 어깨의 회선에 관계하는 견관절의 뒤측에서 견갑골에 걸쳐 근육의 경결과 압통이 일어나기 시작하며, 장기간에 걸친 회선동작의 연속으로 볼을 던질 때마다 어깨에 통증이 나타나게 되고 나중에는 운동장애까지 이른다.

수영, 특히 자유형이나 접영 선수의 경우 어깨의 굴곡외전 운동에서 무리하게 내선운동을 반복하여 견관절의 앞쪽에 있는 오구상완 인대의 손상이 발생하고 견관절 앞쪽은 통증이 발생한다.

배구선수는 강한 스파이크 동작의 반복으로 인하여 발생되고 테니스 선수는 서브 동작 때 강한 스핀으로 어깨회선 운동과 주관절 신전운동이 계속되면 주관절 상해 뿐 아니라 어깨에 대한 장애가 발생한다. 이 경우에 어깨의 회선동작에 관계하는 극하근, 소원근, 대원근, 광배근 등에 통증이 나타나며 견관절의 뒤 가장자리부터 견갑골 뒤측으로 압통, 경결, 운동통증을 호소한다. 또한 테니스 엘보우를 앓고 있는 선수는 어깨장애가 동시에 나타나는 경우가 대부분이다.

이와같이 스포츠 선수의 어깨 장애는 거의 모두가 무리한 동작을 지나치게 사용하기 때문이라는 것을 알 수 있다. 장애가 악화됨에 따라 견관절 주위의 근육은 경직현상이 나타나며, 어깨나 팔의 근력도 저하되고 손이 나른해진다. 때로는 손의 마비증세가 나타날 수 있으며, 심한 경우에는 견갑골의 좌우 위치가 비대칭으로 변위되고 견갑골을 움직이는 근육도 굳어진다. 또 흉골과 쇄골을 연결하는 흉쇄 관절의 운동기능이 저하되면 어깨의 동작이 더욱 나빠지고 투구 동작에 지장을 초래한다.

어깨운동은 견갑상완관절의 운동을 중심으로 흉쇄관절, 견쇄관절, 견갑골 등 자체의 움직임이 종합되어 부드러운 동작이 되는 것이다. 또한 50대에 나타나는 견비통으로 오십견이라는 것이 있다. 무심코 어깨나 팔을 움직였을 때 뚝 하는 소리를 느끼면서 통증을 느끼고 팔과 어깨의 동작이 부자연스럽게 된다.

소위 오십견이라고 하는 것은 두 종류가 있는데 첫째는 강한 통증을 수반하는 것으로 근육이나 건, 신경이라는 연한 조직의 유착에 의해 생기며 견관절 주위염이라고도 한다. 둘째는 언 어깨라 불리우며 관절 자체에 석회질이 침착하거나 변형이 있어서 어깨의 가동성이 상실되는데 이것은 통증을 수반하지 않는다.

2) 맛사지 및 병행요법

우선 상완부 근육의 힘을 빼고 상완 이두근과 상완 삼두근을 중심으로 오일 맛사지로서 근육을 가볍게 풀어준다. 다음에 삼각근, 대흉근을 역시 경찰법, 유념법을 사용해서 맛사지한다. 이어서 견갑상부를 어깨로부터 목에 이르기까지 손가락으로 주무르고 어깨관절 뒤측에서 견갑골에 걸쳐 역시 손가락으로 주무른다.

어깨 통증은 상완과 견갑골 뿐만의 문제가 아니므로 이 부분만 처리를 해서는 별 의미가 없으며 관절 주위의 상태를 총합적으로 보아야 한다. 야구나 테니스 선수의 시합 후 처치법으로는, 우선 10분 내지 20분 정도의 냉각을 필요로 하며, 압박 및 고정요법은 별 의미가 없다. 냉각 후에는 어깨 주변을 근육 맛사지와 임파 맛사지로 신중하게 다루어야 한다.

병행요법으로는 봉체조를 이용한 스트레칭이 있으며, 길이 1.3m정도의 봉을 양손으로좌우 끝을 잡고 양발을 어깨 폭 정도로 벌리고 상태가 양호한 팔로 장애부위의 팔을 밀어올려서 근육이 굳어진 것을 스트레칭 한다.

맛사지나 스트레칭 후에는 아령 운동 등으로 어깨 주변 근육의 근력강화를 꾀한다. 견에도 맛사지 요법이 좋은 효과가 있는데 언 어깨에는 효과를 기태하기 어렵다.

12. 주관절통

1) 증상과 원인

팔꿈치 장애라면 테니스 엘보우를 떠올릴 만큼 테니스 선수에게는 주관절 장애가 많이 발생한다. 테니스선수의 운동장애 중 10% 정도가 팔꿈치 장애라고 해도 좋을 정도로 문제는 심각하며, 팔꿈치 장애는 거의가 팔 전체의 비틀림 과정에서 발생되는 증상이며 이는 테니스 선수에게만 한정된 것은 아니다.

야구의 경우도 어깨 상해가 팔꿈치 장애로 진전되는 예가 있으며, 검도나 육상선수에게서도 그 증세를 찾을 수 있다. 유도와 레슬링 선수는 주관절을 굴곡시킨 상태에서 경기를 하기 때문에 비틀림에 의한 상해보다도 팔꿈치가 변형되어 통증의 증상이 발생한다.

어느 것이나 팔꿈치에 통증이 발생되는데 장애 방향으로 운동을 하게 되면 더욱 심한 통증을 느끼게 된다. 부기가 생기며, 근육이 굳어지고 어깨 뒤측까지 장애가 진행되는 경우가 많다. 팔꿈치와 어깨는 일련된 것으로 생각하는 것이 좋을 것이다.

테니스 엘보우는 테니스 선수에게서 처음 발견된데서 명칭이 붙여졌다고 하며 증세는 요골 신경통, 정중신경통, 척골 신경통 등 세가지 유형으로 진행된다.

2) 맛사지 및 병행요법

전완에서 팔꿈치까지 경찰법과 유념법 등으로 맛사지를 하는데 특히 요골과 척골 부위의 굴근올 위주로 행한다. 팔꿈치 부위는 손가락으로 잘고 꼼꼼하게 파주면서 행하는 것이 좋으며 동시에 상완을 부드럽고 가볍게 맛사지 한다. 전완의 굴신작용근육이 전체로 굳어지고 긴장되어 있기 때문에 양손을 깍지끼고 손바닥을 밖으로 뒤집어서 팔꿈치를 펴는 신전운동의 스트레칭을 병행하며, 봉체조 등 팔꿈치를 신전시키는 모든 동작을 행하는 것이 효과적이다.

13. 손목통증

1) 증상과 원인

경기중에 순간적 실수로 손목상해가 발생되는 경우가 많은데 대개 뼈에 대한 상해이다. 염좌라면 그다지 큰 문제가 되지 않는데 탈구나 골절이라면 X-ray로 상태를 확인해야 한다. 레슬링, 유도, 핸드볼, 야구, 탁구, 테니스, 골프 등의 경기선수들이 통증을 호소하는 경우가 많다.

손목을 반복해서 사용하는 경우에 피로가 누적되어 통증을 느끼게 되는 수도 있다.

2) 맛사지 및 병행요법

4개의 손가락을 사용하는 사지경찰법과 사지유념법을 주로 행하면서 중상외 경직화를 제거하고 또한 온열요법을 시행한다. 테이핑을 하고 함부를 높은 곳에 위치시키는 거상 또한 중요한 구급요법이다.

냉각요법은 환부에 열이 있을 때 행하도록하고 손목의 유연성을 위해 가벼운 스트레칭도 효과적이다.

14. 수지골 염좌

1) 증상과 원인

배구선수 스포츠 상해 중에 가장 많이 발생하는 것이 수지골 염좌이며, 25%라는 통계는 4명중 1명에게 수지골 염좌가 발생한다는 것으로 심각한 문제이다. 다음으로 핸드볼 선수 23%, 야구선수 20% 순인데 야구선수는 배구선수와 핸드볼 선수와는 달리 염좌에 골절이 수반된다는 점이 있다. 야구선수에 있어서 오른손잡이 선수는 오른 손가락의 약지와 왼손가락의 엄지가 염좌를 가장 많이 발생시킨다고 한다.

지골 염좌는 여러가지 증상이 있는데 운동선수에게서 많이 볼 수 있는 것은, 관절 자체에는 이상이 없고 인대 손상이 나타나는 경우, 염좌가 탈구까지 순간적으로 진행된 경우, 또는 외력이 강하게 작용하여 골절되는 경우 등이다. 지골 염좌시에 가장 많이 볼 수 있는것은 손가락 측부인대의 손상이다.

손가락 측면으로부터 심한 외력을 받아서 반대쪽으로 젖혀졌을 때에나 손가락 측방에서의 충격으로 인대가 손상되는 경우가 많다. 또한 염좌는 그 과정에 따라 1도(가벼운 통증으로 경기에는 지장이 없다), 2도(다른 손가락에 비해 손가락이 유동성이 많고 통증을 느낀다), 3도(부분관절의 동요가 크며, 통증이 심하고 붓거나 열을 발생한다) 염좌로 구별하는데 맛사지는 1도 내지 2도 염좌까지의 처치가 중심이 되며, 3도 염좌시에는 정규 의료처리가 필요하다.

지골 염좌는 1도의 단계에서 완전 처치하지 않으면 운동이 되풀이 되면서 2도, 3도까지 그 증상이 악화된다. 배구선수나 축구의 골키퍼 선수는 엄지 내측에, 스키 선수는 중지를 손상하는 등 스포츠 특성에 따라 상해부위도 다양한데 어떠한 경우라도 1도에서 2도 염좌단계에서 완전히 처치해 주는 것이 무엇보다 중요하다.

구기 종목의 운동선수에게는 지골 염좌가 심각한 상례라는 것을 인식하고, 불완전한 상해처리가 손가락의 굴신작용 등 운동기능을 둔하게 만들어 나중에는 선수생명을 해치는 결과가 되는 것을 예방하는 대책이 시급하다.

2) 맛사지 및 병행요법

지골 염좌시에는 구급처치가 중요한 관점이 되며, 우선 환부를 철저히 냉각시켜야 한다. 약 10분간의 냉각처치만으로도 그 이후의 경과가 상당히 달라지기 때문에 염좌발생 직후에 반드시 실행해야 한다.

냉각후에 부기가 빠지고 열이 가라앉으면 고정요법을 행하는데 1도와 2도 염좌시에는 테이핑법으로도 고정이 가능하지만 3도 단계라면 부목을 받치고 완전고정을 해야 한다.

다음에는 환부를 심장보다 높은 위치로 들어올리는데 실행여부에 따라서 이후의 경과가 다르게 나타나기 때문에 반드시 행해야 하며, 이상과 같이 지골 염좌시에는 냉각·고정·거상이 구급처치의 기본이 된다. 여하튼 24시간 이내에는 손가락을 심장보다 높은 곳에 두고 차갑게 냉각시키는

행동에 전념해야 하며 원칙대로 처치를 한다면 2일 정도 지나서 통증이
가라앉게 된다.

구급처치 후에 2일 정도 지나서 증상이 가라앉으면, 테이핑으로 고정한
것을 떼어내고, 약 5분간 정도 환부와 그 주변을 말절골에서 중절골,
기절골 방향으로 가볍게 임파맛사지를 하는데 통증이 느껴질 정도로
강하게 해서는 안된다. 또한 지골 염좌가 발생되면서 수근골 등 다른
부위까지 상해가 연결되었다면, 연결된 부위도 맛사지를 병행하는 것이
중요하며, 손목부위에서 심장방향으로 유도작용의 맛사지를 하면 매우
효과적이다. 또한 굳어져 있는 손가락 마디를 떼어내는 기법도 행하게
되는데 피부에 주름이 갈 정도로 수지골 마디를 조금 압축하였다가 다음에
서서히 피부에 주름이 없을 정도로 잡아당긴다. 처음에는 극히 가볍게
행하다가 차츰 가볍게 그리고 강하게 시행하여 나가는데 그렇다고 통증이
나타날 정도로 강하게 하는 동작은 안된다.

아직 완치가 되지 않았다면 운동시에 테이핑을 하는 것이 바람직하다.

15. 요통

스포츠 상해 중에서 제일 빈번하게 발생되는 것이 요통이며, 또한 유발
원인도 다양하여 내장, 맥관, 척추, 신경 등에서 발생된다.

기계적인 원인으로서 활동과 운동 또는 자세의 균형으로 약화되기도
하고 호전되기도하는 ㉮ 추간판 탈출증, ㉯ 관절염, ㉰ 골절, ㉱ 척추
불균형, ㉲ 연조직 손상, ㉳ 후천적 결함 등이 있으며, 반대로 비기계적
요인으로서 자세와 활동 또는 운동과 휴식에 관계없이 통증이 계속되는 ㉮
염증성 질환, ㉯ 감염, ㉰ 종양 침범, ㉱ 내장이나 맥관에서 연관된 증상
등이 있다. 또한 요통은 다음과 같이 급성과 만성으로 구분할 수 있다.

1) 급성요통

●증상과 원인

급성요통의 내부분은 감자기 허리를 비튼다든가 무거운 물건을 들어올릴
때 일이난다. 이때에는 갑자기 허리가 심하게 아프다든지 호흡장애가

일어날 정도로 통증이 깊어진다. 또한 통증뿐아니라 자율신경 실조병까지 병 상태가 진행되는 현상도 있다. 그렇다면 요통이 가장 빈번하게 발생하는 스포츠 종목은 무엇일까?

수영선수가 각종 스포츠 상해에서 요통의 발생 빈도가 24%라고 한다. 일반적으로 수영은 요통이 치유될 수 있는 운동의 하나라고 생각할 수 있는데 이 같은 요통 상해 원인은 무엇일까?

수영선수의 요통 원인을 조사해 보면 심한 트레이닝 때문이 결코 아니라 배근과 복근력이 약하고 불균형적 신체조건을 갖춘 선수가 많다는 것이다. 이와같은 신체에는 요추 하부로부터 골반에 이르기까지 스트레스가 쌓이기 쉽다.

인간이 직립보행을 하기 위한 중력평형을 유지하기 위하여 척추는 경부만곡, 흉부만곡, 요부만곡, 천미만곡의 4가지 적당한 S자형 만곡현상을 이루고 있다. 그리고 체형을 지탱하며 운동을 하는데에는 강인한 근육과 인대를 필요로 하는데 근피로 등으로 근육이 약해지면 정상적인 S자형의 균형이 지켜지기 어렵게 되고 척추변위가 시작된다. 척추변위는 근육과 신경 등에 압박을 주게되고 무리한 운동은 요통을 유발시킨다.

탁구선수 역시 전체 상해 발생률의 22%를 요통이 점유할 만큼 요통상해는 심각하다. 물론 민첩하고 유연한 허리의 회전이 반복되지만 요통의 발생상황은 수영과 비슷하며 레스링, 유도, 핸드볼, 농구, 야구, 체조, 럭비 종목 등도 요통의 발생빈도가 많은 편이다.

어느 구기 종목이라도 발을 축으로 하고 어깨를 회전시키는 선수는 갑자기 급격한 회전동작이나 급정지 등을 처음부터 시도하게 되면 요통이 발생하고 상황이 진전됨에 따라 운동을 포기하는 경우도 있다. 또한 한 방향으로만 허리를 사용하게 되는 골프는 준비운동을 생략하게 되면 허리와 골반의 불균형이 초래되어 결국 요통이 발생한다. 요통에서 벗어나려면 균형잡힌 생활과 적합한 운동이 중요하지만 증상 또한 올바른 파악이 필요하다.

운동선수에게 자주 발생되는 요통 증상으로는 다음과 같이 몇가지를 들 수 있다.

(1) 추간판 탈츨증

척추의 추골과 추골 사이에는 추간원판이라고 하는 연골이 있다. 젤리와 같은 물질로 항상 탄력을 유지하는 추간원판은 갑작스러운 운동이나 잘못된 자세 등으로 인해서 고장을 일으키기 쉽다.

이것이 옆에 있는 신경을 압박하게 되고 요통의 원인이 된다. 나중에는 하반신 마비 증세까지 나타나는데 이러한 요통을 예방하기 위해서는 복근력의 강화가 필요하다.

(2) 요추 분리증

선천적으로 요추가 약한 사람이 스포츠 활동에서 무리를 하게 되면 추골의 일부가 분리되기 시작하는데 이 증세가 계속되면 나중에는 완전히 분리된다.

이와 같이 되면 요통은 언제까지나 계속된다.

(3) 근육성 요통

대퇴후면부의 근육이 약한 사람은 요추와 골반의 불균형을 초래하기 쉽다. 이러한 불균형이 나중에 요통을 유발시킬 수 있다. 또한 허리 중심부에 무게중심을 많이 싣게 되는 선수는 골반의 가동성 제한으로 허리근육에 부담이 가게 되는데 이것이 요통의 원인이 되는 경우가 종종 있다. 또한 요추좌우의 근육이 불균형을 이루게 되면 이것이 요추변위를 일으켜 요통이 발생되기도 한다.

(4) 인대단열

안정을 통한 회복을 필요로 하는 상해가 인대단열인데 추골과 추골을 연결하는 인대가 외부의 강한 충격으로 인해서 단열되는 경우가 있다. 요추 역시 인대단열로 인해서 요추와 요추간 또는 타추골간의 결합기능이 약해져서 요통으로 진전된다.

(5) 선장관절 염좌

골반의 장골과 선골간 관절이 무리한 자세에 의해서 염좌가 발생될 수 있는데 가벼운 경우는 회복기에 약간의 유동성을 가하면 좋은 효과를 볼 수 있지만 자칫 만성화될 우려가 있으므로 주의가 필요하다.

• 맛사지 및 병행요법

우선 행해야 할 것은 급성요통이 발생하면 안정을 취하게 하고 열이 있거나 배탈이 나면 엎드려서 허리부위를 10분내지 20분 정도 냉각처치 한다. 회복기에는 온열요법과 맛사지를 행하게 되는데, 맛사지는 허리부위만 한정되는 것이아니라 등과 둔부 등 요부의 근육과 연결되는 근육도 같이 부드럽게 풀어주는 것이 좋다.

경우에 따라서는 자기맛사지(Self Massage)를 할 때가 있는데 허리부위는 시행이 힘들기는 하지만 각종 기구를 이용하면 보다 쉽게 행할 수 있다.

등받이가 달린 의자에 허리를 대어 이용하거나 주먹을 쥐고 중수골이나 지골 등을 사용하여 누르거나 주무르는 방법을 행하면 된다. 또한 요통체조를 병행하면 더욱 효과적이다. 요통체조는 굳어진 근육을 이완시키며 복근을 강화하고 골반에서 요추에 걸쳐서 척추의 배열을 정리하는 효과가 있다.

옆으로 누워 있을 때에는 양 무릎을 60° 정도 구부려 편안한 자세로 취하는 것이 좋으며, 뒤로 젖히는 자세는 피해야 한다.

엎드린 자세에서는 배 밑에 쿠션 역할을 해주는 수건이나 납작한 베개 등을 넣는 것이좋다. 또 의자에 앉을 때에는 등을 바싹 붙여 앉아서 허리부위에 틈을 만들지 말아야 한다. 체중 이동시에는 허리를 붕대로 고정하는 것이 좋으며, 불안정한 상태에서는 통증이 약화되기 보다 오히려 증세가 악화될 수 있다. 여하튼 급성요통시에는 안정과 고정이 필수적이다.

2) 만성요통

• 증상과 원인

척추와 척추 사이의 완충작용을 하는 추간원판은 20대부터 탄력이 저하되기 시작하며 복원력이 약해진다. 노화기에는 추간원판이 협착되거나 갑작스러운 운동 등으로 처지는 경우도 있는데 터진 내부 물질이 밖으로 흘러나와 옆에 있는 신경을 압박하여 요통이 발생되고 좌골신경통으로 진행되는 수도 있다.

추간원판에 관계되는 장애는 30대부터 40대가 가장 많은데 이것은
자신이 10대 혹은 20대의 신체라고 착각하고 육체의 노화를 잊은 채
무리한 운동을 하기 때문이다. 또는 이와반대로 청년기 때에 운동부족으로
복근, 배근이 약화되어 자세의 불균형으로 만성요통화되는 사람도 있다.

요추염좌가 발생되었을 때 정확하고 충분한 치료를 하지않고 노화된
신체에 계속 무리한 운동을 가하게 되면 만성요통으로 진행되어 나중에는
돌이킬 수 없는 후유증을 남기게된다.

척추가 정상 이상으로 만곡되어 있는 사람은 선장관절이나 요추에
변위가 발생하며 부자연스러운 압력을 받게 되어 관절 주위에 통증이
유발된다. 이것은 무리한 운동으로 불균형된 자세활동을 계속하는
선수에게서 많이 관찰되는데 언제인가는 만성요통으로 나타난다. 또한
선천적으로 요추분리증이 있는 사람은 만성요통으로 진행되는 수가 많다.

여자 선수는 시합이나 연습시에 생리통 등 생리이상이 나타날 때 허리의
운동장애를 호소하는 경우가 종종 있다. 요부와 복부는 극히 밀접한
관계를 유지하고 있으며, 복부내에는 생명현상에 중요역할을 하는
내부장기가 모여 있는데 이러한 내장기능에 이상이 생기면 내장체표반사
현상에 의해 요통이 발생한다.

특히 신장병이 있는 사람은 만성요통화 되기 쉬우며 합병증으로 인해
고혈압으로 진행되기도 한다. 이와 반대로 요부에 이상이 생기면
체표내장반사에 의해서 내부장기의 기능을 약화시킨다. 요통시에는
복부를, 복통시에는 요부를 맛사지하는 경우는 이러한 연관성 때문이다.

● 맛사지 및 병행요법

맛사지 방법은 일반적으로 급성요통시의 방법과 같으며, 다만
장기적이고 지속적인 시행을 필요로 한다. 즉, 구급처치적 방법보다는
장기적으로 회복을 도모하는 방법을 선택해야 한다는 것이다.

습관적으로 요추염좌가 발생하는 사람은 회복기에 있어서 무리한 운동은
절대 금물이며 완전히 치유가 될 때까지 허리를 고정하는 것이 좋다.
그리고 항상 올바른 자세로 요추에 무리한 부담을 주지 말아야 한다.

일상생활에서도 물체를 들어 올릴 때에 요통의 예방적 차원에서

자세변화에 주의하여야 한다. 무릎을 굽히지 않고 무거운 물건을
들어올리게 되면 허리와 등, 대퇴부 근육에 부담을 주게되어 자칫
요추염좌가 발생하기 쉬우므로 가능한한 무릎을 굽히고 물체를 신체에
가깝게 하여 끌어올린다.

이렇게 하면 목, 허리, 무릎 중심의 균형이 잘 맞아 허리를 다치는 경우가
적어진다. 그리고 어차피 만성요통증세가 있는 사람은 무거운 물건을
들어올리는 일을 가능하면 피해야한다. 요통시의 맛사지는 둔부 맛사지와
복부 맛사지를 병행하면 더욱 효과적이다.

16. 슬관절통

● 증상과 원인(Ⅰ)

스포츠 선수는 요통과 함께 피할 수 없는 관문이 슬관절 상해이다.
목이나 허리와 함께 무릎은 직립보행의 균형을 취하는 중요부분이기
때문이다. 더구나 슬관절부는 인체구조학상 극히 복잡하고 고장도 잦은
편인데, 인대 손상뿐 아니라 연골장애 등 여러가지 상해가 발생 한다.

슬관절부 상해가 발생하기 쉬운 스포츠는 스키, 농구, 배구, 레슬링,
유도, 축구 등을 들 수 있으며, 어떤 운동이든 급격한 방향전환이나 점프 및
착지, 급격한 회선운동이나 외부의 강한 충격으로 인해서 슬관절 상해가
발생되기 쉽다.

슬관절부에는 많은 인대가 뻗어있고, 또 많은 근육이 대퇴와 하퇴를
연결하며 관계하고 있다. 이 중에 슬관절을 고정시키는 중요한 역할의
십자인대가 손상되는 일이 대단히 많으며, 연골성의 관절반월을
손상시키는 상해도 발생되기 쉽다.

● 맛사지 및 병행요법

구급처지적으로는 안정과 냉각이 우선이며, 철저히 냉찜질을 하도록
하고 관절의 유동성을 제한하기 위해서 슬관절부 테이핑을 하는 것도
유효하다. 회복기에는 온냉교체욕과 함께 무릎 주변의 근육과 아울러
하퇴의 비복근도 같이 맛사지 한다. 가벼운 트레이닝시에나 일상의

보행시에는 보조대를 착용하는 것이 좋으며 연습이나 시합 때에는 반드시 테이핑을 하는 것이 안전한다.

일단 슬관절 장애가 발생하면 어떻게 해서든지 대퇴사두근의 근력강화가 필요한데 그렇다고 해서 슬관절에 부담이 가는 트레이닝은 금지한다. 예를 들면, 의자에 앉아 슬관절을 완전히 신전시킨 상태에서 몇초 정도씩 유지하는 동작을 약 10회 내지 20회 정도씩 실시하면 대퇴사두근 강화에 도움이 된다.

● 증상과 원인(Ⅱ)

점프 때에는 슬관절의 굴신작용이 심하게 반복됨으로 슬개인대가 염증을 일으키기 때문에 점핑시에 심한 통증이 무릎으로 전달되며, 증상이 심할 때에는 신전작용시에도 통증이 수반된다. 농구나 배구 등과 같이 점프나 대시(돌진, 전력질주)가 계속되는 스포츠 선수에게서 많이 나타나는 증상이며, 또한 육상의 중장거리 선수는 달리기의 반복으로 무릎관절 변화에 의해 종종 나타나는 상해증상이다.

딱딱한 바닥을 장시간 달리면 그 딱딱한 충격이 직접 무릎에 전달되고 이것이 계속 되풀이 되면서 무릎 관절 연골에 장애가 발생된다. 달릴 때에 자주 무릎에 통증이 생기며 방치하면 심한 통증으로 슬관절의 굴곡장애가 발생하는데 이 경우는 아킬레스건이 굳어지며 약화되어 딱딱한 지면에의 충격이 무릎으로 바로 전달되기 때문이다.

아킬레스건 뿐 아니라 직립자세를 유지하려는 모든 근육이 약해지면 무릎에 부담이 가중되어 슬관절 장애가 발생하기 쉬운데 어느 증상이든 제1기에서 제2기과정으로의 상해 진행을 방지하는 것이 중요하다. 제2기, 제3기 과정으로 진행되어 버리면 회복 가능성이 사라질 지도 모른다.

● 맛사지 및 병행요법

일단 증상이 나타나면 가벼운 맛사지를 행하며 동시에 대퇴 전면부의 근육강화와 후면부의 근육스트레칭을 시행한다. 점프동작이 있는 운동이나 딱딱한 바닥을 달릴 때에는 가능한한 충격흡수가 잘되는 신발을 착용해야

하며 증상이 나타난 후에는 운동전에 항상 따뜻한 물수건으로 온열요법을
행해야 한다.

● 증상과 원인(Ⅲ)

성장기 어린이의 무릎에는 골단인골이라는 부드러운 뼈가 있으며, 이
연골이 성장하는 동안은 신장발육이 되는데 성인이 되면 신장의 성장이
정지되면서 이 연골의 성장도 정지된다. 따라서 한참 성장하는 시기에
무리한 운동을 하면 슬개인대는 염증을 일으키고 골단연골에 장애가
발생한다.

소년축구나 소년야구 등에서 승부 우선으로 무리한 트레이닝이나 시합
등으로 피로가 무릎관절에 많이 쌓이고 골단연골에 장애가 발생되는 예가
있으므로, 8세내지 15세 정도의 어린이에 대해서는 승부근성과 강한
트레이닝 스포츠장애의 원인이 된다는 점에 유의하여 성장기의
어린이에게는 절대로 무리한 운동을 시켜서는 안된다.

● 맛사지 및 병행요법

이 증상이 나타나면 우선 안정이 최우선이며, 물론 달리기와 점프는
금물이다.

무릎에는 보조대를 착용하거나 테이핑을 하는 것이 좋은데 혈액순환
장애가 일어날 정도의 강한 테이핑은 오히려 부작용이 있다.   회복기에는
가벼운 맛사지를 하면 효과를 볼 수 있다.

17. 족통

1) 증상과 원인

소위 편평족통이라고 불리우는 증상이 있으며, 발바닥의 아치형이 편평하게 되면 족저통이 발생하기 쉽다. 장시간 체중을 얹은채로 직립자세를 유지하게 되면 발바닥의 아치가 낮아지며 피로하기 쉽고 발목이나 발바닥이 붓거나 통증이 발생한다.

이 증상은 육상경기의 마라톤 선수에게서 많이 찾아 볼 수 있으며 장비골근, 단비골근이 약해지면 점프를 하는 근력이 약해져서 나중에는 발바닥의 아치가 낮게 된다. 이와같이 되면 발바닥이 지면을 차는 힘이 약해지고 족저통이 나타나는 원인이 된다.

종골건의 염증이 원인이 되는 경우도 있으며, 여하튼 하퇴근의 운동기능 장애는 족통을 유발시킨다. 편평족이 되면 발가락 뼈와 뼈 사이에 스트레스가 가해져 뼈 내부의 균열로 피로성 골절을 발생시키게 된다.

2) 맛사지 및 병행요법

발목에서 하퇴에 걸쳐서 경찰법을 행하며, 발바닥의 중앙부를 양모지로 압박하고 경골내측에서 말단부인 복숭아뼈 뒤쪽을 거쳐 발바닥까지 주로 모지로 맛사지 한다. 딱딱한 노면을 달리는 장거리 주자는 충격을 발에 전달하지 않는 충격흡수가 좋은 신발을 신는 것이 중요하며 경기 후에는 냉각요법을 행한다.

다음에는 가벼운 맛사지를 하고 피로성 골절을 방지하기 위해서 테이핑을 하는 것이 좋다. 또한 비복근의 스트레칭으로 발뒤꿈치를 아래로 향하게 하는 동작이 필요하다.

제 2 편
신 체 교 정 학

제 8 장   신체교정학

1. 신체교정학이란

신체교정은 신체운동균정술의 한 분과이고, 하나의 학문으로써 "좋은 건강은 정상적으로 기능을 발휘하는 신경체계에 부분적으로 의존한다"는 전제에 바탕을 두고 있다.

세포나 기관같은 신체구조는 정상적으로 기능을 발휘할 때 건강상태나 정상적인 생체기능이 나타난다고 한다. 그렇지만 신체의 생리기능이 비정상적일 때, 질병 상태가 시작된다. 그래서 비정상적인 생체기능때문에 결국 비정상적인 기능이 일어나서 질병에 걸리기 쉽게 된다.

척수는 척주(등뼈)에서 나오는 31쌍의 척수신경을 가진다. 신경체계(뇌와 척수)의 가장 정교하고 중요한 기관들은 두개골과 척추로 이루어진 단단한 뼈의 덮개로 싸여 있다. 인간은 직립동물로서 진화해 왔고, 척추는 직립자세를 위해 보호, 가동성 및 체중을 지탱하는 지주를 제공하는 놀라운 적응을 겪었다. 특히 척추는 척주에서 나온 정교한 척수와 척수신경을 보호한다. 신경체계에 대한 자극은 척추생체역학이 손상되어 원활히 기능을 발휘하지 않을때 일어날 수 있다.

신체내에는 좋은 건강상태로 유지하도록 설계된 안정된 "생존 기제"가 있다. 이 타고난 지능은 신체에서 그 존재를 알아차리지 못할 때라도 항상 신체에서 작용하고 있다.

예를 들면 심장에게 몇 번 박동하라고 명령하지 않아도 심장은 자율적으로 상황에 따라 알아서 박동한다. 또 신체에게 손상된 손가락에게 명령을 하지 않아도 손가락은 어느정도의 시간이 경과하면 자연적으로 치유된다. 이처럼 신체는 방해를 받지 않는다면, 스스로 기능을 발휘하며

건강을 유지할 수 있는 능력을 가지고 있다. 이것을 자연치유력이라고
한다.

신체교정학은 약이나 수술을 이용하지 않고 맛사지와 수기로 신체에
자극을 주어 자연 치유력을 촉진시켜 변위된(dislocated) 척추나 골반을
원상태로 바로 잡아서, 근·신경계통이 정상적으로 기능을 발휘할 수
있도록 해줌으로써, 개인이 완전한 건강을 누릴 수 있도록 조력해주는
신체균정요법인 것이다.

2. 건강유지의 신체교정학적 개념

건강이란 늘 변화하는 상태, 출생에서 시작하여 죽음으로 끝나는
하나의 과정으로 고려되어야 한다. 현대를 사는 많은 사람들은 건강관리의
위기때문에 그들이 받고 있는 건강관리형태에 관해서 매우 심각한 의문을
가지게 되었고, 현행 건강관리 모델의 변화될 필요성에 대하여 묻기
시작했다.

건강관리에 관한 모든 토의에서 자주 쓰이는 용어는 "유지"라는 말이다.
건강유지의 개념은 신체교정에 새로운 것이 아니다. 신체교정사들은
신경학상의 자극이 없는 신경체계를 유지시키는 것을 목표로 삼고 있다.

신체교정에서는 많은 질병 진행에 있어 그 원인과 요인을 기관이나
조직에 부적절한 신경공급에 근간을 두고 주장하고 있다.

건강관리에 있어 신체교정의 일차적인 절차는 척추의 어떠한 한곳이
기능장애를 일으키고 있는지 또는 척추의 여러곳이 비정상적인 신체동작을
일으키고 있는지를 결정하기 위하여 척추와 골반을 조사하고 평가하는
것이다. 만약 이상이 있다면, 이들 기능장애가 신경체계에 영향을 미쳐서
순응하고 기능을 발휘하는 신체의 능력을 위태롭게 할 수 있는 스트레스를
일으키는 요인들이 될 수도 있다.

신체교정학적 건강접근법은 건강에 대한 새롭고 변화하는 태도의
전형이 된다. 그것은 "병을 치료하는"데 반하여 "건강을 유지하는"개념에
기초를 두고 있다. 신체교정에 널리 보급된 기본적은 인식은 "건강한 것은
증상을 더는 것"과 다르다는 것을 이해하는 것이다.

건강은 신체에게 자연 치유력이 생겨 손상되지 않는 기능을 발휘하게 함으로써 유지될 수 있다. 고유의 기능을 다하는 신경시스템을 해쳐서 증상을 일으키기 전에 조기에 작은 척추일탈을 제위치로 바로잡는 것은 신체가 건강을 유지하는데 크게 도움이 될 것이다.

이것이 바로 건강유지의 신체교정학의 역할인 것이다.

제9장   해부학적 관점에서 본 신체교정학

I. 척추(Vertebral calumn)

1. 척추의 구분

인체골격의 중심부분으로 몸통을 받치고 있는 뼈 기둥인데 32～35개의 "추골"과 각 추골 사이에 끼워져 있는 "추간원판"이 겹쳐져 이루어진다.

- 길이는 성인에게 약 71～75cm
- 앞으로 굽어진 경부만곡, 요부만곡－2차 만곡
- 뒤로 굽어진 흉부만곡 천부만곡－1차 만곡
- 척추를 측면에서 볼 때 좌우로 각 추골궁 근부 사이에 모두 29짝의 구멍이 있는데 이를 "추간공"이라 하며 척수신경의 통로이다.

총 32～35개

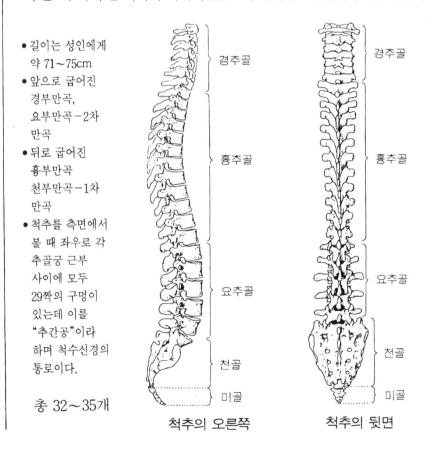

경추골
흉추골
요추골
천골
미골

척추의 오른쪽

경추골
흉추골
요추골
천골
미골

척추의 뒷면

1) 경추(cervical vertebral)

7개의 작은 경추로 구성되어 있으며 작고 넓적한 횡돌기에 혈관이 지나가는 구멍인 "횡돌기공"이 있다.

(1) 제1경추

- "환추골"이라고도 한다.
- 척추체가 없고, 극돌기도 없다.
- 환추골과 축추골 사이에는 추간판이 없고, 인대로만 연결된다.
- 환추골은 축추골의 차상돌기를 축으로 회전한다.

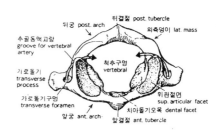

제 1 경추

(2) 제2경추

- "축추골"이라고도 한다.
- 추체 상면에 돌기가 솟아있어 "치돌기"라 한다.
- 환추의 전궁과 관절하여 두개골의 회전운동에 관여한다.

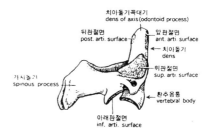

제 2 경추 우측면

(3) 제7경추

- 다른 경추에 비해 극돌기가 가장 길어 "융추"라 한다.
- 융추는 경추를 바로 잡을 때 사용되는 중요한 지점이다.

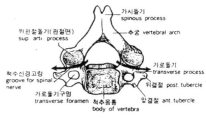

제 4 경추 위면

2) 흉추(Thorocic vertebral)

12개 흉추로 구성되어 있다.

늑 골 와－추체의 외측에 상하로 늑골두와 관절한다.

횡돌늑골와－횡돌기의 전면에 늑골결절과 관절한다.

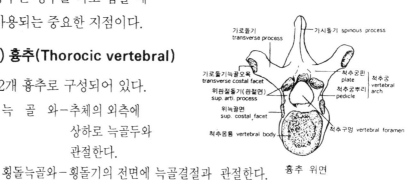

흉추 위면

3) 요추(Lumbar vertebral)

5개의 요추로 구성, 추골 중
가장 크다.
- 횡돌기에 횡돌기공이 없고
  추체에 늑골와가 없어 경추와
  흉추와의 구별을 용이하게
  한다.

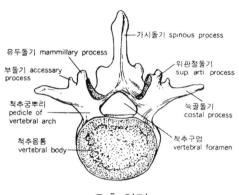

요추 위면

4) 선추(Sacral vertebral)

천골(sacrum)이라고도 하며,
3각형의 뼈로 골반의 후벽을
이루며, 5개의 천추가 뭉쳐
형성된다.
- 천골관은 천골저~천골첨까지
  세로로 관통하는 관으로
  척추관의 하방부분이다.
- 천골관의 하구를
  "천골열공"이라 하는데
  양쪽에는 작은 돌기인
  "천골각"이 경계해 있다.

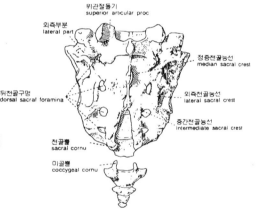

천골과 미골의 뒷면

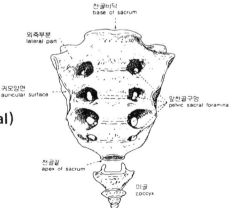

5) 미추(Coccygeal vertebral)

"미골"이라고도 하며 3~5개의
미추가 뭉쳐 1개의 미골을
형성하며, 위로 천골하단과
관절한다.

천골 및 미골의 앞면

2. 추간원판(Intervertebral discs)

추골과 추골사이에 위치하며,
망목상섬유로 형성된 강인한
섬유륜과 그 속에 쌓인 수핵으로
구성되어있다.

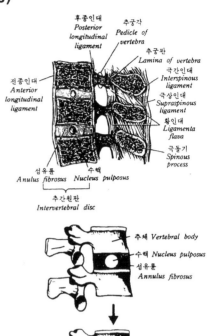

- 이는 전후굴 운동시 척추에 종으로
  걸리는 압력을 완화하는 작용(충격
  흡수 작용이 기본기능이다.)
- 추간원판의 두께는 추골의 약
  1/3이다.
- 섬유륜과 수핵은 영양혈관이
  결여되어 추체에서 연골판을 거쳐
  침투성으로 양육되므로 변성되기
  쉽다.
- 추간판이 고르게 마모되면, 나이를
  먹어도 척추는 건강하고 유연성을
  가진다.

척주의 관절과 인대

3. 척추 인대(Backbone Ligament)

```
┌─ 전종인대 : 척추전면의 인대
├─ 후종인대 : 척추 후면에서 추공의
│             전면을 하향하는 인대        ┐
├─ 황색인대 : 추궁의 후부를 하향하는 인대  ├─ 주요인대
├─ 극간인대                                │
└─ 극상인대                                ┘
    ○ 치상인대 : 후종인대에서 이어져 경추를 두개저로 연결하는 개막. 치상돌기
                 선단을 잡아당기듯한 형태
┌─ 횡인대
├─ 전후선장인대
├─ 선·결절인대    ├─ 치상돌기를 환추에 고정시킴
└─ 선·극인대
```

4, 척추의 만곡

인간의 신체는 좌우대칭이므로 뒤쪽에서 보면 척추는 똑바르지만 옆에서 보면 척추는 몸의 중심이 아니라 등쪽으로 치우쳐 있기 때문에 몸 앞쪽의 무게를 지탱하면서 직립하는데 편하도록 S자형의 만곡을 형성하고 있다.

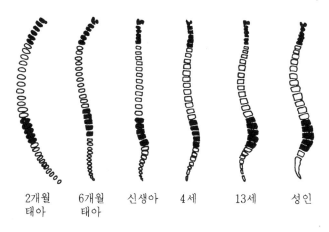

| 2개월 태아 | 6개월 태아 | 신생아 | 4세 | 13세 | 성인 |

(1) 성인의 4가지 만곡 :
- 경부만곡(Cevical Curvature)
- 흉부만곡(Thoracic Curvature)
- 요부만곡(Lumbar Curvature)
- 천미만곡(Sacrococcygeal Curvature)

생리적 만곡

(2) 경부 · 요부만곡은 앞으로, 흉부 · 천미만곡은 뒤로 향하여 S자형식 이룬다.

(3) 만곡은 신체의 중력평형의 유지를 위해 발생한다.

(4) 만곡발달의 2단계
- 1차 만곡(primary Curvature) ┬ 흉부만곡, 천부만곡
                              └ 태아 및 신생아
- 2차 만곡(Secondary Curvature) ┬ 경부만곡, 요부만곡
                                └ 유아의 앉고, 걷기부터 나타남.

대상성 만곡(Compensatory)이라고도 하며, S자 만곡의 틀이 된다.

Ⅱ. 골반(Pelvis)

2개의 관골과 천골(미골)로 구성된다.

골반은 분계선(갑각-궁상선-치골결합 상연을 잇는 선)에 의해,

┌ 위쪽의 대골반("장골익"으로 구성, 복벽의 일부를 이루고 내장을
│ 　받침)
└ 아래쪽의 소골반(골반강을 이루는데 「상구」는 분계선에 해당하며
　　　　「하구」는 좌우에 좌골결절, 앞에 치골결합, 뒤에
　　　　미골로써 경계지음)으로 구성된다.

1. 관골(Innominate bone: Hipbone)

(1) 장골(Ilium), 좌골(Ischium), 치골(Pubis) 세부분으로 구성된다.

(2) 하지대에 속하는 유대성이 큰 편평골이다.

(3) 연골결합에 의해 연결된다.

(4) 장골 : 관골의 위쪽 차지, 「궁상선」에 의해 장골체와 장곡익으로
　　구성된다.

　　　┌ 장골체-관골구의 상 2/5를 차지하는 곳
　　　└ 장골익-상방으로 넓게 뻗은 평평한 곳으로, 내면은 오목한
　　　　　　"장골와"를 이루어 장골근을 수용.

(5) 좌골 : 관골의 후하방을 차지, 좌골체와 좌골지로 구성된다.

　　　┌ 좌골체- ·관골구의 2/5 차지하며 후연에는 좌골극이
　　　│　　　　　돌출하고 이의 상하에 대 및 소좌골절흔이 있다.
　　　│　　　　·하단은 "좌골결절"을 이루어 앉을 때 체중을
　　　│　　　　　받친다.
　　　└ 좌골지-좌골결절에서 앞으로 뻗어 치골지와 연결한다.

(6) 치골 : 관골의 앞부분을 차지하며 치골체와 치골지로 나뉜다.

┌ 치골체 ─ 관골구의 1/5차지
└ 치골지 ┬ 치골체에서 앞으로 달리는 상지
　　　　 └ 좌골지와 연결하는 하지로 구성된다.

● 상지와 하지가 이행하는 곳에는 치골결합면이 있고, 반대쪽과 결합하여 "치골결합" 형성.

치골하각은 여자는 $63.3°\sim77.5°$, 남자는 $54.0°\sim58.5°$

2. 천골

(1) 위쪽은 제5요추와 연결된다.
(2) 양쪽 4쌍의 구멍으로 척수신경이 지난다.
(3) 어릴 때 5개의 조각에서 1개로 융합한다.

Ⅲ. 척추의 변위 형태

척추는 각 추골간의 인대, 근육, 추간원판에 의하여 형성된다.

이러한 척추는 독특한 관절가동범위를 가지고 있으며 이것은 위의 요인들에 의하여 이루어진다. 그러나 척추에 물리적 충격이나 좋지못한 자세 등의 병적요인이 척추 가동성을 넘어서면 척추의 국부적인 변위를 일으키게 하여 근육긴장이나 수축등을 일으켜 추골 병변을 유도하게 되어 추골의 변위와 그로인한 추간원판의 부분적 압박등 척추병변을 일으킨다.

이러한 척추병변은 어떠한 요인에 의하여 이루어졌다 하여도 그래도 방치하게 되면 계속적인 변위를 일으키게 되므로 바르게 측정하여 교정하여야 한다.

척수의 신경분포

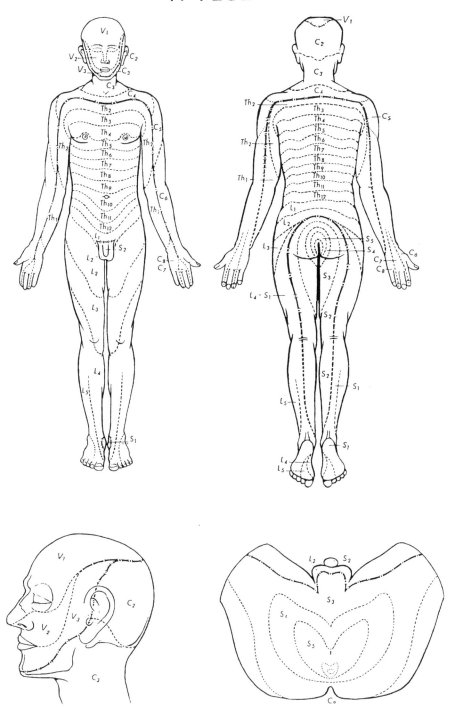

신　경		감　　각	근　　육	반　　사
C₅		상완 외측(上腕外側) 액와 신경(腋窩神經)	삼각근(三角筋) 상완이두근(上腕二頭筋)	상완이두근 전반사 上腕二頭筋 癡反射
C₆		전완 외측(前腕外側) 근피 신경(筋皮神經)	수근관절　신전(手根關節 伸展) 상완이두근(上腕二頭筋)	완요골근　반사(상완이두 근 전반사) 腕橈骨筋　反射(上腕二頭 筋 癡反射)
C₇		가운데 손가락(中指)	수근관절　굴곡근(手根關 節屈曲筋) 손가락 신전근(指伸展筋) 상완삼두근(上腕三頭筋)	상완삼두근　전반사(上腕 三頭筋 癡反射)
C₈		전완 내측(前腕內側) 내측전완피신경(內側前腕 皮神經)	손가락 굴곡(屈曲) 손의 내재근(內在筋)	
T₁		상완내측(上腕外側) 내측　상완피신경(內側上 腕皮神經)	손의 내재근(內在筋)	
T₂ ∼ T₁₂	T₄	젖꼭지	· 늑간근 · 복직근(T₅∼T₁₂)	비버의징후테스트
	T₇	검상돌기		
	T₁₀	배꼽		
	T₁₂	서혜부		
L₁		서혜부인대 바로 아래 대퇴부 전면상부	장요근(T₁₂, L₁, ₂, ₃) 대퇴사두근(L₂,₃,₄) 고관절내전근(L₂,₃,₄)	슬개건 반사 (L₂, ₃, ₄)
L₂		대퇴상부전면　비스듬히 지배 (L₁∼L₃의 사이)		
L₃		슬개골 바로 윗부분 대퇴전면비스듬히 지배		
L₄		종아리와 발 안쪽	전방경골근(前方脛骨筋)	슬개건 반사(膝蓋腱反射)
L₅		종아리 바깥과 발등	장무지 신근(長趾伸筋)	없음
S₁		발 바깥쪽	장·단 비골근(骨筋)	Achiles건 반사

1. 만곡 변위

1) 전방 만곡 변위

(1) **변위 형태** — 추간공은 위아래로 커지지만 상관절돌기(❶)에 의해 추간공이 앞뒤로 좁아진다. 추골사이의 연골판 뒷부분 ❹의 압박으로 윗 추골의 하관절돌기 ❷는 후방으로 아래추골의 상관절돌기 ❶은 추간공을 좁힌다. 극돌기 ❸은 각추골의 후부의 접근으로 좁아진다.

(2) **주변위 부위**

－경추부위(척추 전방만곡부위)
  비만자에게 많다.

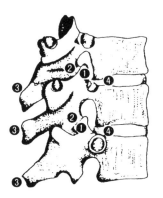

전방 만곡변위

2) 후방 만곡 변위

(1) **변위 형태**－연골판 앞부분 ❹가 좁아지고 각 극돌기 ❸은 벌어지게 되며, 추간공의 위아래는 확대되나, 앞뒤는 각 추골의 하위관절돌기와 연골판의 후부돌출로 좁혀진다.

(2) **주변위 변위**－흉부부위(고양이등)

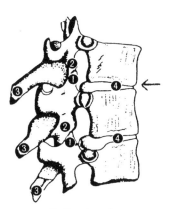

후방 만곡변위

3) 측방만곡 변위

(1) **변위 형태**－추간 연골판의 측방 ❶압박으로 압박된 쪽의 횡돌기 ❷는 가까워지고 반대쪽 ❸은 넓어진다. 변위된 추체의 추간공은 아래위 공간이 좁아진다.

(2) **주변위 부위**－한쪽 몸을 많이 쓰는 경우 많이 나타난다.

<blockquote>
경부－목에 염좌가 오거나 흉쇄유돌근
     경련의 경우
흉부－한쪽 팔을 지나치게 사용하는 경우
     초기－C자형 만곡(흉부)
     후기－S자형 만곡(경부~선골부)
</blockquote>

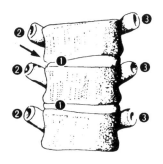

측방만곡 변위

2. 전 · 후 · 측 · 하방 변위

1) 전방 변위

(1) 변위 형태 — 위쪽의 추골이나 아래쪽의
추골보다 전방으로 변위되는 형태로 변위한
상관절돌기 ❶이 위쪽의 추간공 ❷의 앞뒤
공간을 좁힌다.

(2) 주변위 부위

● 환추 — 측부인대의 탄력저하가 추체를
  전방으로 변위(미세한 변위)
● 습관적 전굴자세 — 연골판의 전방을 압박,
  탄성을 잃게 한다.
● 후방 변위나 오진하기 쉬운 변위

전방 변위

2) 후방 변위

(1) 변위 형태 — 변위된 추골의 극돌기 ❶이
다른 추골보다 후방으로 변위되고, 변위된
추골의 하관절돌기 ❷가 밑의 추골, 상관절돌기
❸위에서 후방으로 변위되어 추간공 ❹의
앞뒤의 공간을 좁힌다.

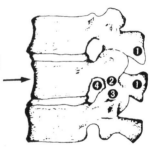

(2) 주변위 부위

● 요추부에서 많이 나타난다.
● 습관적 전굴 자세에서 나타난다.

후방 변위

3) 측방 변위

(1) 변위 형태 — 변위된 추골이 비틀어지거나
경사짐이 없이 추골이 좌우 어느 한쪽으로
변위된 상태로 변위된 추골의
횡돌기 · 극돌기는 다른 추골의 좌 · 우 옆으로
돌출되어 추열을 벗어난다.

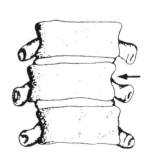

(2) 주변위 부위

● 한쪽으로만 몸을 쓰는 사람이 많이 나타난다.
● 흉추 제10번-제12번에서 많이 나타난다.
● 경추 — 회전에 의해 약간 생긴다.

측방 변위

4) 하방 변위

(1) 변위 형태 – 연골판 ❶ 두께가 얇아져
추골전체가 내려앉은 상태로 추체사이의
추간공이 현격이 좁아진다.

(2) 주변위 부위

● 요추 – 가장 많이 나타난다.

● 경추 – 드물게 나타난다.

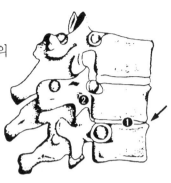

하방 변위

5) 전 하방 변위

(1) 변위형태 – 변위된 추골의 앞부분 ❶이
밑의 추골의 앞 부분을 압박하고 변위부 추골의
상관절돌기 ❷는 전상방으로 변위되어 윗쪽
추간공의 공간을 좁힌다. 극돌기 ❹는
후상방으로 변위되어, 변위추골의 윗 추골
극돌기와 가까워진다. 횡돌기는 양쪽이 같은
정도로 상방으로 변위된다.

(2) 주변위 부위

● 흉추 – 가장 많이 나타난다.

● 습관적 전굴자세 – 연골판 전방을
압박하여 탄성을 잃게 된다.

● 후방변위와 오진하기 쉬운 변위

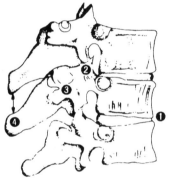

전 하방 변위

6) 후 하방 변위

(1) 변위 형태

변위된 추골의 뒷부분 ❶의 연골판을
압박하고 변위추골의 하관절돌기 ❷는
아래추골의 상관절 돌기에 대해 밑으로
이동하여 추간공의 간격을 좁힌다. 횡돌기와
극돌기 ❸는 후하방으로 변위된다.

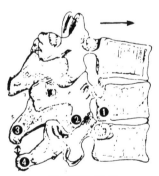

후 하방 변위

(2) 주변위 부위 　　●하부 흉추, 요추부

　　　　　　　　　　●높은 곳의 낙하 충돌

　　　　　　　　　　●복부하수가 된 사람에게 많이 나타난다.

7) 좌·우 후방 변위

(1) 변위 형태

　변위된 추골의 극돌기가 척추열에서 벋어나
한쪽으로 회전하여 한쪽 횡돌기는 전방 또 다른
횡돌기는 후방으로 변위된 상태

　　　　　좌 후방변위 – 좌횡돌기 후방

　　　　　우 후방변위 – 우 횡돌기 후방

(2) 주변위 부위

　　　●척추의 모든 부위에서 발생된다.

　　　●흉추 – 가장 많이 나타나며, 지나친 회전시 생긴다.

　　　●경추 – 측방 변위시 나타난다.

좌·우 후방 변위

8) 좌·우 하방 변위

(1) 변위 형태 – 변위된 추골밑의 연골 좌측의
압력 때문에 변위측 횡돌기는 밑의 횡돌기와
가까워지고, 위의 횡돌기와 벌어진다. 또, 우측
횡돌기는 위의 횡돌기와 가까워져 하위
횡돌기와 멀어진다.

　신체의 이상발생 부위(지나친 충돌,
직접적인 손상부위에서 추골 한쪽 인대가
긴장하므로 연결 부위의 추골이 가까워져
생긴다)

좌·우 하방 변위

　(2) 변위의 특징 – 극돌기와 횡돌기가 한쪽으로 치우쳐 변위되어 추체는
압박된 쪽으로 내려앉고 반대쪽은 연골부위가 두꺼워져 자연증대 현상이
나타남.

제10장 신체교정학의 관찰법

Ⅰ. 척추 신경지배와 병변테스트

◎ 경부·흉부의 신경학적 레벨

1. C₅의 신경학적 레벨

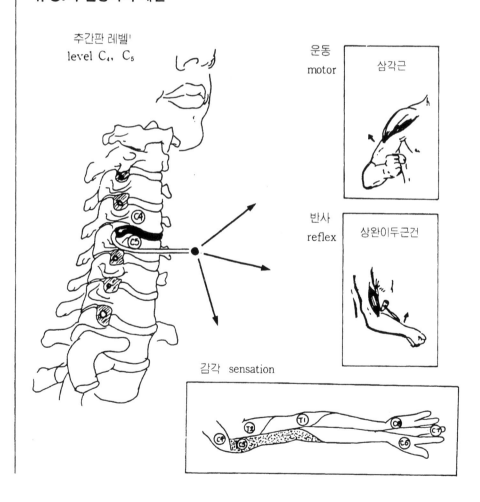

추간판 레벨
level C₄, C₅

운동
motor

삼각근

반사
reflex

상완이두근건

감각 sensation

1) 감각검사

(1) 팔의 외측(액와신경, axillary nerve)

어깨에서 팔굽까지 팔의 외측의 피부감각을 지배한다.

액와신경의 가장 순수한 감각지배 영역은 삼각근 외측부위의 감각을 지배한다.

2) 운동 검사

(1) 상완이두근(biceps)과 삼각근(deltoid)을 지배한다.

- 상완이두근($C_{5,6}$: 근피신경 : musculocutameous nerve)

견관절과 주관절의 굴곡근, 전완의 회의근 레벨의 정상 결정 여부는 상완이두근의 주관절 굴곡만을 테스트 한다.

◈ 검사방법

① 환자의 앞에 서서 팔의 주관절 근위부를 고정, 후면을 감싸쥔다.

② 전완(torearm)은 회의(supination) 상태로 유지한다.

③ 환자가 팔을 45° 정도 구부릴 때까지 저항을 가한다.(환자가 이겨내기 가능한의 최대의 저항)

(2) 삼각근(C_5: 액와신경 : axillary nerve)

┌ 전삼각근 : 견관절 굴곡(shoulder flexion)
├ 중삼각근 : 견관절 외전(shoulder abduction)
└ 후삼각근 : 견관절 신전(shoulder extension)

◈ 검사방법

① 환자의 뒤에 서서 견봉 고정한다.

② 고정한 손을 약간 외측으로 미끄러뜨려 견갑대를 고정하면 삼각근의 중앙부 촉지가 가능하다.

③ 환자 팔을 90°로 구부려 옆으로 벌리게 하고, 팔을 벌리면 이겨낼 수 있을 정도의 저항을 준다.

3) 반사 검사

(1) 상완이두근 반사(biceps reflex)

　　C_5의 신경학적 레벨의 정상 여부를 알 수 있는 척도이다.

❖ 검사방법

　① 환자의 팔을 검사자의 전완으로 걸치고 손은 팔굽의 내측 아래로
　　넣어 편하게 잡는다.

　② 엄지 손가락은 주관절 주와에 있는 상완이두근 건위에
　　올려놓는다.

　③ 상완이두근을 찾은 후 환자의 팔굽을 약간 구부린다.(상완이두근
　　건이 느껴지게 됨)

　④ 환자의 팔에 힘을 빼게 한 후 상완이두근 위에 놓은 엄지손가락의
　　손톱 위를 반사함마의 뾰족한 쪽으로 살짝 때린다.

2. C₆의 신경학적 레벨

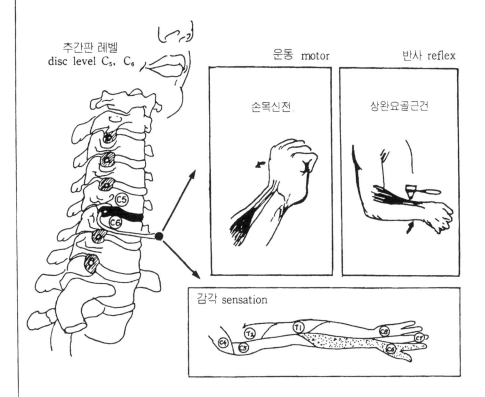

1) 감각검사

(1) 전완의 외측(근피 신경, musculocutameous nerve)

전완 외측의 감각 지배하고 모지, 시지, 중지의 절반을 지배한다.

2) 운동 검사

(1) 수근관절 신전근, 상완이두근 지배

가) 수근관절 신전근(wrist extensor group) : C₆(요골신경, radial nerve)

- 요골측 신전근~장요측 수근신근(extensor carpi radialis longus, C₆)
- 척골측 신전근~척측 수근신근(extensor carpi ulnaris, C₇)

◈ 검사방법

① 전완을 고정한다.

② 환자의 손등 위에 검사자의 손바닥을 감싸쥔 후,

③ 손목을 뒤로 젖히게 하여 완전히 젖혔을 때 손등 위에 올린 손으로 저항을 준다.

④ 환자의 손목을 굽히는 쪽으로 힘을 주어도 뒤로 젖힌 손목을 굽힐 수가 없으면 정상이다.

나) 상완이두근 : C_6(근피신경, musculocutaneous nerve)

주로 C_5가 지배하며, 부분적으로 C_6이 지배한다.

❖ 검사방법 : C_5 동일

3) 반사검사

(1) 상완요골근 반사(brachioralis relfex)

상완요골근은 C_6 신경근 레벨을 경유하는 요골신경에 의해 지배 받는다. 이 반사 검사를 통해 C_6 레벨의 정상 여부를 판단한다.

❖ 검사방법

① 상완 이두근 반사를 검사할 때 처럼 환자의 팔을 받쳐 든다.

② 요골 하단에 있는 상완요골근 건을 반사항마의 넓은 쪽으로 가볍게 때린다. (약간 "움찔"하는 걸 느낌)

(2) 상완 이두근 반사

C_5, C_6이 레벨의 정상여부 판단 위한 척도이며, 이중 지배로 인해 반대 측과 비교시 반사강도의 약함을 보고 신경학적 문제가 있음을 알 수 있다.

❖ 검사방법 : C_5와 동일

3. C₇의 신경학적 레벨

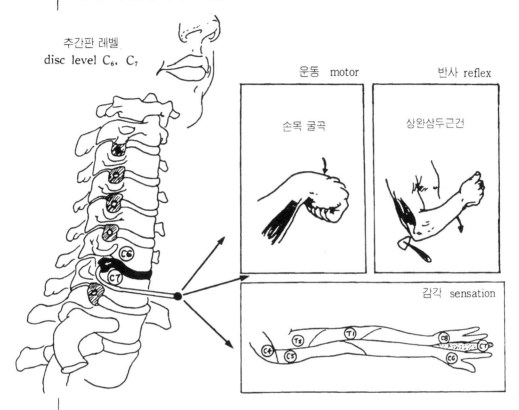

추간판 레벨
disc level C₆, C₇

운동 motor

반사 reflex

손목 굴곡

상완삼두근건

감각 sensation

1) 감각검사

중지(middle finger)의 감각을 지배한다.

중지는 C₆, C₈에 의해서도 지배 받으므로 C₇의 감각만을 검사할 방법은 없다.

2) 운동 검사

상완 삼두근(triceps), 수근관절 굴곡근(wrist flexor), 수지 굴곡근(ginger flexor)

(1) 상완 삼두근 : C₇(요골신경, radial nerve)

주관절 신전근(elbow extensor)

◈ 검사방법

① 환자의 팔을 구부리고

② 주관절의 바로 근위부를 고정시킨 후

③ 펴보이는 팔굽이 90°에 도달하기 전에 환자가 이겨낼 수 있는 최대저항이 느껴질 때까지 저항을 준다.

(2) 수근관절 굴곡근 그룹(C7)(정중신경과 척골신경)

- 요측 수근굴근(flexor carpi radialis) : 정중 신경(median nerve, C7)
- 척추 수근굴근(flexor carpi ulnaris) : 척골 신경(ulnar nerve, C8)

◈ 검사방법

① 환자는 주먹을 쥔다.

② 검사자는 한 손으로 손목을 고정시킨다.

③ 주먹 쥐고 굴곡한 환자의 손을 밖으로 당겨 근력을 측정한다.

(3) 수지 신전근(finger extensors) : C7(요골신경, radial N)

- 공통 수지 신전근(extensor digitorum communis)
- 시지 신전근(extensor indicis proprius)
- 소지 신전근(extensor digiti minimi)

◈ 검사방법

① 손목을 중립위로 고정

중수지관절(MP joint)과 지절간 관절(I. P joint)를 펴보도록 지시한다.

② 환자의 손등 위에 손을 올려 놓고 손가락을 펴게 하고 힘을 굴곡방향으로 준다.

4. C₈의 신경학적 레벨

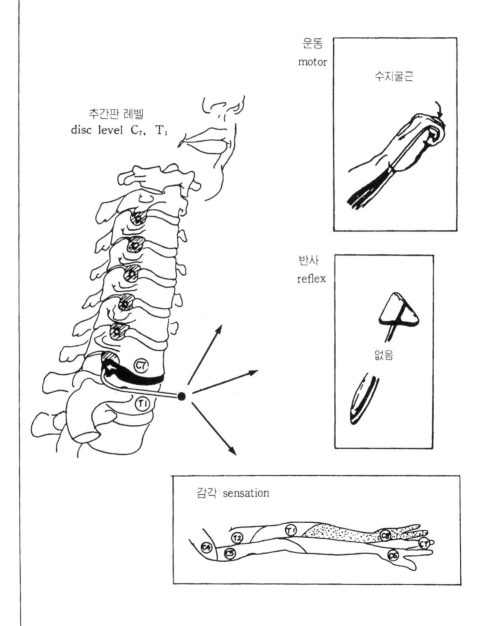

운동
motor

수지굴근

추간판 레벨
disc level C₇, T₁

반사
reflex

없음

감각 : sensation

1) 감각검사

전완의 내측(내측 전상완 지각신경,

　　　　medial antebacbial cutaneous nerve)

- 손의 반지손가락, 새끼 손가락의 감각 지배하며 전완의 원위 내측 감각을 지배한다.

2) 운동검사

(1) 수지굴곡근

- 천지굴근(flexor digitorum superficialis)
    : 정중신경(midian nerve, C_8)
- 심지굴근(flexor digitorum profundus)
    : 정중신경과 척골신경(median and ulnar nerve, C_8)
- 충양근(lumbricals) : 정중신경과 척골신경(median and ulnar nerve, C_8(T_1)

◈ 검사방법

① 손가락의 세관절(중수지절관 관절 MP), 근위 및 원위지절간 관절 (DIP & PIP)을 구부리도록 지시한다.
② 손을 환자의 주먹쥔 손안에 넣어 말아쥐고 손가락을 펴는 방향으로 잡아당긴다.
③ 손가락을 꼭 쥐었는지, 힘없이 펴지는지 관찰하고 주먹을 쥔 채로 잘 유지하면 정상이다.

5. T₁의 신경학적 레벨

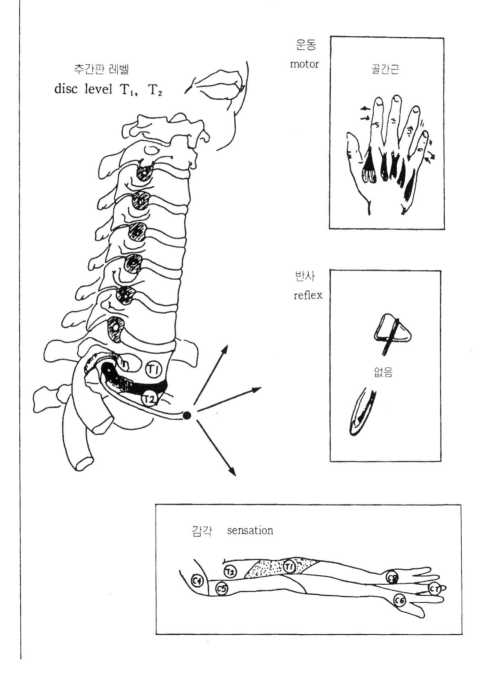

1) 감각검사

- 팔의 내측(medial side of the arm)

2) 운동 검사

(1) 수지외전(finger abduction)

- 배측 충양근(dorsal interossei) : 척골 신경(ulnar nerve, T_1)
- 소지 외전근(abductor digiti quinti) : 척골신경(ulnar nerve, T_1)

❖ 검사방법

① 손가락을 펴서 벌리도록 지시한다.

② 벌린 손가락을 둘씩 잡아(시지＋중지, 시지＋환지, 환지＋소지, 중지＋소지) 안으로 오무리려고 저항한다.(소지를 약지쪽으로 미는 동작은 소지 외전근(ADQ)에 대한 검사)

(1) 수지내전(finger adduction)

- 제1내전근 : 장측 충양근(palmar interossei) : 척골 신경(ulnar nerve, C_8, T_1)

❖ 검사 방법

① 환자에게 손가락을 편채로 오무려 붙이게 한 후

② 검사자는 그 손가락들을 벌려본다. 또는, 손가락 사이에 종이를 넣어 잡아 당겨 빠지지 않게 오무리게 한다.

6. T_2에서 T_{12}까지의 신경근 레벨

1) 감각검사

- 감각부위 : T_4 — 젖꼭지(nipple)

  T_7 — 검상돌기(명치)(xiphoid process)

  T_{10} — 배꼽(umbilicus)

  T_{12} — 서혜부(groin)

  이들의 영역은 서로 겹쳐서 지배되고 있다.

2) 운동 검사

(1) 늑간근(intercostals)

  분절적으로 지배되어 개별적 평가 불가능하다.

(2) 복직근(rectus abdominis)

- T_5에서 T_{12}(L_1)까지의 제1전지에 의한 분절적 지배를 받는다.
- 배꼽은 T_{10}과 T_{11}을 나누는 지점
- 복직근의 정상여부 검사 : "비버의 징후테스트"(Beevor's sign test)

❖ 검사방법

① 환자에게 머리뒤로 양팔을 깍지 끼도록 한다.

② 상체를 1/4정도 일으켜 보도록 한다.

③ 환자의 배꼽 관찰 : 배꼽이 위로 올라가는 경우, 내려가는 경우처럼 한쪽으로 쏠리면 ~「복부근의 비대칭」(분절적인 신경지배에 문제점)

◎ 경추 병변 검사

1. Distraction 검사

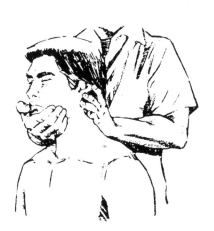

- 경추 견인으로 동통이 경감되는 결과를 입증하는 검사이다.
- 긴장된 근육을 이완시켜 근육의 경축을 경감시킨다.

❖ 검사방법

① 검사자의 한쪽 손바닥은 환자의 턱밑을 받친다.
② 다른 한 손은 후두부를 받친다.
③ 서서히 머리를 잡아 당겨 올리면 경추에서 머리의 중량이 감소된다.

Distraction 검사

2. Valsalva 검사

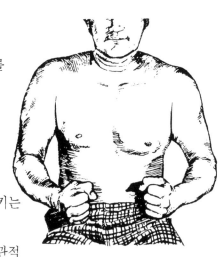

- 척수내압을 증가시켜 동통 발생 유무를 입증하는 검사이다.

❖ 검사방법

① 환자에게 배변시처럼 숨을 들이쉬고 아랫배에 힘을 주도록 한다.
② 어떤 동통이 증가되는지 묻고 증가시키는 위치를 확인한다.
③ 환자로부터 정확한 반응이 필요한 주관적 검사이다.

Valsalva 검사

3. Foraminal Compression 검사

● 압박에 의한(추간공의 협착, 추간관절의
  압력증가, 근육 경축)동통의 증가 유무를
  입증하는 검사이다.

⊗ 검사방법

① 환자는 앉은 자세나 누운자세를 취하고,
  검사자는 그 뒤에 위치한다.
② 검사자는 한손 내지 두손 모두를 환자의
  머리에 대고 두정부에서 아래로 누른다
③ 경추 · 상지에 동통이 증가하면 그 범위를
  조사하여 신경학적 분포와 비교 검토한다.

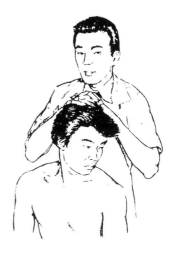

Foraminal Copression
검사

4. Soto Hall 검사

척수를 신장시켜 동통을 재현 시키는
검사이다.

⊗ 검사방법

① 환자를 진찰대 위에 똑바로 누운상태에서
  목을 들게한다.
② 검사자는 한손으로 환자의 흉부를 누르고,
③ 한손으로 환자의 머리를 받치면서 일으킨다.
④ 다리는 슬관절을 펴서 바닥에 닿게 한다.
⑤ 스트레스가 있는 곳에 통증 · 불쾌감을
  느낀다.

Soto Hall 검사

5. Shoulder depressor 검사

경추와 그 구성의 완전, 불완전을 조사하는 검사이다.

◈ 검사방법

① 검사자는 측두부와 견봉 윗부위에 손을 얹는다.

② 환자의 머리와 어깨를 화살표 방향으로 민다.

③ 검사자가 미는 반대 방향으로 저항을 하여 저항시 오는 통증이나 긴장
   부위를 찾는다.

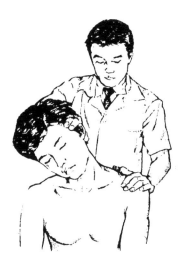

Shoulder depression 검사

◎ 흉추병변 검사

1. Beevor's sign 검사

● 복직근과 부척주근의 수적지배를 조사하는 검사이다.

❖ 검사방법

① 환자를 진찰대 위에 똑바로 눕게 한다.

② 환자에게 팔장을 끼고 상체를 1/4정도 일으킨다(배꼽을 관찰한다)

③ 배꼽은 근력이 강한 쪽으로 손상받지 않은 쪽으로 당겨진다.

배꼽이 가슴쪽으로 움직임 — 제10~제12 흉추 신경근 장애

배꼽이 아래로 움직임 — 제7~제10 흉추신경근 장애

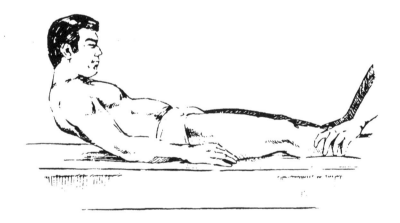

Beevor's sign 검사

◎ 요부의 신경학적 레벨

1. T₁₂에서 L₃까지의 신경근 레벨

1) 감각검사

- L_1, L_2, L_3로부터의 신경은 서혜부와 무릎사이의 대퇴전면을 지배한다.
- L_1 - 서혜부 인대 바로 아래와 대퇴전면의 상부를 비스듬히 가로지른다.
- L_3 - 슬개골 바로 위와 대퇴전면을 비스듬히 지배한다.
- L_2 - 둘 사이의 대퇴부의 피부를 지배한다.
- T_{12}, L_1, L_2, L_3의 신경학적 레벨은 반사검사가 없어 진단하기 어렵다.

2) 운동검사

장요근(iliopsoas, T_{12}, $L_{1,2,3}$), 대퇴사두근(quadriceps $L_{2,3,4}$),
대퇴내전근(hip adducton $L_{2,3,4}$) 검사

(1) 장요근(iliopsoas) : (T_{12}, $L_{1,2,3}$)

고관절의 주된 굴곡근

❖ 검사방법

① 다리를 늘어뜨리고 테이블에 걸터 앉도록 한다.
② 검사자는 환자의 장골능(iliac crest) 위에 손 얹어 골반을 고정한다.
③ 환자에게 무릎을 들어올려 보게 하고
④ 검사자는 다른 한손으로 무릎 대퇴부에 손을 올려 놓은 후 하방
   으로 내려눌러 최대 저항을 가해 이겨낼 수 있는지 판정한다.
   (반대측과도 비교)

(2) 대퇴사두근(quadriceps, $L_{2,3,4}$) : 대퇴신경(femoral nerve)

❖ 능동 검사방법

① 쪼그려 앉은 자세에서 일어나 보도록 한 후

② 무릎을 펴고 설 수 있는지, 약하지 않은지(한쪽다리가 더) 확인 :
　마지막 10°에서 완전히 무릎을 펴지 못하는 것을 "extension lag"
　대퇴사두근이 약화되었을시 나타난다.

(마지막 10°~15°의 슬관절 신전은 나머지보다 약 50%의 근력이
요구된다)

◈ 수동 검사방법

① 테이블에 환자를 걸터 앉게 한다.

② 검사자는 한 손을 환자의 무릎위 대퇴부에 올려놓고 한손은
　발목을 잡은 후

③ 환자에게 무릎을 힘껏 펴보라고 하면서 환자가 이겨낼 수 있는
　최대저항을 가한다.

(3) 고관절 내전근(hip adductor L2,3,4) : 폐쇄신경(obturator nerve)

◈ 앙와위 검사방법

① 환자를 바로 눕힌 후 다리를 오르리게 하고

② 검사자는 안쪽에 양손을 넣어 밖으로 벌려본다.(정상시 힘을
　안으로 주었을 때 벌어지지 않는다)

◈ 측와위 검사방법

① 환자를 옆으로 눕히고 다리를 오므리게 하고

② 검사자는 다리를 벌려본다. (이겨낼 수 있는 최대저항을 주고 힘의
　정도 판정)

3) 반사 검사

슬개건 반사(patellar tendon reflex)는 L2,3,4에 의해 지배를 받지만
주로 L4에 의해 지배받는다.

2. L₄의 신경학적 레벨

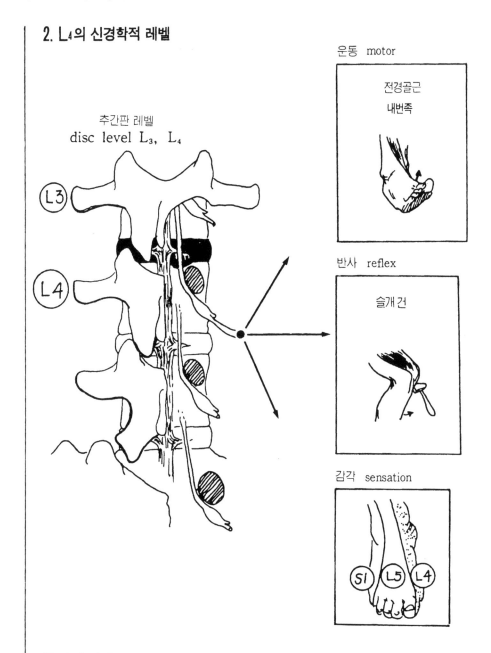

운동 motor

전경골근
내번족

반사 reflex

슬개 건

감각 sensation

추간판 레벨
disc level L₃, L₄

1) 감각 검사

(1) 다리의 내측부터 발의 내측(하퇴의 내측)까지 지배한다.

(2) 무릎을 경계로 위는 L₃, 아래는 L₄, L₅의 피부절로 나누어진다.

(3) 하퇴의 경골능 사이로 내측은 L₄, 외측은 L₅의 피부절로 나누어진다.

2) 운동 검사

(1) 전경골능(tibialis anterior) : L4 (심비골 신경, deep peroneal nerve)

주로 L4에 의해 지배받지만 L5에 의해서도 지배 받는다.

❖ 가동 검사방법

① 환자에게 양발을 내반하여 뒤꿈치로 딛고 걷도록 한다.

② 전경골근이 약하면 족관절의 배굴(donsiflexion)과 내반(inversion)기능을 수행할 수 없다.(foot-drop, 계상보행 : steppage gait)

❖ 수동 검사방법

① 환자를 테이블가에 걸터 앉도록 한다.

② 하퇴를 받쳐준 후 발을 배굴, 내반하게 한다.

③ 그 반대방향으로 저항 준다.

3) 반사검사

(1) 슬개건 반사 (patellar tendon reflex)

심부건 반사로 L2, L3, L4 신경근으로부터 나오는 신경에 의해 지배 받는다.(주로 L4에 의해 지배 받는다)

❖ 검사방법

① 환자를 테이블에 걸터 앉게 하거나 다리를 꼬고 앉은 자세, 누웠을 시에는 무릎을 약간 구부린 자세에서 실시한다.

② 이 자세에서 슬개골 바로 양쪽으로 연부조직이 약간 들어간 곳이 있는데 이곳이 슬개하건 이다.

③ 검사자는 슬개 하건을 반사함마로 부드럽게 두드린다.

(양손을 서로 걸어 밖으로 잡아 당기고 슬개건을 함마로 두드린다.)

3. L5의 신경학적 레벨

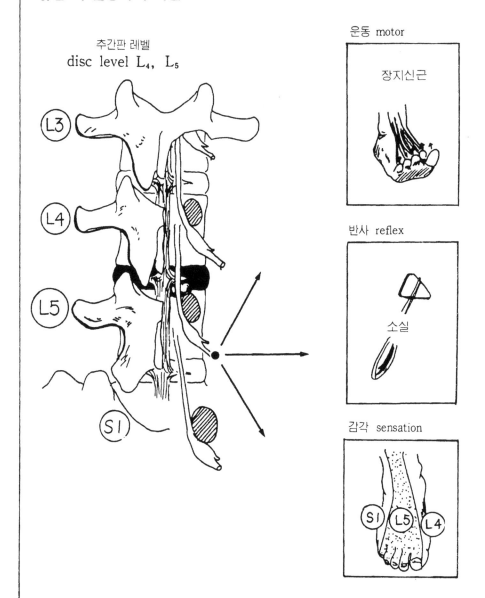

추간판 레벨
disc level L4, L5

운동 motor

장지신근

반사 reflex

소실

감각 sensation

1) 감각검사

- 하퇴 외측과 발등을 지배한다.
- 경골능 중심으로 내측과 까지의 내측은 L4가 외측과 발등은 L5가
  지배한다.

2) 운동검사

(1) 장모지 신전근(extensor hallucis longus) : L_5(비골신경의 심지)
- 장모지 신전근의 건은 족관절의 전면, 전경골근의 외측을 지나간다.

◈ 능동 검사방법
① 발뒷꿈치로 걷게하여 엄지 발가락을 위로 잘 올리고 걷는지 살펴본다.
② 발은 내반 또는 외반되어 걷지 않게 한다.
③ 정상이면 엄지 발가락의 원위지위 근위단에 착지하는 근육의 건이 두드러져 보인다.

◈ 수동 검사방법
① 환자를 테이블가에 앉게 한다.
② 검사자는 한손으로 발의 종골(calcaneus)을 감싸쥐고, 다른 한 손으로(엄지손가락으로) 환자 엄지 발가락 발톱 위에 올려놓고 발바닥을 받쳐 쥔다.
③ 환자에게 발가락을 위로 올려보게 한 후 엄지발가락을 구부리는 쪽으로 눌러본다.

(2) 장지신근(extensor digitorum longus)과 단지신근(extensor digitorum brevis) : L_5(심비골 신경)

◈ 능동 검사방법
① 장지신근의 능동검사는 발뒤꿈치로 걷게하여 판별한다.
② 장지신근의 건은 발목의 앞쪽을 가로질러 부채모양으로 퍼지면서 네 발가락의 중앙부와 원위부로 두드러지게 보인다.

❖ 수동 검사방법

① 환자를 테이블가에 앉게한다.

② 한 손으로 환자의 종골을 감싸쥐고, 다른 한 손으로 발가락 위에
검사자 손가락을 올려놓는다.

③ 환자에게 발가락을 올리도록 지시하고 그 반대방향으로 힘을
가하여 근력의 정도를 판별한다.

④ 발가락 끝에서 저항을 주면 "장지신근(EDL)"검사
발가락 근위부에서 저항을 주면 "단지신근(EDB)"검사

(3) 중둔근(gluteus medius) : L_5(상둔신경)

❖ 검사방법

① 환자를 옆으로 눕도록 한 후 골반을 한 손으로 고정한다.

② 다리를 위로 올려 외전시키도록한다.

③ 검사자는 한 손으로 무릎 약간 위쪽의 대퇴부 외측에 저항을 준다.

④ 고관절을 굴곡시켜 다른 근육으로 대치하려는 동작이 일어나지
않도록 계속 중립위를 유지시키도록한다.

3) 반사검사

- L_5의 신경지배를 알 수 있는 반사는 없다.
- 후경골근이 L_5의 반사지만, 쉽게 표출해 내기 어렵다.

4. S₁의 신경학적 레벨

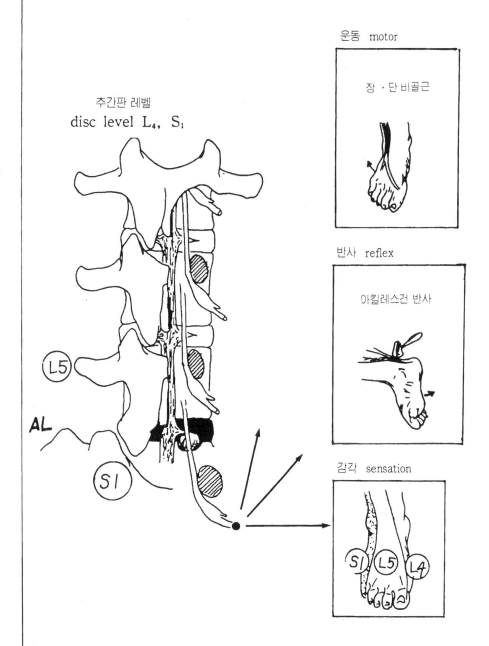

운동 motor

장·단 비골근

반사 reflex

아킬레스건 반사

추간판 레벨
disc level L₄, S₁

L5

AL

S1

감각 sensation

S1 L5 L4

1) 감각 검사

발바닥 부위와 발의 외측 부위를 지배하다.

2) 운동 검사

(1) 장비골근 · 단비골근(peroneus longs & brevis) : S₁(표재 비골신경)

❖ 능동 검사방법

① 양 발 동시 검사시 양발을 내측으로 하여 걷게 한다.

② 비골근의 건은 비골결절의 외측을 지나며, 착점(insertin)으로 가는 외측과를 감돌기 바로전 확연히 나타난다.

❖ 수동 검사방법

① 환자를 테이블가에 걸터 앉게한다.

② 검사자는 종골을 잡아 고정시킨다.

③ 환자에게 발을 족저, 외반하도록 한다.

④ 검사자는 손바닥으로 제5중족골의 골간을 잡고 족저 · 외반의 반대방향으로 힘을 주어 근력의 정도를 판별한다.

(2) 비복근(gastrocnemius) − 가자미근(soleus) S₁, S₂(경골신경)

❖ 검사방법

① 근력이 강한 근육으로 수동검사가 어렵다

② 환자에게 발끝으로 걸어 보게하여 "가능 · 불가능"으로 근육의 근력 정도를 파악하다.

(3) 대둔근(gluteus maximus) S₁(하둔신경)

❖ 능동 검사방법

① 앉은 자세에서 양 손을 사용하지 말고 일어나 보도록 시켜본다.

❖ 수동 검사방법

① 환자를 테이블에 엎드리게하고 검사측 다리의 무릎을 구부려 대퇴 후근을 고관절 신전근으로 작용하지 못하도록 이완 시킨다.

② 검사자는 한 손을 슬관절위의 대퇴후부에 올려놓고 고관절 신전에 대한 저항을 주면서 다른 한 손은 대둔근 위게 올려 놓아 근육의 근력 정도를 파악한다.

3) 반사검사

(1) 아킬레스 건 반사

① 심부건반사로 하퇴 삼두근(내.외측 비복근, 가자미근)에 의해
   중재된다.
② S_1, 척수레벨에서 나오는 신경에 의해 지배받는다.

◈ 검사방법

① 환자를 테이블에 다리를 늘어 뜨리고 앉게한다.
② 검사자는 환자의 발을 약간 배굴시켜 아킬레스건을 가볍게
   신장시킨다.
③ 다음 아킬레스 건을 함마의 넓적한 쪽으로 가볍게 친다.
④ 정상시 불수의적인 족저굴 반응이 나온다.

◎ 요추병변검사

1. 하지 신전 거상 검사(Straigh Leg Raising Test)

- 허리와 하지의 동통에 대한 원인을 결정하기 위한 동통 재현 검사이다.
- 허리의 「국소통증」은 추간판 손상가능성이 있고, 「방사통」은 좌골신경근증, 「대퇴부면의 뻐근한 통증」은 슬굴곡근의 긴장에 의한 것이다.

❖ 검사방법 :

① 환자를 진찰대 위에 똑바로 눕게한다.

② 검사자는 환자의 경골을 잡고 발을 받쳐서 환자의 다리를 들어올린다.(슬관절은 신전상태)

③ 환자의 무릎이 굽는것을 방지하기 위해 무릎의 양쪽을 고정시킨다. 다소 개인차가 있으나 동통없이 들어올릴 수 있는 다리의 범위는 약 80°이다.

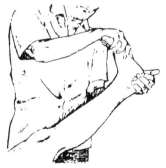

④ 환자가 동통을 호소하는 지점에서 다리를 약간 내린 다음 족관절을 배측 굴곡시켜 좌골 신경을 신장시키면 좌골 신경통 재현 가능하며, 동통을 느끼지 않을 때는 슬곡근의 긴장 때문이다.

2. 건측 하지 거상검사(well leg straight leg raising test)

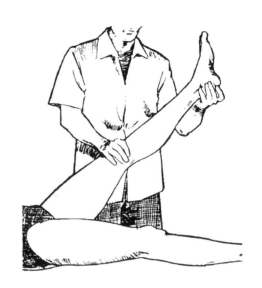

- 허리와 하지의 동통에 대한 원인을 결정하기 위한 동통 재현 검사이다.

❖ 검사방법

① 환자를 진찰대위에 똑바로 눕게한다.

② 환자의 건측다리를 들어올린다.

③ 환자가 반대편(환측)의 요통, 좌골통을 호소할 경우에는 요추 부위의 추간판 탈출증과 같은 「공간 점거성 병변」(space-occupying lesion)이다.

3. Kerning 검사

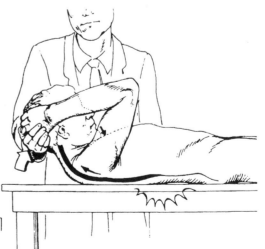

- 척수를 신장시키고 동통을 재현하기 위한 방법이다.

❖ 검사방법

① 환자를 진찰대위에 똑바로 눕게한다.

② 양손을 깍지를 끼고 머리를 가슴쪽으로 힘차게 구부러지도록 한다.

③ 환자가 경추, 허리나 하퇴에 동통을 호소하게 된다.

4. Hoover 검사

- 환자가 다리를 들 수 없다고 호소할 때 정말 아파서 그러는지 알기 위한 검사로 하지 신전거상 검사와 병행하여 실시하여야 한다.

◈ 검사방법

① 환자를 진찰대 위에 똑바로 눕게한다.

② 환자가 다리를 들어올리려고 할 때 검사자는 한 손으로 반대측 하지의 종골 밑을 감아쥔다.

③ 환자가 다리를 들어올리기 위해 반대편 다리의 뒷꿈치 위에 압력을 주게 되므로 검사자는 종골을 감싸고 있는 손바닥에서 아래쪽으로 눌려지는 압박을 느낄 수 있다.

④ 환자가 다리를 들어 올릴 때 아래로 눌려지는 느낌이 없는 경우 환자 자신이 실제로 애쓰고 있지 않은 것이다.

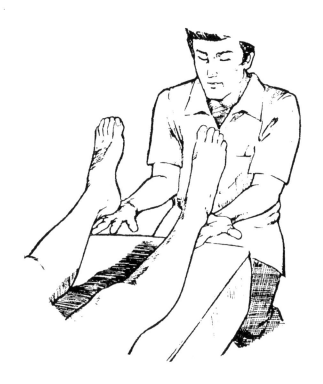

5. Milgram 검사

척수의 내압을 상승시켜 동통 유무를 파악하는 검사이다.

◈ 검사방법

① 환자를 진찰대 위에 똑바로 눕게한다.

② 환자에게 하지를 신전한 채로 진찰대에서 약 5cm 정도 들어올리게 한
다.

③ 이 검사는 장요근, 전복벽근의 긴장, 척수 내압을 상승시킨다.

④ 검사가 양성으로 나오고 환자가 동통없이 30초 동안 자세를 유지하지
못하거나, 다리를 전혀 들어올리지 못하고 동작시 동통을 느끼면 「경
막내·외의 병변(추간판 탈출증)」이 있든가 또는 척수를 싸고 있는
수막 자체에 압박을 받고 있는 것이다.

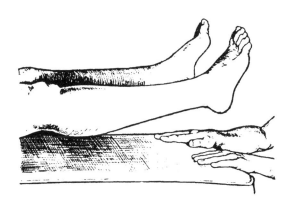

6. Naphziger 검사

척수내압을 상승시켜 척수강 내압을 상승시키기 위한 검사이다.

◈ 검사방법

① 환자의 얼굴이 붉어질 때까지 약 10초 가량 경정맥을 누른다.

② 그 다음 환자에게 기침을 유도한다.

③ 기침시 동통을 일으키면 수막에 압력을 줄만한 병변이 존재한다는 것을 의미한다.

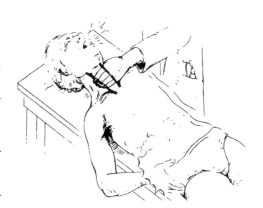

7. Valsalva 검사

척수강 내압을 상승시켜 통증 유무를 파악하는 검사이다.

◈ 검사방법

① 환자에게 배변시 아랫배에 힘을 주게 한다.
（척수강 내압을 상승시킴）

② 이때 허리나 다리쪽으로 방사통(radiation pain)이 있을시는 척수강 내압을 상승시키는 원인이나 수막 그 자체에 병변 있음을 의미한다.

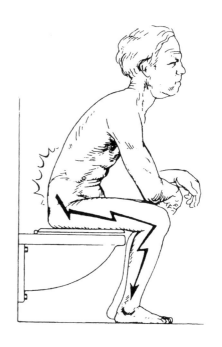

◎ 선장관절의 병변검사

1. Gaenslen 검사

❖ 검사방법

① 환자는 진찰대 위에 똑바로 눕게 한다.

② 양쪽 다리를 잡아당겨 가슴까지 닿도록 한다.

③ 몸은 진찰대 가장자리로 옮겨 한쪽 덩어리는 반쯤 걸쳐놓고, 또 다른 한쪽은 그대로 유지한다.

④ 반쯤 걸쳐놓은 다리를 펴서 진찰대 아래로 내려뜨리고 반대편 다리를 굴곡 한채로 유지한다.

⑤ 선장관절 부위에 동통이 발생하면 그 부분에 병변을 의심한다.

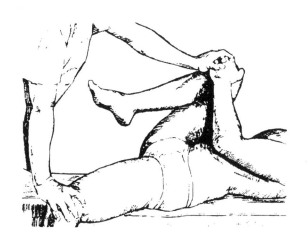

2. Patrick 검사 또는 Fabere 검사

선장관절(sacroiliac joint), 고관절(hip joint)에 대한 병변을 확인하기 위한 검사이다.

◈ 검사방법

① 환자를 진찰대 위에 똑바로 눕힌다.
② 환자의 환측 발을 반대측 건측 무릎위에 올려 놓는다.
③ 고관절을 굴곡, 외전, 외회전시킨다.
④ 사타구니 동통은 고관절 또는 그 주위 근육에 병변이 있음을 의미한다.
⑤ 굴곡, 외전, 외회전의 마지막 지점에 도달했을 때 대퇴골은 골반에 고정 된다.
⑥ 운동 범위를 넓혀 천장 관절에 힘을 가하기 위해 검사자의 한 손은 굴곡 된 슬관절 위에, 또 한손은 반대편 전상 장골극(ASIS)위에 올려놓는다.
⑦ 책 표지를 열듯 두 지점을 하방으로 압력을 가한다.
⑧ 통증이 증가하면 천장관절에 병변있음을 의미한다.

3. Nachlas 검사

◈ 검사방법

① 환자를 진찰대위에 엎드린 자세를 취하게 한다.

② 환자의 발꿈치를 같은쪽 둔부에 닿게 눌러준다.

③ 둔부의 통증은 선장관절 손상을 의미하며 요추부의 통증은 추간판 손상을 의미한다.

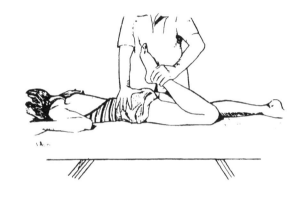

4. Yeoman's 검사

◈ 검사방법

① 환자는 진찰대 위에 엎드린 자세를 취한다.

② 검사자는 한 손으로 환자의 둔부를 누르고 다른 손으로 슬관절 윗부분을 잡고 무릎을 굽힌 채 대퇴를 들어올린다.

③ 선장관절부로부터 통증이 있을 때는 전방 선장 인대의 염좌를 의미한다.

5. Hibb's 검사

❖ 검사방법

① 환자는 진찰대 위에 엎드린 자세을 취한다.

② 검사자는 시술자의 발목 부위를 잡고, 환자의 무릎을 굽힌 후 외전시킨다.

③ 선장관절의 통증은 선장관절 부위의 손상을, 고관절의 통증은 고관절 부위의 손상을 의미한다.

Ⅱ. 임상적 신체 판독법

1. 누운 자세의 경추 판독법

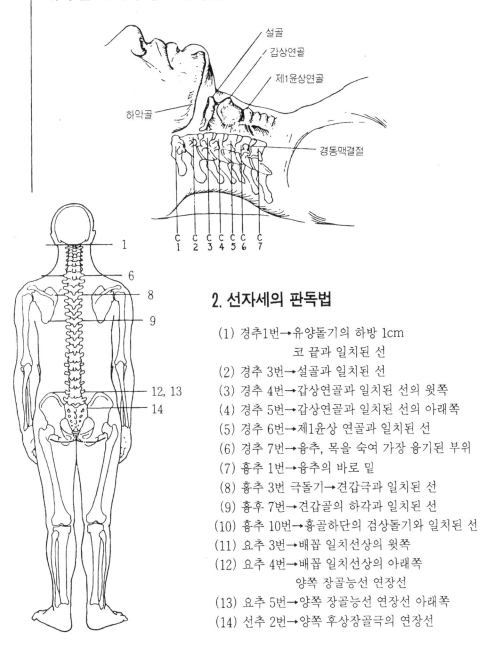

2. 선자세의 판독법

(1) 경추1번→유양돌기의 하방 1cm
　　코 끝과 일치된 선
(2) 경추 3번→설골과 일치된 선
(3) 경추 4번→갑상연골과 일치된 선의 윗쪽
(4) 경추 5번→갑상연골과 일치된 선의 아래쪽
(5) 경추 6번→제1윤상 연골과 일치된 선
(6) 경추 7번→융추, 목을 숙여 가장 융기된 부위
(7) 흉추 1번→융추의 바로 밑
(8) 흉추 3번 극돌기→견갑극과 일치된 선
(9) 흉후 7번→견갑골의 하각과 일치된 선
(10) 흉추 10번→흉골하단의 검상돌기와 일치된 선
(11) 요추 3번→배꼽 일치선상의 윗쪽
(12) 요추 4번→배꼽 일치선상의 아래쪽
　　양쪽 장골능선 연장선
(13) 요추 5번→양쪽 장골능선 연장선 아래쪽
(14) 선추 2번→양쪽 후상장골극의 연장선

Ⅲ. X-레이 관찰법

하부경추의 렌트겐(C₂C₇)

측면상

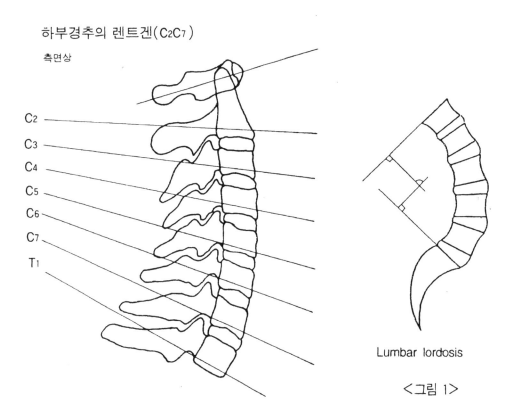

C₂
C₃
C₄
C₅
C₆
C₇
T₁

Lumbar lordosis

<그림 1>

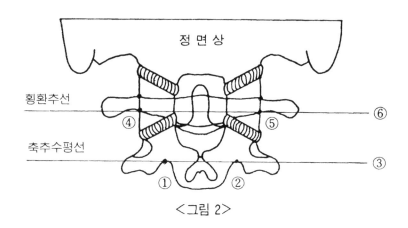

정 면 상

횡환추선

축추수평선

⑥
⑤
④
③
②
①

<그림 2>

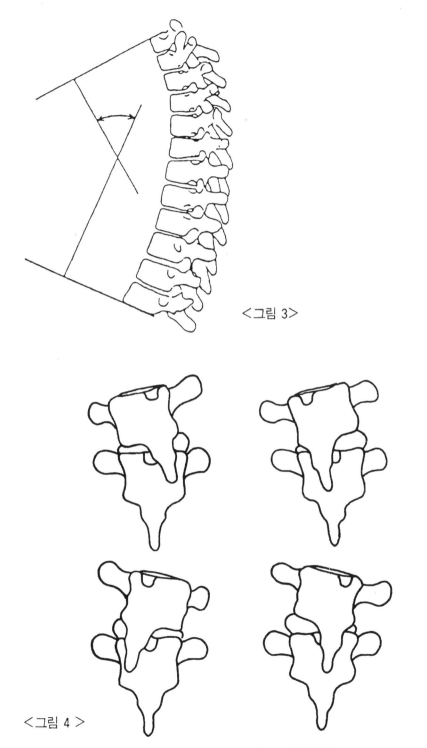

<그림 3>

<그림 4 >

4개의 기초적 서브락세이션

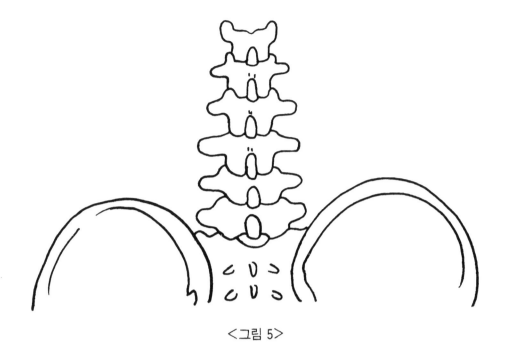

<그림 5>

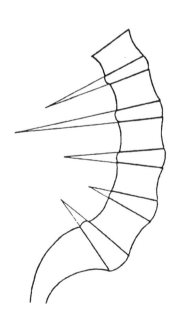

<그림 6>

<골반부>

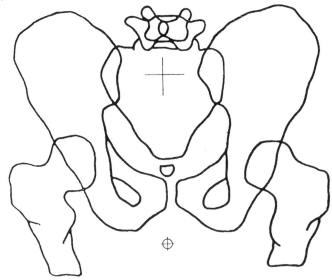

<그림 7>

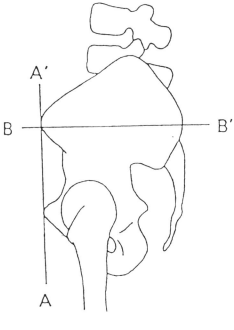

<그림 8>

Ⅳ. 신체교정의 3가지 요소

1) 변위 형태의 정확한 판독

변위된 부위의 병변을 정확히 판독하에 교정기술을 결정, 올바른 방향으로 교정하여야 한다.

2) 적당한 힘의 배분

피술자의 연령, 신체 구조, 변위의 상태 등에 따라 교정시의 힘을 적절히 배분하여야 한다.

3) 속도

신체 교정은 교정순간 적당한 힘을 가하여 순간적으로 교정하여야 환자에게 충격을 줄 소지를 없앨 수 있다.

Ⅴ. 신체교정시 유의사항

1) 피술자의 전신을 충분히 이완시켜서 교정시의 불안감, 긴장감을 없앤다.
2) 시술자는 피술자를 정확히 판단하여 안정된 자세로 교정에 임하여야 한다.
3) 시술자는 교정시 신체교정의 3가지 요소를 충분히 숙지하여 교정한다.
4) 교정시의 소리에 대하여 피술자에게 미리 알려주어 불안감을 없앤다.
5) 교정된 부위는 곧바로 다시 되풀이하여 교정하지 말아야 한다.
6) 항상 정상적인 교정방향에 따라 교정하여야 한다.

Ⅵ. 신체교정수의 부위별 명칭

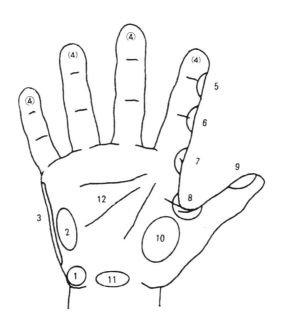

●손바닥의 접촉 부위 명칭

1. 두상골(頭狀骨) 접촉 및 유연 두상골 접촉(두상골 원위측의 부드러운 부분)
2. 소지구(小指球) 접촉
3. 중수골(中手骨) 접촉
4. 지두(指頭) 접촉
5. 원위지절간(遠位指節間) 접촉

6. 근위지절간(近位指節間) 접촉
7. 시지(示指) 접촉
8. 모지시지간(母指示指間) 접촉
9. 모지(母指) 접촉
10. 모지구(母指球) 접촉
11. 수근(手根) 접촉
12. 수장(手掌) 접촉

제11장 신체교정법

경부교정

Ⅰ. 경추 신전법

● 적용범위 : 경추부에 전반적으로 적용되는 신전법이다.
운동제한을 받는 경직된 경부근육을 신전시켜,
관절가동범위를 넓혀주며 경추부의 동통완화에 사용된다.

1. 누운 자세의 신전법

□【1】□ 양손 견인 신전법

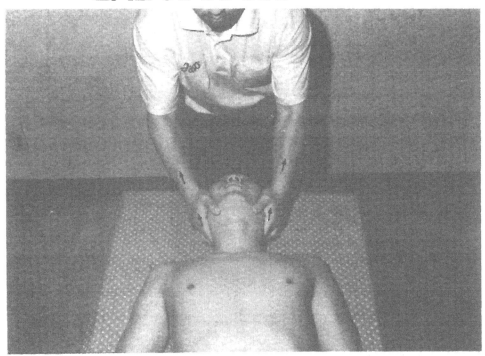

(1) 신전수 ● 직접수 — 제3지~5지로 경부 상부의 후두골에 접촉시키고
2지로는 유양돌기 앞부분을 고정시킨다. 수장부로는
귀를 덮는다.

　　　　　　● 간접수 — 직접수와 동일.

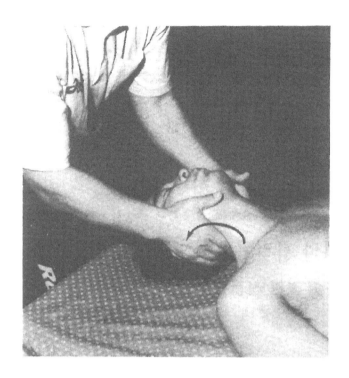

(2) 신전수기

가) 경부 후만의 경우
　 －경추 하부부터
　　 화살표 방향으로
　　 약간 위로 올리듯
　　 하면서 후두골
　　 부위까지 견인하여
　　 신전시킨다.

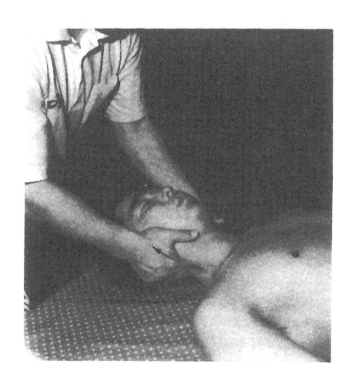

나) 경부 전만의 경우
　 －경추하부 부터
　　 약간 하방으로
　　 내리며 후두골
　　 부위까지 견인하여
　　 신전시킨다.

□【2】□ 견인띠 신전법

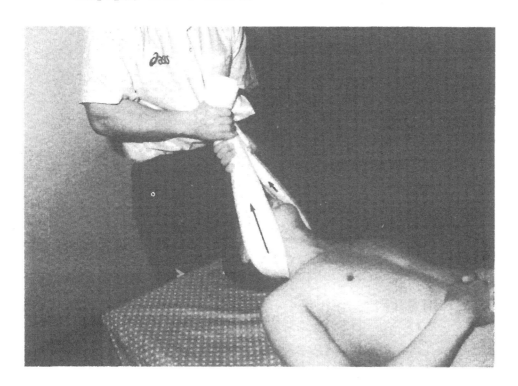

(1) 신전수

- 직접수 — 견인띠를 후두골 기저부분에 고정시키고 얼굴 양 측면을
  따라 띠를 올려 합쳐 양 손으로 잡는다.
- 간접수 — 직접수와 동일

(2) 신전수기

- 피술자 몸의 정중선을 따라 머리 방향으로 서서히 견인하여
  신전시킨다.

□【3】□ 좌우 교차 신전법

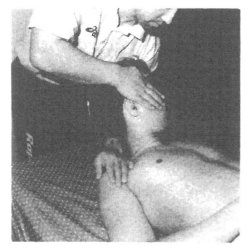 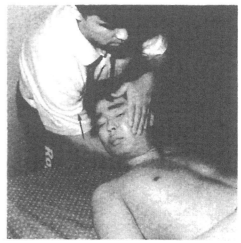

(1) 신전수
- 직접수 – 피술자의 후두골 부위를 지나 한쪽 어깨 부위를 잡는다.
  피술자의 머리를 직접수가 잡고있는 어깨 부위로 얼굴를
  돌려 볼이 전완부에 닿게한다.
- 간접수 – 위에 위치한 볼에 수장부를 올려 놓는다.

(2) 신전수기 – 직접수를 서서히 직상방으로 올리면서 신전시킨다. 이때
간접수로 머리부위가 유동하지 않게 고정한다.

【응용】

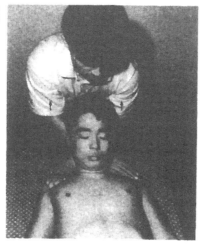

양수 교차 신전법

양수를 교차하여 어깨에 올려놓고 서서히 직상방으로 올리면서 신전시킨다.

2. 엎드린 자세의 신전법

□【4】□ 양수 신전법

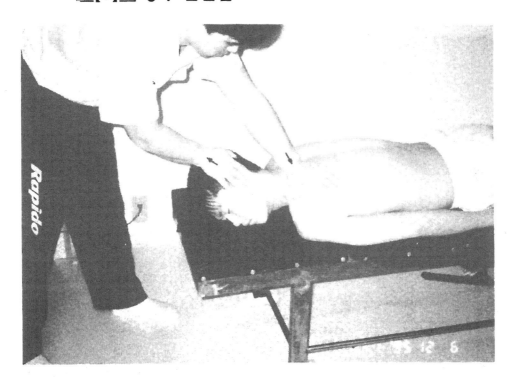

(1) 신전수

- 직접수 – 머리의 후두부와 측두부 사이에 수장부를 댄다.
- 간접수 – 어깨 부위와 견갑골 상부를 잡아 고정한다.

(2) 신전수기 – 간접수로 어깨 부위를 고정하고, 직접수로 대각선 방향으로 신전시킨다.

3. 앉은 자세의 신전법

□【5】□ 회전 신전법

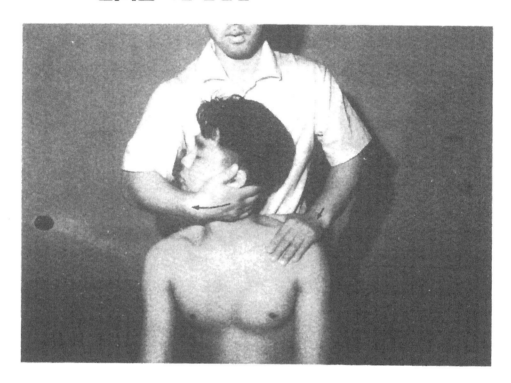

(1) 신전수

- 직접수 — 손가락의 지두부를 극돌기 부위에 대고, 전완은 피술자의 볼 부위를 지난다.
- 간접수 — 어깨 부위를 잡아 고정한다.

(2) 신전수기 — 간접수로 어깨를 고정시키고 직접수로 머리부위를 약간 들어올리듯 하면서 시술자 쪽으로 회전하여 신전시킨다.

II. 경추 교정법

1. 누운 자세의 교정법

□【1】□ 경추 교정법【상부】

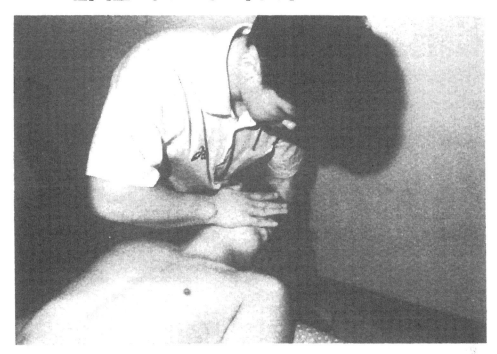

(1) 적용부위 : 후두골 좌·우측 후상방 변위, 환추의 후방변위, 경추상부의 일반교정

(2) 교정자세

- 시술자 — 피술자의 머리 옆쪽에 선다. 피술자의 어깨를 시술자의 다리로 고정시키면서 전위된 부위가 위에 오도록 머리를 회전시킨다.
- 피술자 — 시술자의 보조로 목 부위까지 시술대 밖으로 나오게 한다.

(3) 교 정 수

- 직접수 — 시술자는 상체를 낮추고 상완을 피술자의 흉골과 평행되게 유지하면서 수장부를 볼부위(협골과 하악부)에 놓는다.
- 간접수 — 제1지와 수장부로 머리윗부분과 귀부분을 덮어 고정시키고 제2~제4지로 후두골과 경추 상부를 감싼 후 받쳐준다.

(4) 교정수기 : 직접수로 볼 부위를 밑으로 저항이 있는 부위까지 밀어 신전한계점을 파악한 후 직접수로 다시 신전한계점까지 회전시켜 순간적으로 밀면서 교정한다.

□【2】□경추 교정법 【경추일반】

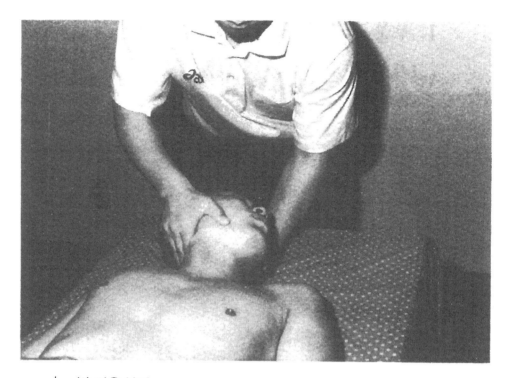

(1) 적용 부위

경추 좌·우측 후방변위, 전경추의 일반교정법.

(2) 교정자세

- 시술자 — 환자의 머리쪽에 위치한다. 양수로 피술자의 턱이 약간 들리게 받쳐 전위된 부위가 위로 가게하여 머리를 회전시킨다.
- 피술자 — 시술대에 편안한 자세로 눕는다.

(3) 교정수

- 직접수 — 제2지의 지절간부를 전위된 부위의 횡돌기 부위에 댄 후, 손목과 팔을 회전시킨다.
- 간접수 — 제2지~제4지로 후두골과 경추 상부를 감싼다.
  수장부로 귀를 덮고, 엄지 손가락으로 얼굴을 고정시킨다.

(4) 교정수기 — 양수로 턱이 약간 들리게 받쳐 전위된 부위가 위로 가게 한 후, 머리를 회전시켜 신전한계점을 파악한다. 다시, 신전한계점까지 회전한 후 직접수의 손목을 순간적으로 밀어 교정한다.

□【3】□ 경추 교정법【후두부】

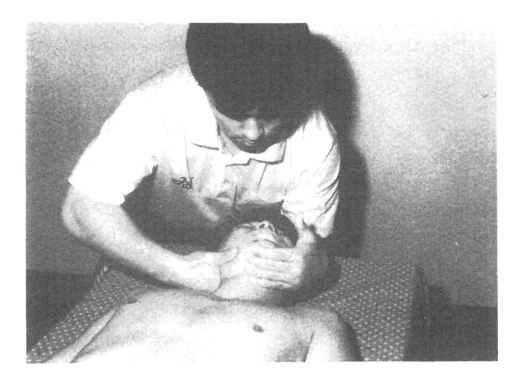

(1) 적용범위 : 후두골 좌·우 측방 변위.

(2) 교정자세
- 시술자−피술자의 머리 옆에 위치한다.
- 피술자−누운 상태에서 턱을 약간 위로 올린다.

(3) 교정수
- 직접수−유양돌기 측면에 시지부를 댄다.
- 간접수−제1지~제5지로 턱을 잡고 상완을 피술자의 얼굴과 머리옆에 대고 고정시킨다.

(4) 교정수기−간접수로 머리를 옆으로 굴곡하여 견인하면서, 직접수로 양눈 방향으로 밀면서 순간적으로 교정한다.

□【4】□ 경추 교정법【상부】

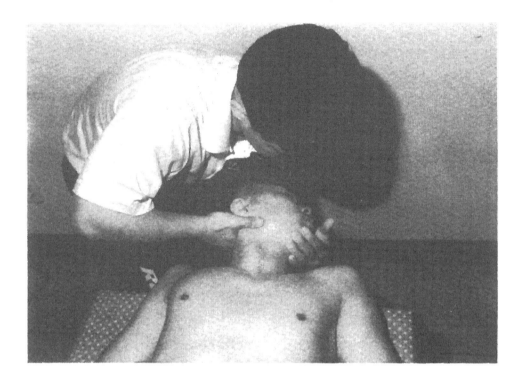

(1) 적용 부위 - 경추의 좌 ● 우측 후방변위, 경추 제1 ~wp3번 변위.

(2) 교정 위치

- 시술자 - 피술자의 머리 옆쪽에 선 후 상체를 숙인다. 피술자의
  어깨를 시술자의 다리로 고정시키면서 변위된 부위가 위에
  오도록 머리를 회전시킨다.
- 피술자 - 시술자의 보조로 목 부위까지 밖으로 나오게 한다.

(3) 교정수

- 직접수 - 변위된 부위에 시지부를 댄다.
- 간접수 - 제1지~제5지로 턱을 잡고, 상완으로 머리와 목을 받치며
  회전시킨다.

(4) 교정수기 - 직접수로 변위 부위에 시지부를 대고, 간접수를 옆으로
  회전하여 우선 신전 한계점을 파악한 후 이완 시킨다. 신전
  한계점에서 간접수를 약간 당기며, 직접수를 머리
  방향으로 밀면서 순간적으로 교정한다.

□【5】□ 경추 교정법【후방】

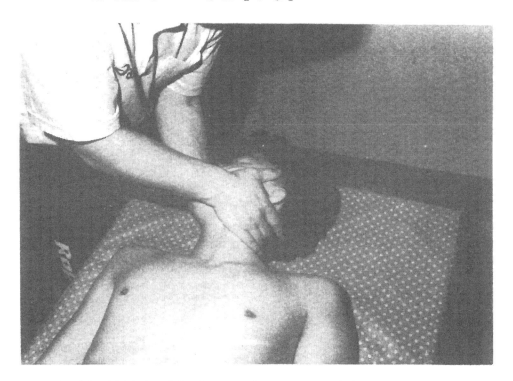

(1) 적용부위 – 경추 제2~7번 좌·우측 후방 변위.

(2) 교정 위치

- 시술자 – 피술자의 머리 옆쪽에 선다. 변위된 부위가 위로 오도록 회전시킨다.
- 피술자 – 시술대 위에 편안한 자세로 눕는다.

(3) 교정수

- 직접수 – 제3지, 제4지의 지두부로 변위된 극돌기와 횡돌기를 잡고 귀를 사이에 두고 제1지와 2지를 벌려서 감싼다.
- 간접수 – 수장부로 귀를 덮고 제1지~5지는 척주와 직각 방향으로 잡는다.

(4) 교정수기 – 직접수를 시술자 쪽으로 당겨서 신전제한점을 파악한 후 이완시킨다. 신전제한점에서 간접수를 시술자 반대방향으로 약간 밀면서 직접수를 순간적으로 당겨서 교정한다.

☐【6】☐ 경주 교정법【후방】

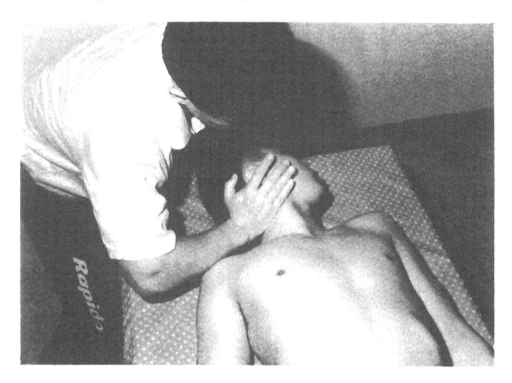

(1) 적용부위 : 전 경추부의 좌 • 우측 후방 변위.

(2) 교정자세
- 시술자 – 피술자 머리 45° 쯤에 위치한다. 피술자의 머리를 변위된 부위가
  위에 오도록 머리를 위쪽으로 약 45° 회전시킨다.
- 피술자 – 시술대 위에 편안하게 눕는다.

(3) 교정수
- 직접수 – 수근부를 변위된 횡돌기 부위에 댄다.
- 간접수 – 수장부로 귀를 감싸 회전시키고, 간접수의 손등부를 시술대위에
  올려 놓는다.

(4) 교정수기 – 간접수를 시술자 쪽으로 약간 당기면서 직접수를 피술자 쪽으로
  밀어 신전제한점을 파악한 후 이완시킨다. 신전제한점에서
  간접수를 약간 당기면서 직접수를 피술자 쪽으로 순간적으로
  밀면서 교정한다.

□【7】□ 경추 교정법【환추.측방】

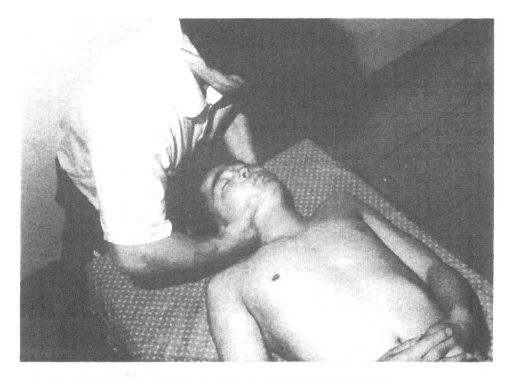

(1) 적용범위 : 환추의 좌 · 우측 측방변위, 경추의 측방변위

(2) 교정자세
- 시술자 – 피술자의 머리 옆쪽에 선후 상체를 숙인다. 피술자의 어깨를 시술자의 다리로 고정시킨다.
- 피술자 – 시술자의 보조로 목부위까지 밖으로 나오게 한다.

(3) 교정수
- 직접수 – 시지부를 관절돌기의 옆에 댄다.
- 간접수 – 수장부로 귀를 감싸고, 제1지~제5지로 후두골과 경추상부를 감싸 잡아 받친다.

(4) 교정수기 – 간접수는 시술자 방향으로 약간 당기고, 직접수는 시지부로 변위된 부위를 머리 정중선에 대하여 직각 방향으로 순간적으로 밀면서 교정한다.

2. 엎드린 자세의 교정법

☐【8】☐ 경추 교정법【경추유착】

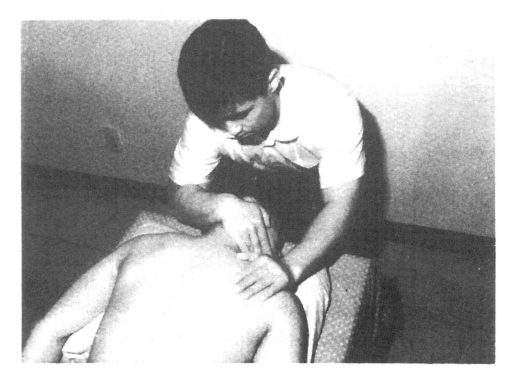

(1) 적용범위 : 경추와 경추 사이의 유착

(2) 교정자세
- 시술자 − 피술자의 머리쪽에 위치한다.
- 피술자 − 시술대 위에 업드린 상태에서 얼굴을 옆으로 돌린다.

(3) 교정수
- 직접수 − 손은 턱을 잡고, 상완은 후두골 부위를 감싸 걸친다.
- 간접수 − 어깨 부위를 감싸잡고 고정시킨다.

(4) 교정기술 − 간접수로 어깨 부위를 잡아 고정시키고, 턱과 후두골을
시술자 쪽으로 당기면서 순간적으로 교정한다.

□【9】□ 경추 교정법【하부 : 후방】

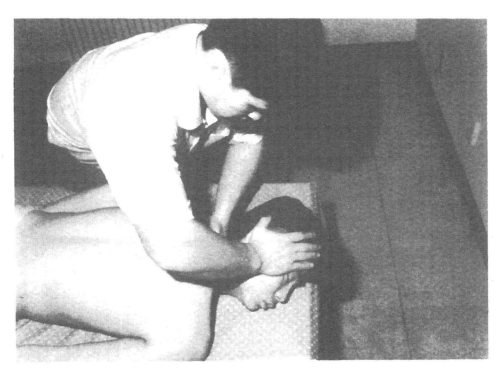

(1) 적용범위 : 경추 제5번~제7번, 흉추 제1번~제3번까지의
좌·우측 후방변위.

(2) 교정자세
- 시술자 — 다리를 앞뒤로 벌려 피술자의 얼굴쪽 방향으로 옆에
선다.
- 피술자 — 시술대에 엎드린 상태에서 얼굴을 시술자 쪽으로
돌린다.

(3) 교정수
- 직접수 — 시지부를 변위된 횡돌기부위에 댄다.
- 간접수 — 수장으로 볼과 상악부위에 대고, 손가락은 머리쪽을
향하도록 자연스럽게 펴서 댄다.

(4) 교정수기 — 간접수로 약간 피술자 쪽으로 밀며, 직접수로 척추에
대하여 직각방향으로 순간적으로 밀면서 교정한다.

□【10】□ 경추 교정법【경추하부】

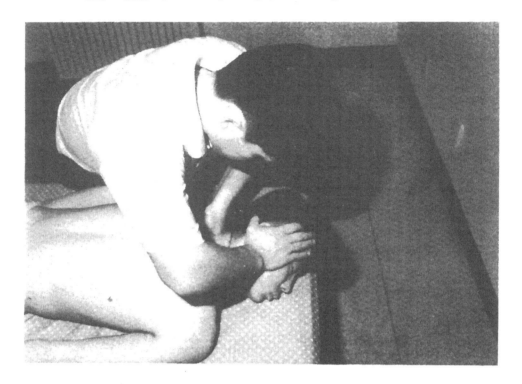

(1) 적용부위 - 경추 제5번~제7번, 흉추 제1번~제3번 까지의 좌·우측 후방,
하방, 측방 변위.

(2) 교정자세
- 피술자 - 다리를 앞뒤로 벌려 피술자의 얼굴쪽 방향으로 옆으로 선다.
- 피술자 - 시술대에 업드린 상태에서 얼굴을 시술자 반대쪽으로 돌린다.

(3) 교정수
- 직접수 - 모지부로 변위된 극돌기의 측방에 댄다.
- 간접수 - 수장부로 볼과 상악부위에 대고, 손가락은 머리쪽을 향하도록
자연스럽게 펴서 댄다.

(4) 교정수기 - 간접수를 시술자 방향으로 약간 밀며 직접수로 척추에 대하여
직각방향으로 순간적으로 밀면서 교정한다.

3. 앉은 자세의 교정법

□【11】□ 경추 교정법【후방】

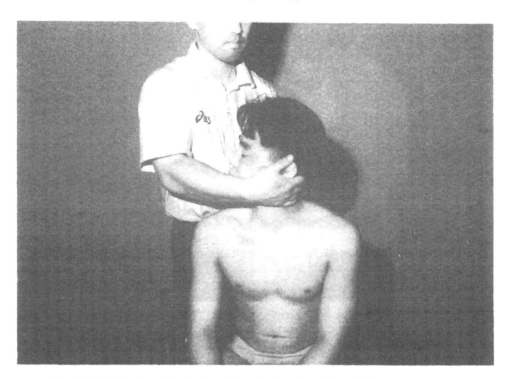

(1) 적용부위 : 경추 제2번~제7번의 좌·우측 후방변위.

(2) 교정자세
- 시술자-피술자의 45°뒤에 서서 직접수 반대쪽 어깨를 몸으로 고정시킨다.
- 피술자-앉은 자세에서 등을 편다.

(3) 교정수
- 직접수-제3지, 제4지의 지두부로 전위된 극돌기와 관절돌기를 감싸 잡는다. 제2지로 측두부를 고정하고, 제1지를 벌려 귀 앞에 댄다.
- 간접수-반대측 머리 귀 윗부분에 대고 고정시킨다.

(4) 교정수기-간접수로 머리를 받치면서 직접수로 시술자 쪽으로 당겨 순간적으로 교정한다.[신전한계점 파악]

□【12】□ 경추 교정법【측방】

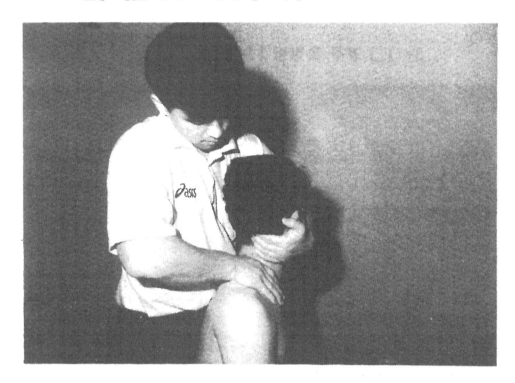

(1) **적용부위** : 경추 제5번~제7번, 흉추 제1번~제3번까지의 좌·우측
측방변위.

(2) **교정자세**
- 시술자－피술자의 뒤에 서서, 한쪽 다리로 피술자의 등에 대고 반대쪽
어깨를 몸으로 고정시킨다.
- 피술자－앉은 자세에서 등을 편다.

(3) **교정수**
- 직접수－모지부를 변위된 극돌기에 댄다.
- 간접수－제1지~제5지로 경추상부와 후두골을 감싸고, 상완으로 턱과
얼굴을 고정시켜 시술자 쪽으로 회전시킨다.

(4) **교정수기** － 간접수로는 시술자 방향으로 약간 당기며, 직접수로 척추와
직각방향으로 순간적으로 밀면서 교정한다.

흉 부 교 정

Ⅰ. 흉추 신전법

● **적용범위** ─ 흉추부 전반에 적용되는 신전법이다. 경직된 흉부 근육을 신전시켜 근육의 유연성을 높여 줌으로써 교정의 예비동작과 흉추부의 동통완화에 사용된다.

1. 누운 자세의 신전법

□【1】□ 양수 굴곡 신전법

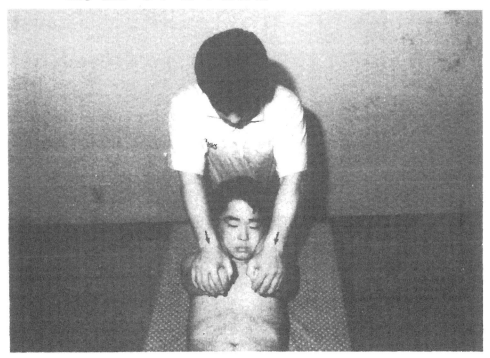

(1) 신전수
- 직접수 ─ 깍지 낀 양팔의 팔꿈치 부위를 잡는다.
- 간접수 ─ 직접수와 동일

(2) 신전수기 ─ 피술자의 깍지낀 양팔의 팔꿈치 부위를 잡고 발쪽으로 약간 밀면서 가슴쪽으로 원을 그리듯이 눌러 신전시킨다.

□【2】□ 하지 교차 신전법

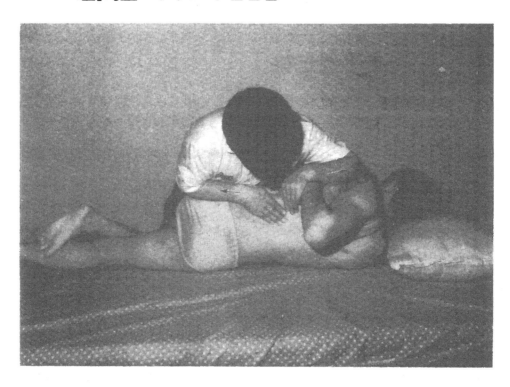

(1) 신전수

- 직접수 – 흉추하부의 횡돌기 부위를 손으로 감싼다. 전완은 장골부위에 위치한다.
- 간접수 – 어깨 부위를 고정시킨다.

(2) 신전기술 – 간접수로 어깨를 고정시키고 직접수의 손과 전완으로 시술자 쪽으로 당겨 신전시킨다.

2. 엎드린 자세의 신전법

□【3】□ 흉추 상부의 견인 신전법

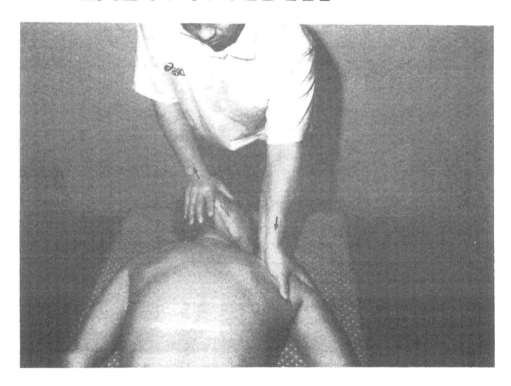

(1) 신전수
- 직접수 — 수장으로 귀를 덮고 손가락이 얼굴을 향하도록 한다.
- 간접수 — 견갑골의 내연 부위에 댄다.

(2) 신전수기 — 간접수는 피술자 쪽으로 약간 밀어 고정시키고, 직접수로
시술자 쪽으로 당겨 신전시킨다.

3. 앉는 자세의 신전법

□【4】□ 대퇴 확장 신전법

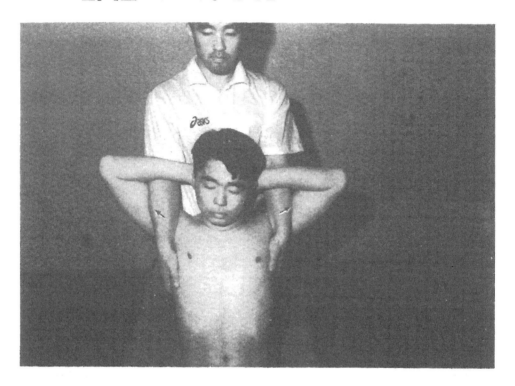

(1) 신전수
- 직접수 ― 피술자의 깍지 낀 양팔 사이에 손을 넣어 견갑하부를 손으로
  잡는다.
- 간접수 ― 직접수와 동일

(2) 신전수기 ― 시술자는 피술자를 대퇴에 비스듬이 기대게 한다. 피술자의
　　　　　 깍지낀 양팔사이로 손을 넣어 견갑하부를 잡은 후, 피술자를
　　　　　 약간 들어 올리면서 양손으로 흉곽 후부로 들어가 벌려
　　　　　 신전시킨다.

□【5】□ 상지 견인 회전 신전법

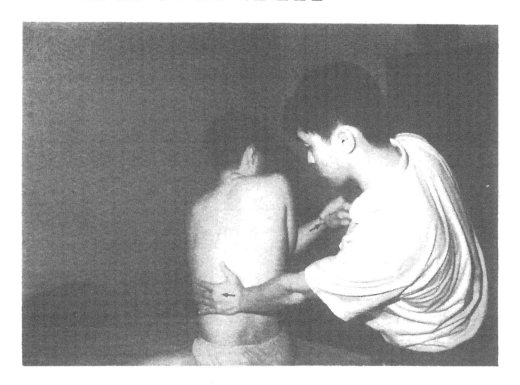

(1) 신전수
- 직접수 – 흉부 횡돌기 부위에 수근부를 댄다.
- 간접수 – 손목을 잡는다.

(2) 신전수기 – 시술자는 간접수로 피술자의 손목을 잡고 당기면서,
직접수로 흉부 횡돌기 부위를 수근부로 밀어 신전시킨다.

□【6】□ 흉부 고정 신전법

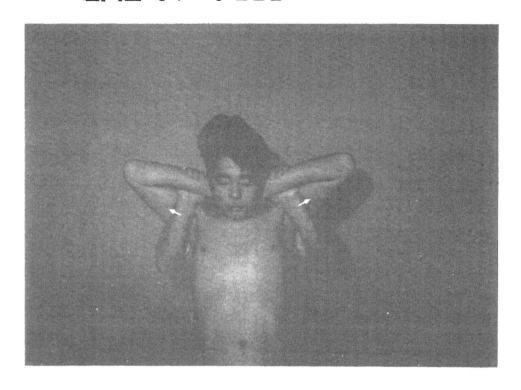

(1) 신전수
- 직접수 – 피술자의 깍지낀 양팔사이로 넣어 전완을 잡는다.
- 간접수 – 직접수와 동일

(2) 신전수기 – 시술자는 피술자의 등에 가슴을 대서 흉부를 고정시키고 직접수를 당기면서 양쪽으로 벌려 신전시킨다.

Ⅱ. 흉추 교정법

1. 누운 자세의 교정법

▢【1】▢ 흉추 교정법【상부】

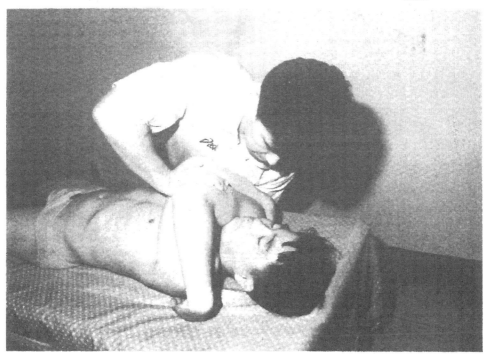

(1) 적용부위 : 흉부의 전방변위, 흉추 상부의 변위.

(2) 교정자세

- 시술자－피술자를 마주보고 옆에 선다.
- 피술자－누운 상태에서 가슴앞으로 양팔을 교차한다.

(3) 교정수

- 직접수－제1지를 펴고 제2지부터 제5지까지 반만 구부려서 흉추전방 변위가 된 부위의 밑에 둔다.
- 간접수－피술자의 교차된 양팔사이를 잡고 교정한다.

(4) 교정수기－시술자는 피술자의 양팔사이에 자신의 체중을 실어 압박하여 직접수 쪽으로 순간적으로 밀면서 교정한다.

2. 엎드린 자세의 신전법

□【2】□ 흉추 교정법【상부 : 후방, 하방】

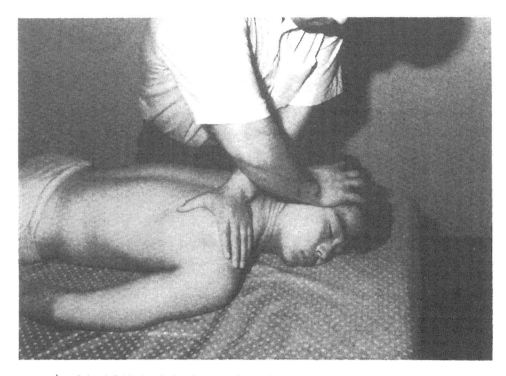

(1) **적용부위** : 흉추 제1번~제4번의 좌·우측 후방, 하방변위.

(2) **교정자세**
  - 시술자 – 피술자 머리쪽을 보고 옆에 선다.
  - 피술자 – 시술대에 편안한 상태로 엎드린다.

(3) **교정수**
  - 직접수 – 두상골부를 변위된 횡돌기 부위에 댄다.
  - 간접수 – 수장부를 얼굴과 머리에 대고 손가락을 펴서 잡는다.

(4) **교정수기** – 간접수로 고정하고 직접수를 피술자 쪽으로 밀어 신전 제한점을 파악한 후 이완시킨다. 신전 제한점에서 간접수로 약간 밀면서 직접수를 똑바로 밑으로 눌러 순간적으로 교차하여 교정한다.

□【*3*】□ 흉추 교정법 【상부 : 후방】

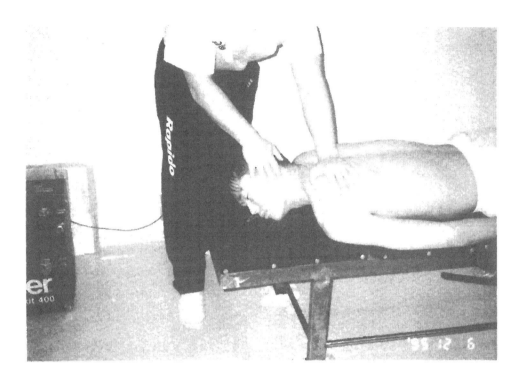

(1) **적용부위** : 흉추 제1번~제4번의 좌·우측 후방변위, 경추 후방변위.

(2) **교정자세**
- 시술자 – 변위된 부위의 반대편 옆에 선다.
- 피술자 – 시술대에 편안한 상태로 엎드린다.

(3) **교정수**
- 직접수 – 수근 부위로 변위된 횡돌기 부위에 댄다.
- 간접수 – 손가락이 얼굴쪽으로 향하게 하고, 수장부로 변위측
　　　　　　얼굴부위를 감싼다.

(4) **교정수기** – 직접수는 밑으로 누르고, 간접수로 피술자의 머리를 시술자
　　　　　　쪽으로 당겨 신전한계점을 파악한 후 이완시킨다. 신전한
　　　　　　계점에서 직접수는 밑으로 누르고, 직접수는 시술자 쪽으로
　　　　　　당겨 순간적으로 교차하여 교정한다.

□【4】□ 흉추 교정법【후하방, 후상방】

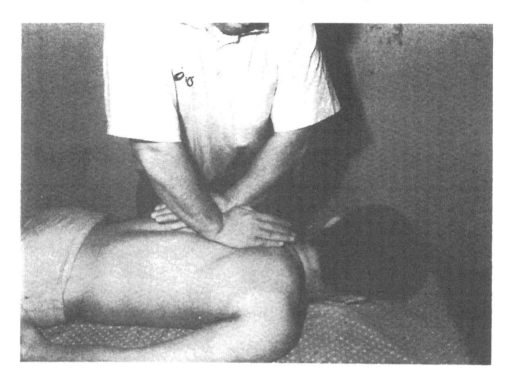

(1) **적용부위** : 전흉추의 좌·우측 후상방변위, 후하방변위

(2) **교정자세**
- 시술자 – 환자의 머리쪽을 보고 옆에 선다.
- 피술자 – 시술대 위에서 편안한 상태로 업드린다.

(3) **교정수**
- 직접수 – 변위된 횡돌기 부위에 두상골부를 댄다.
  - ┌ 좌·우측 후방상 : 손가락이 발쪽으로 향하도록
  - └ 좌·우측 후하방 : 손가락이 머리쪽으로 향하도록
- 간접수 – 직접수 접촉부위의 반대쪽 횡돌기 부위에 댄다(손가락을 직접수와 반대방향)

(4) **교정수기** – 변위된 상태에 따라 직접수와 간접수를 교차하여 순간적으로 교정한다.

□【5】□ 흉추 교정법【전흉추 : 후방】

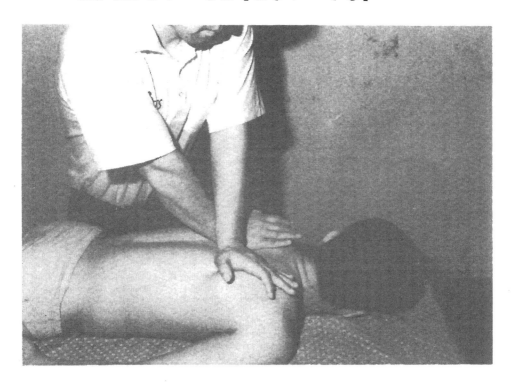

(1) 적용부위 : 전흉추의 좌·우측 후방변위, 좌·우측 하방변위, 전하방·
후하방변위.

(2) 교정자세
- 시술자 － 변위된 부위의 반대편에서 머리쪽을 향해 옆으로 선다.
- 피술자 － 시술대에 편안히 업드린다.

(3) 교정수
- 직접수 － 변위된 횡돌기 부위에 두상골부를 댄다.
- 간접수 － 직접수의 밑으로 교차하여 반대편 횡돌기 부위에 두상골
부를 댄다.

(4) 교정수기 － 양팔을 밀면서 압박하여 순간적으로 교정한다.
(변위된 종류에 따라 접촉부위의 교정방향이 달라진다.)

□【6】□ 흉추 교정법【전흉추ː후방】

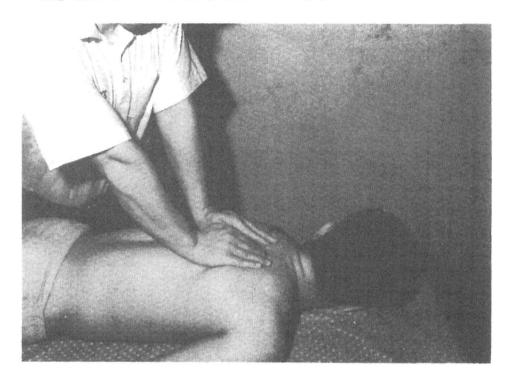

(1) **적용부위** — 전흉추의 좌·우측 후방변위, 후방변위, 후하방변위

(2) **교정자세**
- 시술자 — 피술자의 머리쪽을 향해 옆으로 선다.
- 피술자 — 시술대에 편안한 자세로 엎드린다.

(3) **교정수**
- 직접수 — 변위된 부위에 수근부를 댄다.
- 간접수 — 반대편 변위된 부위에 수근부를 댄다.

(4) **교정수기** — 양수를 밀면서, 압박하며 순간적으로 교정한다.

※응용 — 후상방 변위시는 시술자가 피술자의 다리쪽을 향해 옆으로 선
자세에서 같은 교정수기로 교정한다.

□【7】□ 흉추 교정법 【전흉추 : 후방】

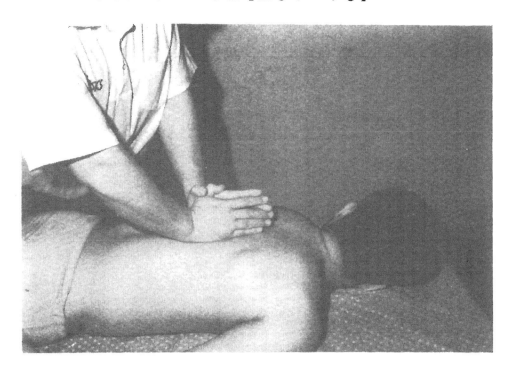

(1) 적용부위 : 전흉추의 좌 · 우측 후방 변위, 후방변위, 후하방변위.

(2) 교정자세

- 시술자 – 피술자의 머리쪽을 향해 옆으로 선다.
- 피술자 – 시술대에 편안한 자세로 업드린다.

(3) 교정수

- 직접수 – 변위된 중수골부위에 댄다.
- 간접수 – 반대편 변위된 부위에 중수골부를 댄다.

(4) 교정수기 – 양팔을 펴고 전완을 나란히 한 체로 시술자의 체중을 실어 피술자 방향으로 밀어 순간적으로 교정한다.

※ 응용 – 전하방 변위시는 시술자가 피술자의 다리쪽을 향해 옆으로 선 자세에서 같은 교정수기로 교정한다.

□【8】□   흉추 교정법【전흉추 : 후방】

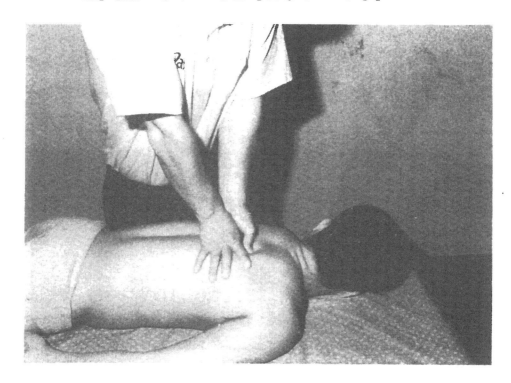

(1) 적용부위 : 전 흉추의 좌·우측 후방변위, 후방변위, 후하방변위
 [전하방변위]
    소아나 노약자에게 사용

(2) 교정자세
  • 시술자 – 피술자의 머리쪽을 향해 옆으로 선다.
  • 피술자 – 시술대에 편안한 자세로 엎드린다.

(3) 교정수
  • 직접수 – 변위된 횡돌기부위에 모지부를 댄다.
    제2지~제5지는 척추를 두고 모지부에 접촉된 횡돌기부위 반대편에
    펴서 모지를 지지해 준다.
  • 간접수 – 반대편 같은 변위된 횡돌기 부위에 서로 교차하여 모지부를
    댄다.

(4) 교정수기 – 팔꿈치를 고정하고 체중을 어깨에 실어 순간적으로 압박을
    가하여 교정한다.
    교정방향과 교정수의 위치는 변위된 종류에 따라 선정해야 한다.

3. 앉은 자세의 교정법

□【9】□ 흉추 교정법【전흉추 : 전방】

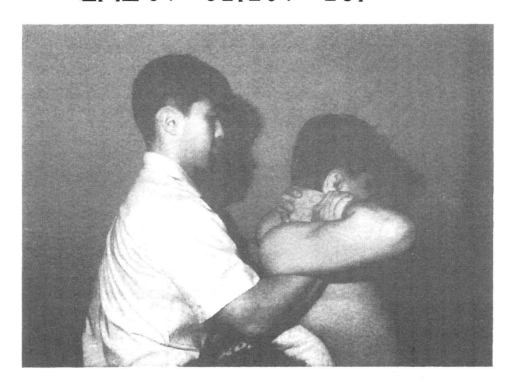

(1) 적용부위 : 흉추의 전방 변위

(2) 교정자세
- 시술자 — 피술자의 뒤에 서서, 한쪽 무릎을 변위된 부위 밑에 댄다.
- 피술자 — 시술대에 앉은 자세에서 목뒤로 깍지를 끼어 팔꿈치를 자연스럽게 벌린다.

(3) 교정수
- 직접수 — 시술자는 무릎을 변위된 부위 바로 밑에 댄다(쿠션사용)
- 간접수 — 깍지낀 피술자의 겨드랑이 사이로 팔을 넣어 피술자의 전완을 잡는다.

(4) 교정수기 — 간접수로 깍지낀 팔을 약간 올려 당기면서 무릎에 접촉된 부위를 앞으로 밀어 순간적으로 교정한다.

□【10】□ 흉추 교정법【하부 : 후방】

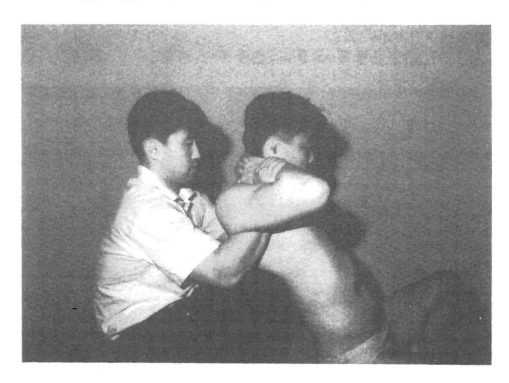

(1) 적용부위 : 흉추 하부의 후방변위

(2) 교정자세
- 시술자 — 시술대 위에서 피술자 등뒤에 무릎을 대고 쪼그려 앉는다.
- 피술자 — 시술대에 편안한 자세로 허리를 펴고 앉는다. 목뒤로 팔을 깍지 낀다.

(3) 교정수
- 직접수 — 피술자의 변위된 횡돌기 부위에 양무릎을 댄다(쿠션사용)
- 간접수 — 깍지낀 피술자의 겨드랑이 사이로 팔을 넣어 피술자의 전완을 잡는다.

(4) 교정수기 — 간접수로 깍지낀 팔을 당기면서 무릎으로 접촉된 부위를 피술자 쪽으로 밀어 순간적으로 교정한다.

□【11】□ 흉추 교정법 【상부 : 후방】

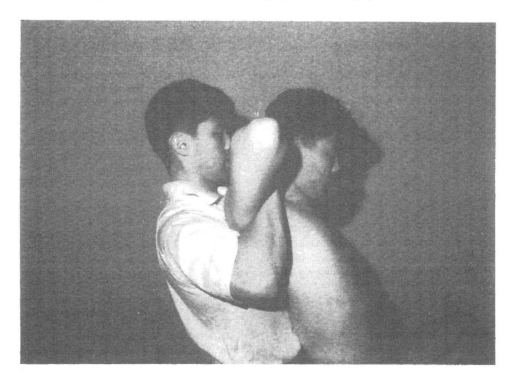

(1) **적용부위** : 흉추 상부의 후방변위

(2) **교정자세**
- 시술자 ─ 시술대 위에 다리를 벌리고 피술자 뒤에 앉는다.
- 피술자 ─ 시술대 위에 다리를 벌리고 앉아 목뒤로 양팔을 깍지낀다.

(3) **교정수**
- 직접수 ─ 피술자의 깍지낀 팔의 겨드랑이 사이로 넣어 전완을 잡는다.
  시술자의 가슴을 변위된 부위에 밀착한다.
- 간접수 ─ 직접수와 동일.

(4) **교정수기** ─ 시술자의 몸에 밀착된 피술자의 몸을 약간 위쪽으로 올리고
  간접수로 팔을 뒤로 당기면서 시술자의 가슴을 앞으로 밀어
  순간적으로 교정한다.

□【12】□ 흉추 교정법【상부 : 전방】

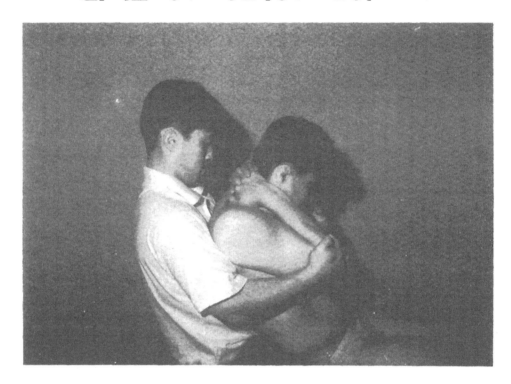

(1) 적용부위 : 흉추 상부의 전방 변위

(2) 교정자세
 ● 시술자 - 시술대 위에 다리를 벌리고 피술자 뒤에 앉는다.
 ● 피술자 - 시술대 위에 다리를 벌리고 앉아 목뒤로 깍지를 끼고, 앞으로 팔꿈치를 모은다.

(3) 교정수
 ● 직접수 - 시술자는 양손으로 팔꿈치를 잡고 피술자의 등에 가슴을 댄다.
 ● 간접수 - 직접수와 동일

(4) 교정수기 - 피술자의 변위부를 가슴에 대어 힘을 뺀 후, 팔꿈치를 잡은 양손을 시술자의 가슴쪽으로 돌려 당기면서 피술자를 약간 위로 올리듯 순간적으로 교정한다.
 ※ 응용 - 선자세 교정

□【13】□ 흉추 교정법【하부 : 후방】

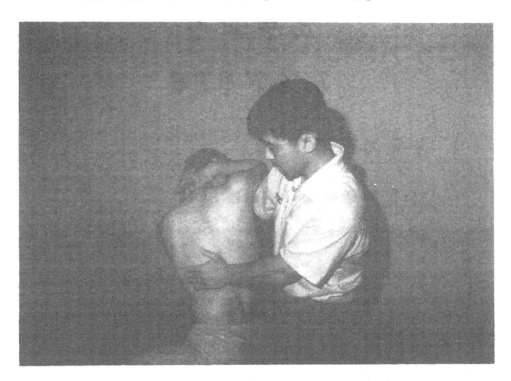

(1) 적용부위 : 흉추 하부의 좌·우측 후방변위, 요추 좌·우측 후방변위.

(2) 교정자세
- 시술자 – 피술자의 뒤에 선다.
- 피술자 – 시술대 뒤에 다리를 벌리고 앉아 목뒤로 깍지를 끼고 앞으로
  팔꿈치를 모은다.

(3) 교정수
- 직접수 – 수근, 두상골부를 변위된 횡돌기 부위에 댄다.
- 간접수 – 변위측 반대로 깍지 낀 팔의 겨드랑이를 지나 반대측 상완을
  잡는다.

(4) 교정수기 – 간접수로 피술자의 몸을 당겨 회전시키며 직접수로 밀어
  신전제한점을 파악한 후 이완시킨다.
  신전제한점에서 간접수를 당기면서 직접수로 순간적으로 밀어
  교정한다.

요부교정

I. 요추 신전법

1. 누운 자세의 신전법

□【1】□ 양슬 굴곡 신전법

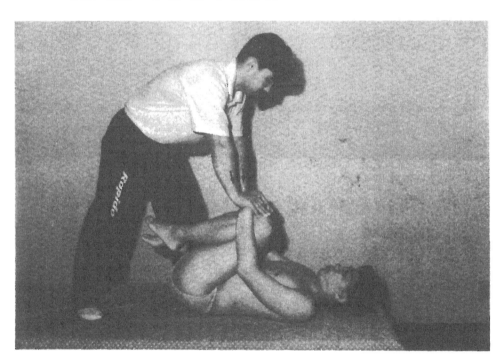

(1) 신전수
- ●직접수 - 피술자의 무릎위의 깍지낀 손위에 손을 올려놓는다.
- ●간접수 - 직접수와 동일

(2) 신전수기 - 피술자의 양무릎을 시술자의 양손으로 피술자의 가슴쪽으로 밀어 굴곡 신전시킨다. 이때 피술자는 호흡을 내쉰다.
- ●주의 - 양무릎이 턱쪽으로 굴곡되지 않게 눌러준다.
- ※ 응용 - 한쪽 무릎씩 굴곡 신전

□【2】□ 하지 거상 신전법

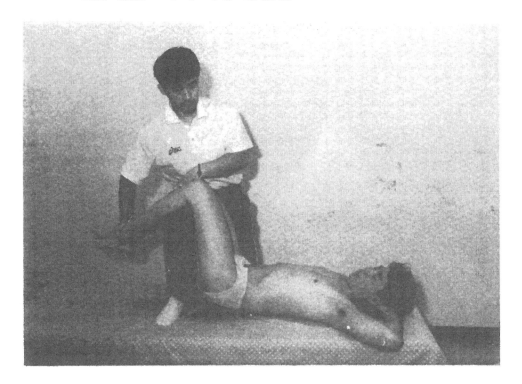

(1) 신전수
- 직접수 – 피술자의 양슬관절 뒷부분을 시술자의 무릎위에 올려놓고 양 발목을 고정한다.
- 간접수 – 피술자의 양 무릎위를 잡아 고정한다.

(2) 신전수기 – 발목 부위를 밑으로 밀면서 신전시킨다.

□【3】□   전완 견인 신전법

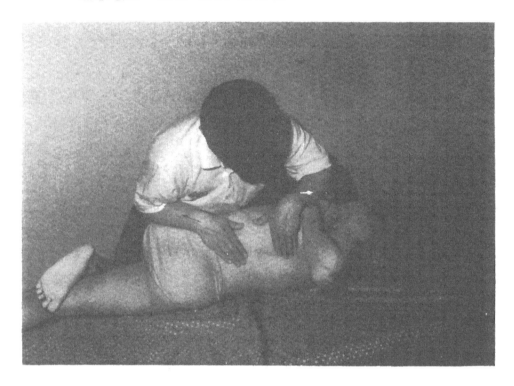

(1) 신전수
- 직접수-옆으로 누운 피술자의 장골부위에 팔꿈치를 댄다.
- 간접수-옆으로 누운 피술자의 가슴과 어깨 부위에 전완을 댄다.

(2) 신전수기-장골 부위의 직접수는 밑으로, 가슴과 어깨 부위의 간접수는 위로 밀면서 신전시킨다.

□【4】□ 견인띠 신전법

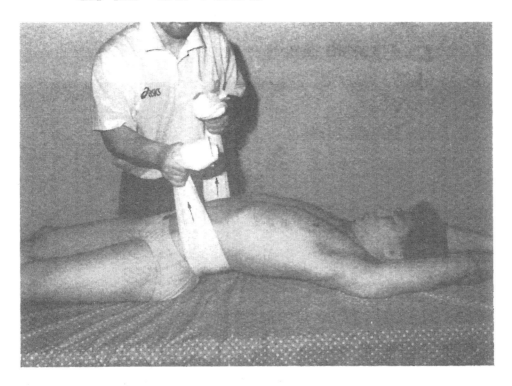

(1) 신전수
- 직접수 – 견인띠를 피술자의 요추부 밑을지나게 하여 양끝을 쥔다.
- 간접수 – 직접수와 동일

(2) 신전수기 – 견인띠를 한쪽씩 번갈아 견인하여 잡아당겨 신전 시킨다.

2. 엎드린 자세의 교정법

□【5】□ 양수 교차 신전법

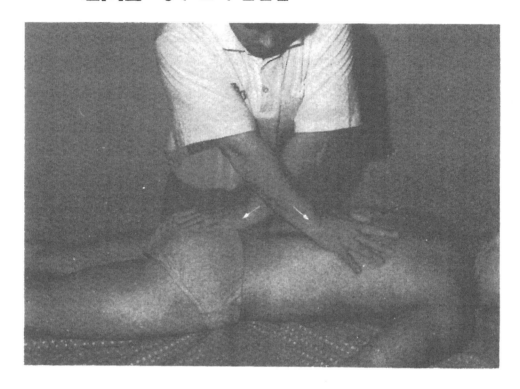

(1) 신전수
- 직접수 – 피술자의 장골 부위에 수장부를 댄다.
- 간접수 – 반대편 흉추 하부 횡돌기 부위에 수장부를 댄다.

(2) 신전수기 – 직접수는 발끝쪽으로, 간접수는 머리쪽으로 밀며
대각선으로 서로 교차하여 신전 시킨다. 손을 바꾸어
나머지 쪽도 해준다.

※ 응용 – 같은 쪽의 직선 신전법

Ⅱ. 요추 교정법

□【1】□ 요추교정법 【후방】

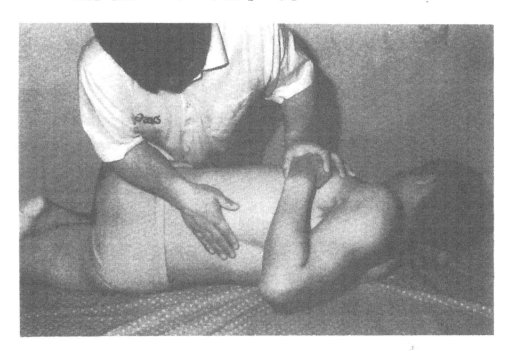

(1) 적용범위 – 요추의 좌·우측 후방변위.

(2) 교정자세
- 시술자 – 피술자의 머리쪽을 향해 옆으로 선다.
- 피술자 – 옆으로 누워 밑에 있는 팔은 팔베개하고, 윗어깨는 약간뒤로 젖히고 손을 가슴에 댄다.
  밑에 있는 다리는 쭉펴고, 위의 다리는 구부려서 발목이 밑의 무릎에 걸치게 한다.

(3) 교정수
- 직접수 – 시술자의 전완부위를 장골부위(환도)에 댄다.
  피술자의 구부린 윗다리는 시술자의 내측다리의 대퇴사두근부로 고정시킨다.
- 간접수 – 피술자의 윗 어깨(가슴)부위에 수장부를 댄다.

(4) 교정수기 – 간접수로 피술자 쪽으로 약간 밀면서, 전완부를 다리쪽으로 회전시키면서 순간적으로 교정한다.

□【2】□ 요추 교정법 【후방 : 골반전방】

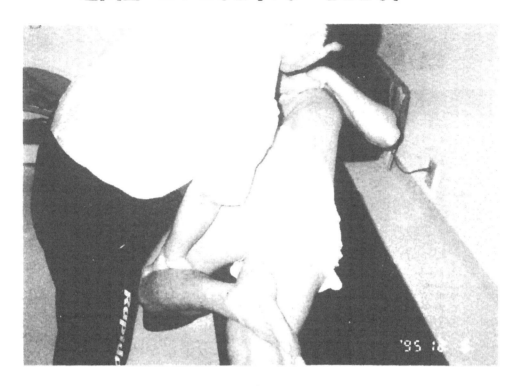

(1) 적용부위 : 요추의 좌·우측 후방변위, 골반의 좌우전방 변위

(2) 교정자세
- 시술자 - 교정부위의 반대측에서 피술자를 향해 옆으로 선다.
- 피술자 - 옆으로 누워 밑에 있는 팔을 팔베개하고, 윗어깨는 약간 뒤로 젖히고 손은 가슴에 댄다.
  밑에 있는 다리는 쭉 펴고, 위의 다리는 구부려서 발목이 밑의 무릎에 걸치게 한다.

(3) 교정수
- 직접수 - 피술자의 구부린 윗다리의 무릎사이를 끼어 잡는다.
- 간접수 - 피술자의 윗어깨(가슴)부위에 수장부를 댄다.

(4) 교정수기 - 간접수를 고정한체 직접수를 밑으로 밀면서 순간적으로 교정한다.

☐【3】☐ 요추 교정법 【후방】

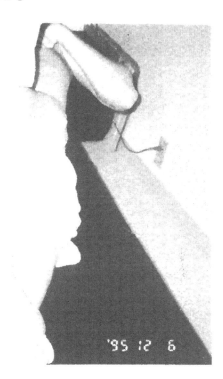

(1) 적용부위 : 요추의 좌·우측 후방변위, 흉추 하부의 좌·우측 후방변위.

(2) 교정자세

- 시술자 – 교정부위의 반대측에서 피술자를 향해 옆으로 선다.

- 피술자 – 옆으로 누워 밑에 있는 팔을 팔베게하고, 윗어깨는 약간
  뒤로 젖히고 손은 가슴에 댄다.
  밑에 있는 다리는 쭉 펴고, 위의 다리는 구부려서 발목이
  밑의 무릎에 걸치게 한다.

(3) 교정수

- 직접수 – 제2지~제4지의 지두부를 변위된 극돌기를 잡는다.
  피술자의 구부린 윗다리 사이에 시술자의 내측 다리의 무릎을 올려놓는다.
- 간접수 – 피술자의 윗어깨(가슴)부위에 수장부를 댄다.

(4) 교정수기 – 간접수로 피술자를 고정시킨다.
  직접수로 변위된 부위를 당기면서, 동시에 피술자의 다리에 올려놓은
  시술자의 무릎을 순간적으로 밑으로 밀어 교정한다.

□【4】□ 요추 교정법【후방】

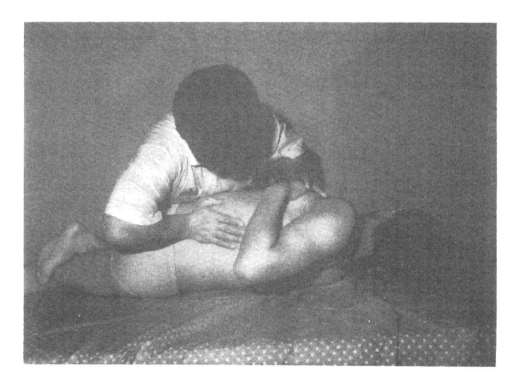

(1) 적용부위: 요추 좌·우측 후방변위, 흉추 하부 좌·우측 후방변위.

(2) 교정자세

- 시술자 – 교정 부위의 반대측에서 피술자를 향해 옆으로 선다.
- 피술자 – 옆으로 누워 밑에 있는 팔은 팔베개 하고, 윗어깨는 약간 뒤로 젖히고 손은 가슴부위에 댄다.
  밑에 있는 다리는 쭉펴고, 위의 다리는 구부려서 발목이 밑의 무릎에 걸치게 한다.

(3) 교정수

- 직접수 – 변위된 횡돌기 부위나 극돌기 부위에 두상골부를 댄다.
  피술자의 구부린 윗다리는 시술자의 내측다리의
  대퇴사두근부로 고정시킨다.
- 간접수 – 피술자의 윗 어깨(가슴)부위에 수장부를 댄다.

(4) 교정수기 – 간접수로 고정하고, 직접수로 변위된 횡돌기 부위나 극돌기 부위를 시술자 쪽으로 밀어 순간적으로 교정한다.

☐[5]☐ 요추 교정법【컴비네이션】

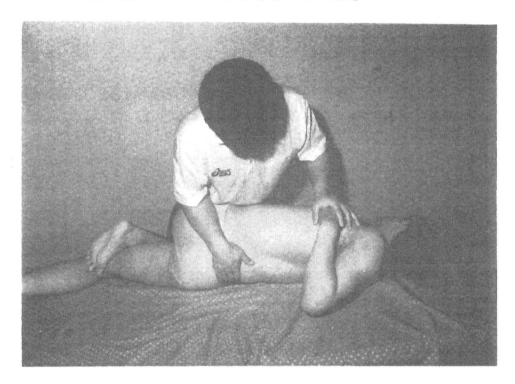

(1) 적용부위 : 요추의 좌·우측 후방변위, 골반의 좌·우측 전방변위(下)
(2) 교정자세
- 시술자 ─ 교정부위의 반대측에서 피술자를 향해 옆으로 선다.
  시술자의 내측다리를 들어 피술자의 구부린 윗다리 위에
  일치하여 올려 놓는다.
- 피술자 ─ 옆으로 누워 밑에 있는 팔을 팔베개하고, 윗어깨는 약간
  뒤로 젖히고 손은 가슴에 댄다. 밑에 있는 다리는 쭉펴고
  위의 다리는 구부려서 발목이 밑의 무릎에 걸치게 한다.

(3) 교정수
- 직접수 ─ 제2지~제5지로 밑부분 장골의 전상장골극을 잡는다.
  상완은 윗 장골에 붙인다.
- 간접수 ─ 피술자의 윗 어깨(가슴)부위에 수장부를 댄다.

(4) 교정수기 ─ 간접수로 고정하고, 직접수로 골반을 시술자 쪽으로 당겨
  밀면서, 피술자의 다리위에 놓인 시술자의 다리를 밑으로
  순간적으로 교정한다.

□【6】□ 요추 교정법【후방 : 골반전방】

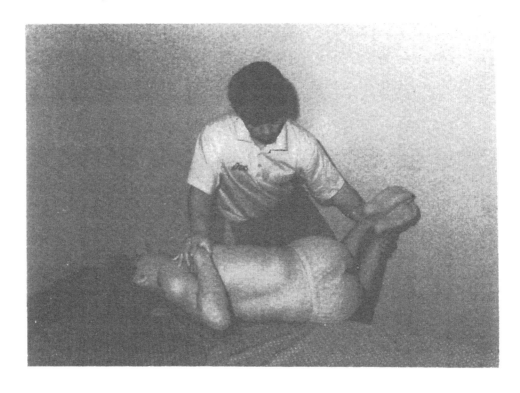

(1) 적용부위 : 요추의 좌·우측 후방변위, 골반의 좌·우측 전방변위(下)

(2) 교정자세

- 시술자 – 피술자의 다리를 향해 밑에 선다.
  피술자의 모아진 무릎위로 내측무릎을 올려 놓는다.
- 피술자 – 옆으로 누워 밑에 있는 팔은 팔베개하고, 윗어깨는 뒤로
  젖히고, 손은 가슴부위에 댄다.
  양다리는 구부리고, 골반은 시술대의 가장자리에 놓는다.

(3) 교정수

- 직접수 – 양 발목을 잡고 받쳐든다.
- 간접수 – 팔을 똑바로 펴서 윗어깨(가슴)부위에 수장부를 대고
  고정시킨다.

(4) 교정수기 – 간접수로 고정시키고, 직접수는 약간 올리면서, 시술자의
무릎을 밑으로 밀면서 순간적으로 교정한다.

골반교정

Ⅰ-1 장골 신전법(후방변위)

□【1】□ 하지 후거상 신전법

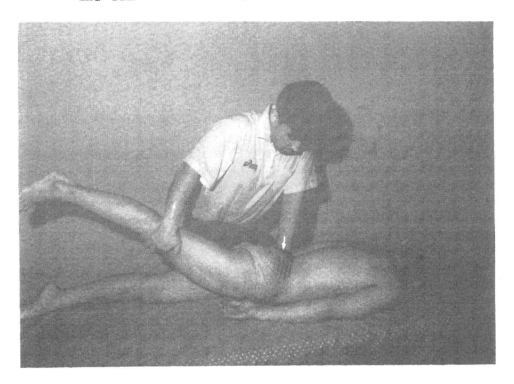

(1) 신전수
- 직접수 – 신전부위의 반대측에서 후상장골극과 장골능 부위에
  직접수의 두상골부와 소지구부를 댄다.
- 간접수 – 팔을 편 상태에서 피술자의 슬관절 윗부분(대퇴부쪽)을
  잡는다.

(2) 신전수기 – 직접수를 밑으로 눌러 고정시키고, 간접수를 시술자 쪽으로
  약간 당기며 서서히 올려 신전시킨다.

□【2】□ 하지 후거상 회전 신전법

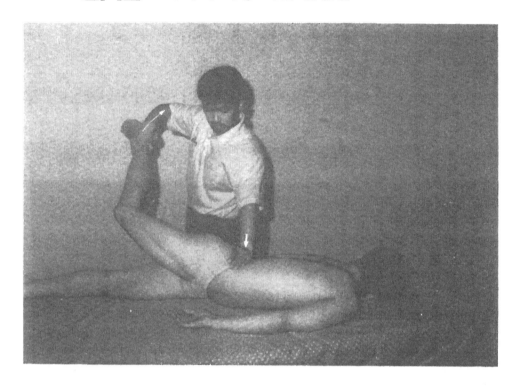

(1) 신전수
- 직접수 – 신전 부위의 반대측에서 후상장골극과 장골능 부위에 직접수의 두상골부와 소지구부를 댄다.
- 간접수 – 신전측의 발목을 잡는다.

(2) 신전수기 – 간접수를 고정시키고, 직접수를 시술자 쪽으로 크게 회전하여 신전시킨다.

※ 주의 – "후거상 회전 신전법"에 무리가 없는 피술자에게 적용시킬 것

Ⅰ-2 장골 교정법(후방 변위)

□【1】□ 장골 교정법【후방】

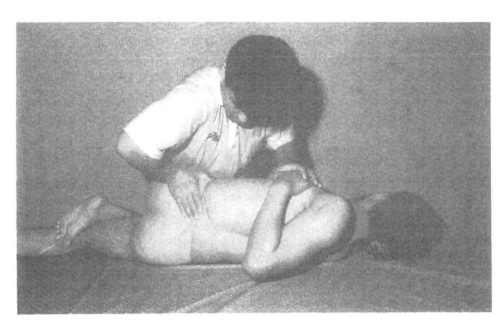

(1) 적용부위 : 장골의 좌·우측 후방변위.

(2) 교정자세

- 시술자 – 교정부위의 반대측에서 피술자를 향해 옆으로 선다.
  내측의 다리를 들어 피술자의 구부린 다리위에 일치하여 올려
  놓는다.
- 피술자 – 옆으로 누워 밑에 있는 팔은 팔베개하고, 윗어깨는 약간 뒤로
  젖히고, 손은 가슴부위에 댄다.
  밑에 있는 다리는 쭉 펴고, 위의 다리는 구부려서 발목이 밑의
  무릎에 걸치게 한다.

(3) 교정수

- 직접수 – 팔꿈치를 구부리고, 전완을 교정방향으로 하여 손목을 직각
  방향으로 변위 부위에 댄다.
- 간접수 – 피술자의 윗어깨(가슴)부위에 수장부를 댄다.

(4) 교정기술 – 간접수로 고정하고, 직접수로 후상장골극과 장골을 시술자
쪽으로 밀면서, 피술자의 다리 위에 놓인 시술자의 다리를
밑으로 밀어 순간적으로 교정한다.

□【2】□ 장골 교정법【후방】

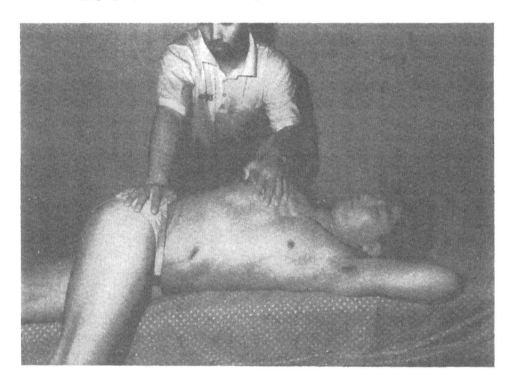

(1) **적용부위** : 장골의 좌·우측 후방변위.

(2) **교정자세**
- 시술자 ― 피술자의 변위측 부위의 뒤에 선다.
- 피술자 ― 옆으로 누워 밑에 있는 팔은 팔베개하고, 윗어깨는 뒤로 젖혀 시술대 위에 놓고 팔은 편다.
   밑에 있는 다리는 쭉펴고, 위의 다리는 발이 바닥에 약간 닿을 정도로 시술대의 앞으로 편다.

(3) **교정수**
- 직접수 ― 수근부와 모지구부를 후상장골극과 장골능에 댄다.
- 간접수 ― 피술자의 윗어깨(가슴)부위를 약간 후방으로 당기듯 고정시킨다.

(4) **교정수기** ― 간접수를 약간 후방으로 당기듯 고정하고, 직접수로 장골을 앞으로 밀면서 순간적으로 교정한다.

I-3 장골 신전법(전방 변위)

□【1】□ 슬압박굴곡신전법

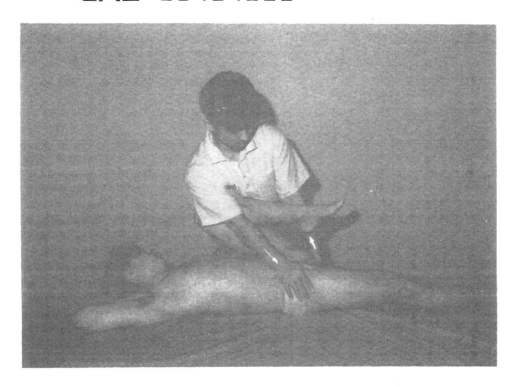

(1) 신전수
- 직접수 - 팔을 굴곡된 다리의 내측을 통해, 수장과 시두부로 좌골결절 밑부분을 잡는다.
- 간접수 - 반대측 대퇴 사두근의 상부를 잡아 고정시킨다.

(2) 신전수기 - 간접수를 골반과 대퇴부를 고정시키고, 직접수로 좌골을 잡아올리며 시술자 몸 부위에 걸려있는 슬관절부를 피술자 쪽으로 서서히 누르면서 신전시킨다.

□【2】□ 장골 굴곡 신전법

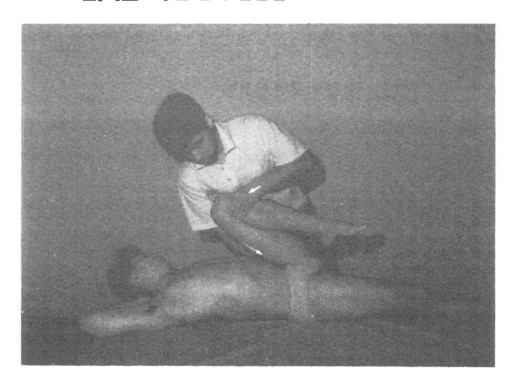

(1) 신전수
- 직접수-수장부로 전상장골극 부위를 누른다.
- 간접수-구부린 슬관절부를 잡는다.

(2) 신전수기- 직접수로 전상장골극 부위를 누르면서 간접수로 슬관절을 눌러 굴곡시켜 신전시킨다.

□【3】□ 측와위 굴곡 신전법

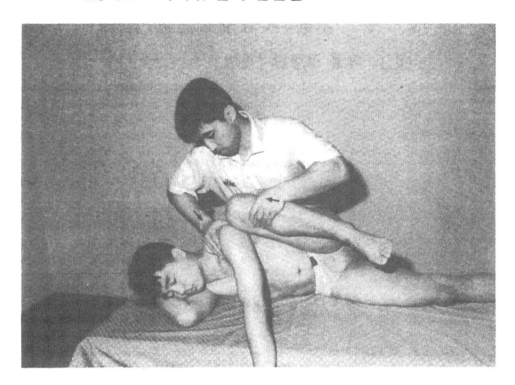

(1) 신전수
- 직접수 — 수장부로 전상장골극 부위를 누른다.
- 간접수 — 구부린 슬관절부를 잡는다.

(2) 신전수기 — 간접수로 어깨를 앞으로 밀면서, 직접수로 슬관절을 시술자 쪽으로 서서히 굴곡하여 신전시킨다.

Ⅰ-4 장골 교정법(전방 변위)

□【1】□ 장골 교정법【전방】

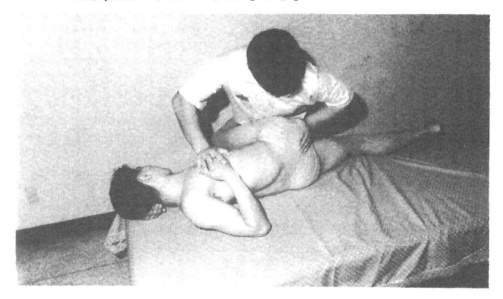

(1) **적용부위** : 장골의 좌·우측 전방변위

(2) **교정자세**
- 시술자-피술자의 윗쪽 다리를 시술자의 외측다리 슬관절 위에
  올려놓고, 시술자는 내측 다리로 시술대에 붙여 피술자를
  고정시킨다.
- 피술자-옆으로 누워 밑에 있는 팔은 팔베개하고, 윗어깨는 뒤로
  젖히고 손은 가슴 부위에 댄다.
  밑에 있는 다리는 쭉 펴고 위의 다리는 무릎을 굽혀 시술대
  밖으로 나오게 한다.

(3) **교정수**
- 직접수-팔꿈치를 구부리고 전완은 교정방향(피술자의
  대퇴방향)으로 하여 두상골부를 후방 좌골 결절 부위에 댄다.
- 간접수-피술자의 윗어깨(가슴)부위에 수장부를 댄다.

(4) **교정수기** - 간접수로 고정하고, 피술자의 구부린 윗무릎을 약간 밀면서
  직접수를 피술자의 대퇴방향으로 밀어 순간적으로 교정한다.

□【2】□ 장골 교정법【후방】

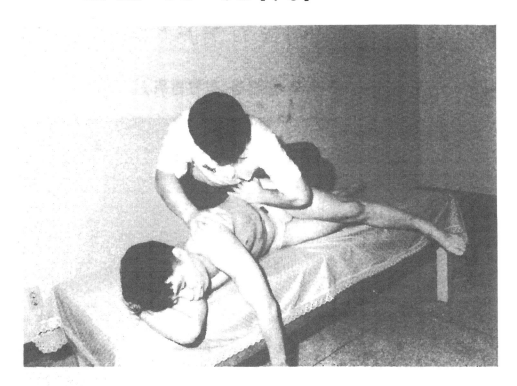

(1) **적용부위** : 장골의 좌·우측 전방변위

(2) **교정자세**
- 시술자 ─ 피술자의 뒷쪽에 선다.

(3) **교정수**
- 직접수 ─ 전완의 방향을 피술자의 위쪽 다리 대퇴와 평행하게 하여 수장부로 전상장골극부위를 잡는다.
- 간접수 ─ 피술자의 윗어깨의 견갑골 부위를 잡고 고정시킨다.

(4) **교정수기** ─ 간접수로 고정하고, 직접수로 전상장골극부를 뒤로 밀면서 순간적으로 교정한다.

Ⅱ-1. 선추 신전법

□【1】□ 양수 압박 신전법(전방변위)

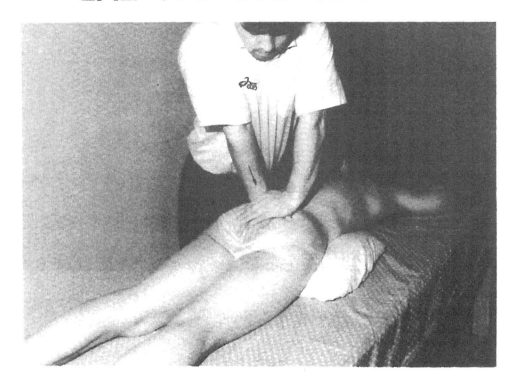

(1) 신전수
- 직접수 — 시술자는 피술자 다리쪽으로 향해선다. (전상장골극부위에 둥근교정대를 댄다)
  수근부를 선골 하반부에 댄다.
- 간접수 — 직접수 위에 겹쳐서 수장부를 댄다.

(2) 신전수기 — 피술자에게 숨을 내쉬게 하면서 시술자는 팔을 펴고 체중으로 눌러 신전시킨다(30초).

【2】 전완 굴곡 신전법(전방변위)

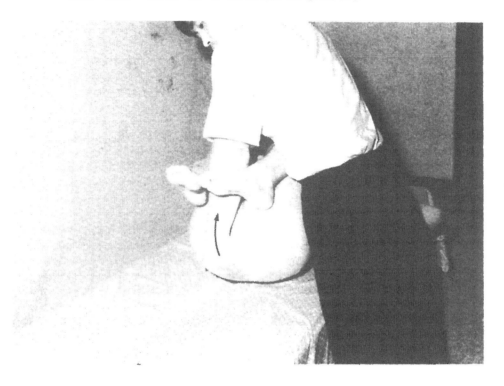

(1) 신전수
- 직접수 — 피술자의 양다리 사이로 팔을 넣고 제2지~제4지의
  지두부로 선골주를 잡는다.
- 간접수 — 피술자의 구부린 양측 무릎을 내측은 전완으로 고정하고
  외측은 손으로 잡는다.

(2) 신전수기 — 시술자의 몸은 간접수 위에 누르면서 직접수로 선골을
  당기면서 신전시킨다.

☐【3】☐   하지 굴곡 신전법(후방 변위)

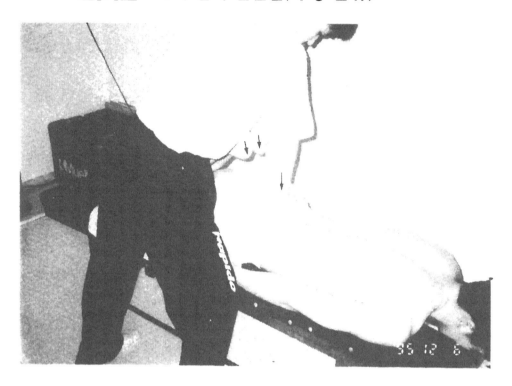

(1) **신전수**
- 직접수 – 수근부를 선추 상반부에 댄다.
- 간접수 – 피술자의 양발목을 잡는다(양무릎을 띠고 고정하고, 무릎 밑에 둥근교정대를 댄다)

(2) **신전수기** – 간접수로 양발목을 둔부쪽으로 굴곡시키면서, 직접수로 선추상반부를 수근부로 누르면서 신전시킨다.

Ⅱ - 2. 선추 교정법

□【1】□ 선추 교차 교정법【전방】

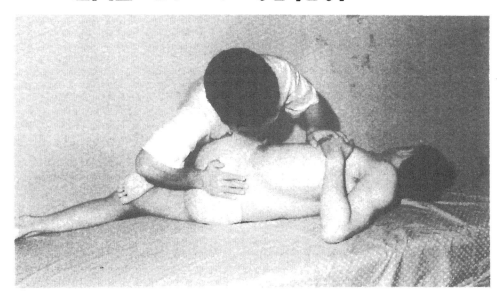

(1) 적용부위 : 선골전방변위 선골 좌·우측 전하방변위.

(2) 교정자세

- 시술자 — 교정부위의 반대측에서 피술자의 머리쪽을 향해 옆으로 선다.
- 피술자 — 옆으로 누워 밑의 어깨는 팔베개를 하고 윗어깨는 뒤로 젖혀 손은 가슴부위에 댄다.
  밑에 있는 다리는 쭉펴고, 위의 다리는 구부려서 발목이 밑의 무릎에 걸치게 한다.

(3) 교정수

- 직접수 — 전완을 선골과 직각을 이루도록 하여 두상골과 소지구부로 선골하반부 부위에 댄다.
  피술자의 구부린 윗다리는 시술자의 내측다리의 대퇴사두근부로 고정시킨다.
- 간접수 — 피술자의 윗어깨(가슴)부위에 수장부를 댄다.

(4) 교정수기 — 간접수로 고정하고, 선골 하부를 직접수로 시술자 쪽으로 밀면서, 고정된 피술자의 구부린 다리를 약간 받쳐 빌어 순간적으로 교정한다.

□【2】□ 선주 교정법 【후방】

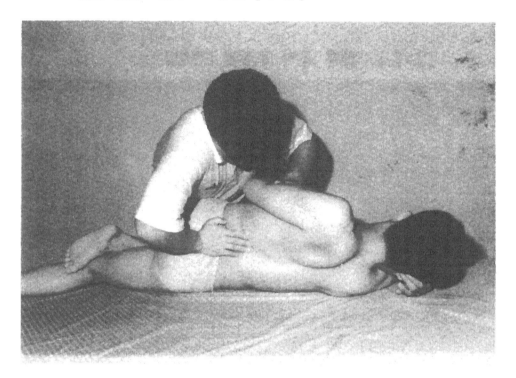

(1) 적용부위 : 선골 후방변위

(2) 교정자세

- 시술자 – 시술자의 전방에 선다. 피술자의 구부린 윗다리를 시술자의
  내측다리의 대퇴사두근부로 고정시킨다.
- 피술자 – 옆으로 누워 밑에 있는 팔은 팔베개 하고, 위의 어깨는 수직으로
  한다. 밑에 있는 다리는 쭉 펴고, 위의 다리는 구부려서 발목이
  밑의 무릎에 걸치게 한다.

(3) 교정수

- 직접수 – 전완을 다리방향으로 하여 두상골부가 제1, 제2 선추융기에 댄다.
- 간접수 – 윗어깨 부위를 손으로 잡는다.

(4) 교정수기 – 간접수를 약간 뒤로 밀어 고정하고, 직접수로 선골부위를
  전하방으로 밀어 순간적으로 교정시킨다.

참 고 문 헌

구희서외1인, 요통의 진단과 치료, 대학서림, 1992.

구제언, 코칭론, 형성출판사, 1991.

김종훈외 3인 운동 해부학, 교학연구사, 1982.

김형묵, 척추사지 진단 ATLAS, 고려의학, 1989.

김화섭, 실용지압과 스트레칭, 하서출판사, 1987.

김효철외4인, 스포츠 맛사지 이론과 실제, 유아, 1990.

김국환, 지압요법+운동요법, 영덕문화사, 1991.

김주호, 자기지압, 마사지, 경혈체조, 서림문화사, 1992.

김의주외5인, 운동요법Ⅱ 스포츠 마사지, 한국 학술 자료사, 1991.

김명기, 스포츠 맛사지와 테이핑법, 금광, 1993.

김석련, 스포츠맛사지, 금광, 1993.

김성수, 척추건강 카이로프라틱과 마음(?)의 활용, 하논, 1995.

김상철외4인, 스포츠구급및 안전관리, 금룡문화사, 1995.

박희서, 카아드로 도해한 지압및 마사아지요법, 문진당, 1981.

박금실, 활법1, 한강문화사, 1984.

박종갑, 맛사지 지압법의 실제, 한림, 1988.

박지명, 건강마사지, 하남 출판사, 1993.

박래준외 3인, 맛사지의 이론과 실제,

변영호, 중국추나치료법, 대한교과서, 1994.

백태강, 도해 운동기능 해부학, 해외과학출판사, 1991.

백남섭, 스포츠맛사지와 물리치료, 태근문화사, 1993.

백남섭외4인, 스포츠 헬스, 진음, 1994.

신순철, 드롭식 척추교정방법, 1993.

신준식, 한국추나학, KCA PRESS , 1995.

송기택, 척추 골반조정 특수기법, 명도출판사, 1983.

송기택, 활기도 신체조정 제3력법, 명도출판사, 1983.

송기택, 임파 마사지, 형설출판사, 1988.

송기택, 카이로프라틱, 금광, 1989.

송기택, 스포츠마사지, 금광, 1989.

송기택, 분절마사지, 형설출판사, 1994.

스포츠서적편찬실, 건강맛사지, 일신서적, 1990.

오중환, 카이로프라틱, 금광, 1990.

음양맥진출판사, 운동요법, 음양맥진출판사, 1984.

이일남, 누구나 손쉽게 고칠 수 있는 디스크 치료법, 전원, 1994.

이일남, 건강마사지요법, 전원, 1995

이강입, 척추골반 교정법, 우진사, 1982.

정진우, 허리가 아프시다구요, 대학서림, 1987.

정길산, 신비의 혈도요법, 금강, 1988.

정진우, 척수신경의 검진, 대학서림, 1991.

정진우외1인, 그림으로 보는 근골격 해부학, 대학서림, 1993.

조자룡, 스포츠 맛사지법, 행림출판, 1987.

최훈, 근육의 자가 신장, 진명, 1994.

최월봉외4인, 기본인체 해부학, 탐구당, 1989.

체육부, 과학적 훈련지도서, 체육부, 1990.

한갑수, 인체 해부학, 고문사, 1985.

한성철외4인, 신체조정및 운동처방, 재동문화사, 1994.

한국생활건강연구회, 허리, 목 디스크 이렇게 치료한다, 태웅출판, 1990.

허일웅, 신체교정학, 금광, 19881

허일웅, 마찰요법의 비전, 명지출판사, 1986.

허일웅외3인, 카이로프라틱, 금광, 1994.

현대레저연구회, 현대지압·맛사지법, 진활당, 1989.

현대건강연구회, 완전한 요통치료법, 진활당, 1990.

현대가정의학, 허리, 무릎 발의 통증 치료법, 진활당, 1991.

현대가정의학, 어깨결림 치료법, 진활당, 1991.

홍원식, 만병에 효과있는 발바닥 건강법, 효성, 1993.

김상현, Sport Massage가 운동후 회복에 미치는 영향에 관한 연구, 경회대학교 교육대학
　　　원 석사 학위논문, 1983.

김판규, MASSAGE요법이 운동신경 전도속도에 미치는 영향, 덩지대학교 대학원 석사학
　　　위논문, 1988.

김석련, 스포츠 맛사지가 근지구력에 미치는 영향, 태권도 연구 논문집 제1호, 1988.

김석련, 운동전 맛사지가 회복과정의 심박수및 혈중 젓산 농도의 변화에 미치는 영향, 대한
　　　스포츠 의학회지, 제7권1호, 1989.

김완조외3인, 스포츠 마사지의 무드변화에 대한 효과, 대한스포츠학회지.제12권 제1호,
　　　1994.

이석영, 8MASSAGE요법이 경기력 향상에 미치는 영향, 명지대학교 대학원 석사학위논
　　　문, 1988.

백남섭외1인, Sports Massage요법이 운동후 회복에 미치는 영향, 대한유도학교 무도연구
　　　소, 1990.

백남섭외1인, 무도종목에 있어서 마사지의 이론적 고찰, 대한체육과학대학교 무도연구소, 1992.

백남섭외1인, 물리치료의 이론적 고찰, 용인대학교 무도연구소, 1993.

백남섭외1인, 효과적인 물리치료를 위한 Massage가 인체 각 부위에 미치는 영향, 용인대하교 무도연구소, 1993.

허일웅, 맛사지 요법에 따른 운동효과에 관한 연구, 명지대학교 대학원 석사학위논문, 1978.

David J.Nickel, ACUPRESSURE FOR ATHLETES, An Owl Book, 1884.

Donald D.Harrison, CHIROPRATIC : The Physics of Spinal Correction, 1986.

Daniel D. Arnheim & William E. Prentice, ATHLETIC TRAINING, Moshy Year Book, 1993.

Gregory Plauguer, Text book of CLINICAL CHIROPRACTIC, WILLIAMS & WILKINS, 1993

Jack Meagher & Pat Boughton, Sports massage, Station Hill Press, 1990.

Lucinda Lidell, The book of Massage, A fireside book, 1984

Ouida West, The magic of massage, Hastings House Book Publishers, 1983.

PALMER COLLEGE, ADJUSTING TECHNIQUE MANUAL, 1981.

Rich Phaigh & Paul Perry, ATHLETIC MASSAGE, A Fireside Book, 1984.

Robert E. McAtee, FACILITAED STRETCHING, Human Kinetics Pubishers, 1993.

Robert K. King, Performance msssage, Human kinetics Publishers, 1993.

William J. Walton, Text book of Osteopathic Diagnosis and Technique Proctdures, Chicago College of Osteopathic Medicine, 1972.

William E. Prentice, THERAPEUTIC MODALITIES IN SPORTS MEDICINE, MIRROR /MOSBY, 1990.

鈴木克也외 2人, 圖解 スポーツ マッサージ, 不昧堂, 昭和43年.

手嶋舜, 身體均整法, 不昧堂, 昭和 50년

栗山節郎外 1人, スポーツ・リハビリテーション, 不昧堂 平成 6年.

竹谷內一愿外1人, カイロプラクティック・テクニック, 科學新聞社, 1979.

主婦の友社, 圖解 腰, ひざ, 足の痛みの治し方, 主婦の友社, 平成5年.

主婦の友社, 圖解肩こりの治し方. 主婦の友社, 平成4年

主婦の友社, 圖解腰痛の治し方. 主婦の友社, 平成3年

加瀬建造, 症狀・痛氣別 脊椎動加法[Ⅰ-Ⅲ], 科學新聞社.

脇山得行, 頭蓋骨調整法の診斷とテクニック, イソタプライズ, 1985

芹澤勝助著, マッサージ・指壓法の實際, 創元社.

Ⅰ・M,サルゾフ・セラジ著, スポーツ マッサージ, 道和書院

스포츠 마사지와 신체교정학

초판 인쇄 2023년 12월 11일
초판 발행 2023년 12월 15일

지은이　백남섭·김효철
펴낸이　김태헌
펴낸곳　토담출판사

주소　경기도 고양시 일산서구 대산로 53
출판등록　2021년 9월 23일 제2013-000179호
전화　031-911-3416
팩스　031-911-3417